全国人大常委会法制工作委员会组

中华人民共和国
行政诉讼法
解读

主 编

袁 杰

（全国人大常委会法制工作委员会行政法室主任）

副主编

童卫东

（全国人大常委会法制工作委员会行政法室副主任）

中国法制出版社
CHINA LEGAL PUBLISHING HOUSE

目　　录

附　录

第一章　总　　则

第一条　为保证人民法院公正、及时审理行政案件，解决行政争议，保护公民、法人和其他组织的合法权益，监督行政机关依法行使职权，根据宪法，制定本法。

条文主旨

本条是关于行政诉讼法的立法目的的规定。

立法背景

本条规定为原法的第 1 条，作了两处修改：一是增加了"解决行政争议"的立法目的，二是将"维护和监督行政机关依法行使职权"修改为"监督行政机关依法行使职权"。

行政诉讼是公民、法人或者其他组织认为行政机关和行政机关工作人员作出的行政行为侵犯其合法权益而向人民法院提起的诉讼。行政诉讼法是规范行政诉讼活动和行政诉讼法律关系的基本法律，是人民法院审理行政案件和行政诉讼参加人进行诉讼活动必须遵循的准则。

行政诉讼法于 1989 年由第七届全国人民代表大会第二次会议通过，1990 年 10 月 1 日起施行。行政诉讼法在我国的法制建设史上具有里程碑意义，其所确立的"民告官"制度、行政纠纷司法解决机制和行政诉讼基本程序制度，对我国民主法制建设产生了巨大的影响。行政诉讼法实施以来，在解决行政争议，推进依法行政，保护公民、法人和其他组织的合法权益等方面，发挥了重要作用。同时，随着社会主义民主法制建设的深入推进，行政诉讼制度与社会经济发展不协调、不适应的问题也日渐突出。人民群众对行政诉讼中存在的"立案难、审理难、执行难"等突出问题反映强烈。为解决这些突出问题，适应依法治国、依法行政，推进法治国家、法治政府、法治社会建设的新要求，有必要对行政诉讼法予以修改完善。

近年来，许多全国人大代表和有关方面陆续提出修改行政诉讼法的意见和建议。全国人大常委会法工委从 2009 年开始着手行政诉讼法的修改调研工作，先后到山东、湖南等多地进行调研，听取基层人民法院、地方政府部门的意见和建议，并采取旁听案件审理、阅卷、派人到行政审判一线蹲点等多种方式了解行政诉讼实践的情况。此外，多次召开国务院部门、学者和律师座谈会，听取意见。又分三次召开 31 个省、自治区、直辖市人大法制机构、政府法制部门、人民法院和人民检察院参加的座谈会，听取意见。按照党的十八届三中全会、四中全会精神和各方面的意见，修改工作着重把握以下几点：一是维护行政诉讼制度的权威性，针对现实中的突出问题，强调依法保障公民、法人和其他组织的诉讼权利；二是坚持我国行政诉讼制度的基本原则，保障人民法院依法独立公正行使审判权，畅通公民、法人和其他组织寻求司法救济的渠道，通过有效化解行政争议来维护他们的合法权益；三是坚持从实际出发，循序渐进，逐步完善；四是总结行政审判实践的经验，把经实践证明的有益经验上升为法律。经与最高人民法院、国务院法制办公室等方面沟通协商、反复研究，在充分论证并取得基本共识的基础上，提出了行政诉讼法修正案（草案），于 2013 年 12 月提请十二届全国人大常委会第六次会议进行初审，而后分别于 2014 年 8 月、10 月经十二届全国人大常委会第十次、第十一次会议进行二审和三审，并于 2014 年 11 月 1 日获得通过。此次修改行政诉讼法，立足于解决"立案难、审理难、执行难"等实践中存在的突出问题，从保障当事人诉讼权利以及完善管辖、诉讼参与人、诉讼程序等方面进一步完善了行政诉制度，对于更好地发挥行政诉讼在解决行政争议，保护公民、法人和其他组织的合法权益，监督行政机关依法行使职权等方面的作用，推进依法行政和公正司法，加快建设社会主义法治国家，全面落实依法治国基本方略具有重要的意义。

● 条文解读

行政诉讼法的立法目的包括：

一、保证人民法院公正、及时审理行政案件

行政诉讼法作为诉讼制度的基本法，主要是确定人民法院审理行政案件的基本程序性制度，以及诉讼参加人在诉讼中的权利、义务等，所以制定行政诉讼法的首要目的是为保证人民法院公正、及时审理行政案件。

所谓公正审理行政案件，是指人民法院在查明事实的基础上，正确适用法律、法规，作出正确的判决、裁定。这里所说的"正确适用法律、法规"，既包括正确适用行政诉讼法规定的诉讼制度，也包括正确适用有关实体法律、法规的规定。如人民法院审理公民不服公安机关作出的治安管理处罚的案件，既要在审理过程中遵循行政诉讼法关于诉讼制度的规定，也要遵循治安管理处罚法这一实体法的相关规定来对公安机关的治安管理处罚行为进行审查。

所谓及时审理行政案件，是指人民法院在行政诉讼的各个阶段，都要依照行政诉讼法规定的期间要求审理案件，避免案件久拖不决，从而使公民、法人和其他组织的合法权益得到及时的司法救济，也可以使行政行为的合法性得到及时确认。

二、解决行政争议

解决行政争议这一立法目的是此次修法新增加上去的。行政争议是行政机关在实施行政管理活动中与行政相对人的争议。构成行政争议必须具备以下条件：一是争议的双方为行政机关和行政管理相对人；二是争议是由行政机关实施行政管理行为引起的。

随着我国经济社会的快速发展，社会利益格局日益多元化和复杂化，人民群众依法维权的意识不断提高，行政争议数量在我国日益增多。除了传统的涉及行政处罚、行政许可、行政强制方面的行政争议外，近些年来涉及城市建设、征地拆迁、资源环境、劳动和社会保障等方面的行政争议大量增加。有效解决行政争议，关系到人民群众的切身利益，也关系到社会的和谐稳定。解决行政争议的机制，目前有行政复议、行政诉讼、信访等多种途径。行政诉讼是通过司法审判的方式，由人民法院对被诉行政行为的合法性进行审查，合法的予以维持，不合法的予以变更、撤销等，以此来化解行政争议。此次修改行政诉讼法，在立法目的中增加了"解决行政争议"一项，旨在进一步强化通过行政诉讼化解行政纠纷的作用，以法治的方式解决行政争议，有利于增强公民、法人和其他组织的法治意识，形成遇事找法律，依法维权，避免出现"信访不信法"的现象。

一些具体制度的修改上也体现了行政诉讼着力解决行政争议的立法目的。如规定在涉及行政许可、登记、征收、征用和行政机关对民事争议所作的裁决的行政诉讼中，当事人申请一并解决相关民事争议的，人民法院可以一并审理；在坚持行政诉讼不适用调解这一原则的前提下，对涉及行政赔偿、补偿以及行政机关行使法律、法规规定的自由裁量权的案件作了例外处理，明确人民法院在审理这些案件时可以适用调解。又如对人民法院可以适用变更这一判决方式的案件类型，在原来只有行政处罚案件的基础上，扩大到其他行政行为涉及对数额的确定或者认定确有错误的案件，人民法院均可以直接判决变更。此外，还增加规定了简易程序，对被诉行政行为是依法当场作出，案件涉及款额二千元以下，或者属于政府信息公开的案件，人民法院认为事实清楚、权利义务关系明确、争议不大的，或者除上述这三类案件之外的案件，当事人各方均同意适用简易程序的，可以适用简易程序审理，等等。这些规定，从诉讼制度上进一步保障了通过行政诉讼这一渠道有效化解行政争议，避免程序空转，实现定分止争、案结事了。

三、保护公民、法人和其他组织的合法权益

行政诉讼的一个显著特点是"民告官"，公民、法人和其他组织认为行政机关和行政机关的工作人员所作出的行政行为侵犯其合法权益的，可以向人民法院提起行政诉讼，请求人民法院对被诉行政行为的合法性进行审查，从而维护自己的合法权益。在行政管理中，行政机关需要对行政相对人实施行政行为，以实现行政管理目的，如对违法的公民、法人和其他组织进行行政处罚；为制止违法行为、防止证据损毁、避免危害发生、控制危险扩大等，对公民、法人和其他组织的人身自由和财物实施行政强制措施予以暂时性的控制，这些行政行为都涉及公民、法人和其他组织的人身权、财产权，而且行政行为一经作出即产生确定力、拘束力和执行力，行政相对人必须服从，否则行政机关将予以制裁或依法予以强制执行。正是因为行政行为具有这样的特点，所以在行政争议中，行政相对人一方往往处于弱势的地位，他们的合法权益有可能受到违法实施的行政行为的侵害。行政诉讼作为对行政相对人进行司法救济的渠道，通过人民法院对被诉行政行为的合法性进行审查监督，来保护行政相对人，即公民、法人和其他组织的合法权益，使他们受损害的权益得到救济和恢复，这是行政诉讼法的主要立法目的。

四、监督行政机关依法行使职权

原来的行政诉讼法对此的相关规定是"维护和监督行政机关依法行使行政职权"，此次修改，将"维护"行政机关依法行使职权这一立法目的删去，只强调监督行政机关依法行使职权。之所以作这样的修改，一是行政诉讼的功能主要是对行政机关行使职权的一种司法监督，保护行政相对人的合法权益免受行政机关违法行为的侵犯，为受到行政违法行政行为侵犯的当事人提供法律救济；二是行政行为一经作出就有法律效力，不需要法院维护；

三是原法中体现"维护"这一立法目的维持判决形式已经被新法中驳回原告诉讼请求的判决形式所取代。鉴于此，此次修改行政诉讼法，在本条关于立法目的的表述中删除了"维护"行政机关行使职权的规定，只保留对行政机关行使职权的"监督"，从而强调行政诉讼就是要对行政行为的合法性进行控制和监督，以保护公民、法人和其他组织的合法权益。

本条除规定了上述立法目的外，还规定了本法的立法依据为宪法。我国宪法第41条明确规定，中华人民共和国公民对于任何国家机关和国家工作人员，有提出批评和建议的权利；对于任何国家机关和国家工作人员的违法失职行为，有向有关国家机关提出申诉、控告或者检举的权利，但是不得捏造或者歪曲事实进行诬告陷害。对于公民的申诉、控告或者检举，有关国家机关必须查清事实，负责处理。任何人不得压制和打击报复。由于国家机关和国家工作人员侵犯公民权利而受到损失的人，有依照法律规定取得赔偿的权利。正是依据了宪法确定的这一原则，通过制定行政诉讼法来对行政机关行使行政职权进行司法监督。

◐ **相关规定**

《中华人民共和国宪法》第41条。

第二条　公民、法人或者其他组织认为行政机关和行政机关工作人员的行政行为侵犯其合法权益，有权依照本法向人民法院提起诉讼。

前款所称行政行为，包括法律、法规、规章授权的组织作出的行政行为。

◐ **条文主旨**

本条是关于行政诉讼法适用范围的规定。

　　行政诉讼是"民告官"的制度，它解决的是行政机关在行政管理过程中侵犯公民合法权益的问题，是为公民合法权益提供司法救济的制度，这是行政诉讼制度的本质特征。在本法修改过程中，有的建议在本条修改中用"行政争议"取代"具体行政行为"概念，扩大行政诉讼法的适用范围。认为"行政行为"概念的包容性不够，不能涵盖所有的行政争议，不能解决"官"可以告"民"的问题，也就是不能将行政合同争议和行政非诉执行纳入本法调整。从逻辑上说，行政争议既可以由行政机关一方引起，也可以由行政相对人一方引起。然而，我国法律承认行政行为具有公定力、拘束力和执行力，行政行为作出后，行政相对人不履行的，行政机关可以强制执行，或者申请法院强制执行。申请法院强制执行，是行政行为的执行问题，不是诉讼，行政强制法已作了规定，不应当纳入本法调整。即使将行政合同纳入本法调整，也因现实中行政合同争议主要是行政机关一方不履行而导致的，需要给行政相对人司法救济。行政相对人不履行行政合同，行政机关可以采取单方行政行为，以实现行政目的，没有必要向法院起诉。因此，将"官告民"纳入本法，必要性不足。而且，本法制定之初，是以监督行政行为为宗旨设计相关制度，如果将"官告民"争议纳入，许多制度不能适用，也影响本法救济公民合法权益的定位。因此，本条修改没有采纳"行政争议"概念，以保持我国行政诉讼制度"民告官"的制度设计。本条对原法第 2 条作了两处修改，一是将"具体行政行为"修改为"行政行为"；二是增加了第 2 款。

■ 条文解读

一、行政行为包括作为、不作为和事实行为

　　原法用的是"具体行政行为"概念，本法修改将"具体行政

行为"修改为"行政行为"，使本法的适用范围具有更大的包容性。当时立法中用"具体行政行为"的概念，针对的是"抽象行政行为"，主要考虑是限定可诉范围，将行政机关制定的规范性文件排除在外。原法对受案范围已作了明确列举，哪些案件应当受理，哪些案件不应当受理，界限是清楚的。由于"具体行政行为"是一个相对概念，不科学、不准确，实践中有的法院不愿受理行政案件，为"具体行政行为"设定标准，对应当受理的行政案件不予受理，客观上成为"立案难"的原因之一。因此，本法修改将"具体行政行为"修改为"行政行为"。可以从以下几点理解本法中的"行政行为"：一是行政行为不包括行政机关制定的"规范性文件"。本法修改后，将规章以下的规范性文件纳入本法调整，但法院只进行附带性审查，不对规范性文件作出判决。二是行政行为既包括作为，也包括不作为。行政行为侵犯公民、法人和其他组织合法权益，既可以由行政机关积极作为引起，也可以由行政机关消极不作为引起。新法在第12条列举的受案范围中，第3项、第6项、第10项等都涉及行政机关不作为侵犯公民合法权益。三是行政行为还包括学理上所说的"事实行为"。学理上认为，事实行为是行政主体实施的不产生法律约束力但以影响或者改变事实状态为目的行为，如行政调查、执法人员在执法中非法使用暴力手段等。只要事实行为造成公民合法权益侵害，就具有可诉性。四是行政行为包括行政机关签订、履行行政合同的行为。行政机关为了实现行政管理或者服务目的，可以以平等主体资格与行政相对人签订协议。如果行政机关一方不依法履行或者未按照约定履行协议，行政相对人可以向法院提起行政诉讼。新法第12条第11项将这类协议作了明确规定。

二、行政行为包括法律、法规、规章授权的组织作出的行为

行政机关是国家机构中行使行政权的组织。我国的行政机关包括各级人民政府及其职能部门。原法第25条第4款规定法律、法规授权的组织可以作为被告，即已视为行政机关，本法修改将规章授权的组织作出的行政行为纳入本法调整范围。从立法和行政管理实践看，我国有些事业单位、社会团体也承担一定的行政管理任务，如中国证券监督管理委员会、中国保险监督管理委员会、中国银行业监督管理委员会、中国气象局、中国残疾人联合会等。而且随着政府职能转变的深化，上述事业单位、社会团体以外的社会组织也承担越来越多的公共管理和服务职能。因此，在本法修改过程中，有的建议将社会组织行使公共行政职能的行为纳入受案范围，认为由此发生的争议，应当通过行政诉讼解决。社会组织的性质不同，有的主要承担执法监管职能，有的主要承担公共服务职能，有的主要是对其内部成员进行管理。社会组织的哪些行为可纳入行政诉讼范围，主要看是按照法律、法规、规章规定行使管理权，还是按照内部章程行使管理权，如果是前者，属于行政行为，纳入行政诉讼受案范围；如果是后者，属于内部管理，不纳入行政诉讼受案范围。

有两个问题要注意，一是规章授权社会组织行使行政管理权，受其他法律的限制。行政处罚法第 17 条规定，法律、法规授权的具有管理公共事务职能的组织可以在法定授权范围内实施行政处罚。行政许可法第 23 条规定，法律、法规授权的具有管理公共事务职能的组织，在法定授权范围内，以自己的名义实施行政许可。被授权的组织适用本法有关行政机关的规定。行政强制法第 70 条规定，法律、行政法规授权的具有管理公共事务职能的组织在法定授权范围内，以自己的名义实施行政强制，适用本法有关行政机关的规定。由此可以看，规章不能授权社会组织行使行政处罚权、行政许可权和行政强制权。从上述几部法律的立法精神看，对于增加行政相对人义务、限制行政相对人权利的行政行为，规章不能授权社会组织实施，但授益性的行政行为和服务行为，规章可以授权。二是行政机关工作人员履行职务的行为，就是行政机关的行为。行政机关工作人员履行职务以外的行为，属于个人行为，如果侵犯其他公民、法人和其他组织的合法权益，属于民事侵权，不归本法调整范围。四是行政机关的内设机构、派出机构或者办事机构非经法律特别授权，不能以自己的名义作出行政行为。其所作行政行为，属于无效行政行为，引起诉讼的，以其所在行政机关作为被告。

三、合法权益包括但不限于人身权、财产权

本法所称合法权益，修改前主要是指人身权和财产权。同时，原法规定"人民法院受理法律、法规规定可以提起诉讼的其他行政案件"，为此后扩大受案范围留下空间，其后制定的法律、法规逐步扩大了受案范围，将一些涉及行政相对人社会保障权、知情权的案件逐步纳入。因此，从目前的立法和司法实践看，行政相对人受司法保护的权利范围已经拓展。在本法修改过程中，有的建议明确将社会保障权、知情权、公平竞争权、受教育权、劳动权等纳入受案范围。此次修改行政诉讼法，吸收了一些意见，扩大了受保护的合法权益的范围。一是具体列举其他合法权益的情形，将一些具体的社会保障权、知情权和公平竞争权纳入本法调整。二是保留了原法关于人民法院受理法律、法规规定可以提起诉讼的其他行政案件的规定，为以后立法扩大合法权益的范围留下空间，今后可以随着实践的发展和需求，逐步扩大权利保护范围。

◖ **相关规定**

《中华人民共和国行政处罚法》第 17 条；《中华人民共和国行政许可法》第 23 条；《中华人民共和国行政强制法》第 70 条。

第三条 人民法院应当保障公民、法人和其他组织的起诉权利，对应当受理的行政案件依法受理。

行政机关及其工作人员不得干预、阻碍人民法院受理行政案件。

被诉行政机关负责人应当出庭应诉。不能出庭的，应当委托行政机关相应的工作人员出庭。

条文主旨

本条是关于保障公民、法人和其他组织起诉权利和行政机关负责人应当出庭应诉原则的规定。

立法背景

这一条规定为此次修改新增加的条款。之所以增加这一规定，主要是要解决当前行政诉讼面临的立案难问题，许多该立的案件没有立，该受理的案件没有受理。造成这一问题存在多方面的原因，既有人民法院怕惹麻烦，不敢得罪行政机关而不依法立案、受理的原因，也有行政机关因为不愿当被告而对人民法院立案施加压力，阻止人民法院受理案件的原因。因此有必要从诉讼制度上加强对公民、法人和其他组织起诉权利的保护，确保人民法院依法受理行政案件，杜绝行政机关对人民法院受理行政案件的干扰。同时，为解决司法实践中出现的行政机关负责人基本上不出庭应诉，只派诉讼代理人出庭，有的甚至只委托律师出庭，导致群众"告官不见官"的问题，本条从法律制度上明确被诉行政机关负责人应当出庭应诉。

条文解读

一、人民法院应当保护公民、法人和其他组织的起诉权利

起诉权利，是公民、法人和其他组织对侵害其合法权益的行为，通过诉讼的渠道寻求司法保护和救济的权利。起诉权利是公民的一项基本权利。从实践情况看，目前我国每年的行政诉讼案件非常少，只有十多万件。之所以出现这样的情况，很大程度上是由于公民、法人和其他组织的起诉权利没有得到很好的保护。当前行政诉讼面临的"三难"，即立案难、审理难、执行难问题，

其中最突出的是立案难。公民、法人或者其他组织与行政机关产生纠纷，行政机关不愿当被告，人民法院不愿受理，导致许多应当通过诉讼解决的纠纷进入信访渠道，在有些地方形成了"信访不信法"的局面。为通畅行政诉讼的入口，有必要加强对公民、法人和其他组织起诉权利的保护。

人民法院作为为权益受侵害的当事人提供司法保护和救济的机关，应当保障公民、法人和其他组织的起诉权利，对应当受理的行政案件依法受理。在此方面，修改后的行政诉讼法增加规定了相应的制度，包括：一是强化人民法院对案件的受理程序约束，增加规定人民法院应当在接到起诉状时，对符合本法规定的起诉条件的，应当登记立案。对当场不能判定是否符合法律规定的起诉条件的，应当接收起诉状，出具注明收到日期的书面凭证，并在七日内决定是否立案。不符合起诉条件的，作出不予立案的裁定。裁定书应当载明不予受理的理由。原告对裁定不服的，可以提起上诉。起诉状内容欠缺或者有其他错误的，应当给予指导和释明，并一次性告知当事人需要补正的内容。不得未经指导和释明即以起诉不符合条件为由不接收起诉状。对于不接收起诉状、接收起诉状后不出具书面凭证，以及不一次性告知当事人需要补正的起诉状内容的，当事人可以向上级人民法院投诉，上级人民法院应当责令改正，并对直接负责的主管人员和其他直接责任人员依法给予处分。人民法院既不立案，又不作出不予受理裁定的，当事人可以向上一级人民法院起诉。上一级人民法院认为符合起诉条件的，应当立案、审理，也可以指定其他下级人民法院立案、审理。二是为了方便当事人行使起诉权利，明确可以口头起诉。增加规定书写起诉状确有困难的，可以口头起诉，由人民法院记入笔录，出具注明日期的书面凭证，并告知对方当事人。

二、行政机关及其工作人员不得干预、阻碍人民法院受理行政案件

在行政诉讼中，行政机关是被告。实践中，有的地方政府以影响当地经济发展大局为由，干扰人民法院受理行政案件，有的政府部门怕败诉，不愿意当被告，干预、阻碍人民法院受理行政案件。为解决这一问题，国务院于 2010 年 10 月发布的《国务院关于加强法治政府建设的意见》明确规定：做好行政应诉工作。完善行政应诉制度，积极配合人民法院的行政审判活动，支持人民法院依法独立行使审判权。对人民法院受理的行政案件，行政机关要依法积极应诉……此次修改行政诉讼法，在法律制度上对此问题也作出了回应，明确规定行政机关及其工作人员不得干预、阻碍人民法院受理行政案件。

三、行政机关负责人应当出庭应诉

行政诉讼是"民告官"的制度，但在审判实践中常常是"告官不见官"，行政机关出庭应诉的往往是其工作人员，甚至只有委托的律师出庭，群众对此意见较大。为此，国务院 2010 年发布的《国务院关于加强法治政府建设的意见》明确规定：完善行政应诉制度……对重大行政诉讼案件，行政机关负责人要主动出庭应诉。根据这一要求，近年来一些地方开始建立行政机关负责人出庭应诉制度，取得了非常好的社会效果。如河北省 2014 年 8 月颁布了《关于建立行政机关负责人行政诉讼出庭应诉制度的通知》，要求各行政机关负责人要充分认识建立行政机关负责人行政诉讼出庭应诉制度的重要意义，主要负责人要在行政诉讼中积极自觉地出庭应诉，做到出庭、"出声"、出效果，并要求将出庭应诉工作将纳入年度依法行政考核指标体系，并进行责任追究制度。目前，全国共有河北、北京、广东等十多个地方制定实施了行政机关负责人出庭应诉制度。

在修改行政诉讼法的过程中，有些常委委员、地方、法院和社会公众提出，行政诉讼是"民告官"的制度，应当对行政机关负责人出庭应诉提出要求。行政机关负责人出庭应诉，不仅有利于解决行政争议，也有利于增强行政机关负责人依法行政的意识，应当总结近年来一些地方推动行政机关负责人出庭应诉的好的做法，对行政机关负责人出庭应诉作出可行的规定。根据这一意见，行政诉讼法在总结各地实践经验的基础上，对这一制度作了进一步的完善和推进，明确规定：被诉行政机关负责人应当出庭应诉。不能出庭的，应当委托行政机关相应的工作人员出庭。根据这一规定，在行政诉讼案件中，被诉行政机关负责人均应当出庭应诉，这是一个基本的原则。但是如果行政机关负责人有正当理由，确实不能出庭应诉的，应当委托行政机关相应的工作人员出庭应诉。这里应当说明几点：一是这里的"行政机关负责人"是指行政机关正职和副职领导人。二是在行政机关负责人确实不能出庭应诉的情况下，应当委托该行政机关的相应工作人员出庭，不能只委托律师出庭应诉。三是委托行政机关相应的工作人员出庭应诉要依法进行。行政诉讼法第31条规定，当事人、法定代理人，可以委托一至二人作为诉讼代理人。根据这一规定，应当由行政机关法定代表人委托行政机关相应的工作人员出庭应诉。同样，除法定代表人以外的其他行政机关负责人出庭应诉，也应当由行政机关法定代表人进行委托。关于委托诉讼代理人的程序，行政诉讼法没有具体规定，根据该法第101条的规定，可以适用民事诉讼法的相关规定。根据民事诉讼法第59条的规定，委托他人代为诉讼，必须向人民法院提交由委托人签名或者盖章的授权委托书。授权委托书必须记明委托事项和权限。

确立行政机关负责人出庭应诉制度具有重要意义：一是有利于有效化解行政争议。行政机关负责人出庭应诉，体现了对司法审判活动的尊重，也体现了双方诉讼地位的平等。在诉讼中，行政相对人与行政机关负责人直接面对面，陈述其主张和理由，缓和了与行政机关的对立情绪，有利于行政纠纷的解决。另外，行政机关负责人亲自出庭，就本机关作出行政行为的合法性向原告当面阐明，同时当面听取原告一方的主张和理由，有利于促进双方换位思考，相互理解，打开心结，化解矛盾，解决争议，实现法律效果与社会效果的双赢。二是有利于提高行政机关负责人的法治意识，推进行政机关依法行政。行政机关负责人作为行政机关的领导者，本身就应具有较强的法治意识。出庭应诉的过程，实际上也是一个法制教育的过程。通过亲自参加庭审，行政机关负责人可以进一步增加对相关法律知识的了解，认识到本机关在执法活动中存在的问题，从而有助于其增强依法行政的意识，更好地做好本机关的依法行政工作。三是有利于增强人民群众对法治的信心，提高全社会的法治观念。行政机关负责人出庭应诉，表明了行政机关积极应诉的态度，也表明了行政机关对人民群众和法律、司法机关的尊重，这会产生良好的社会效果，营造良好的法治氛围，使人民群众增强对法律的信心，形成通过法律手段维护自身合法权益的习惯，这有助于全社会法治意识的提高，也有助于法治社会的建设。

◖ **相关规定**

《国务院关于加强法治政府建设的意见》；《中华人民共和国行政诉讼法》第31条、第101条；《中华人民共和国民事诉讼法》第59条。

第四条 人民法院依法对行政案件独立行使审判权，不受行政机关、社会团体和个人的干涉。

人民法院设行政审判庭，审理行政案件。

◖ **条文主旨**

本条是关于人民法院依法独立行使审判权的原则，以及设立行政审判庭，审理行政案件的规定。

◖ **立法背景**

我国宪法第126条明确规定，人民法院依照法律规定独立行使审判权，不受行政机关、社会团体和个人的干涉。此外，刑事诉讼法、民事诉讼法均规定了依法独立行使审判权的原则。可见人民法院独立行使审判权不仅是一项重要的宪法原则，而且是一项重要的诉讼原则。这一原则的确立，为法院公正审判案件提供了诉讼制度上的保障，并由此成为世界各国普遍奉行的诉讼原则。

就行政诉讼来说，行政审判权是人民法院根据诉讼当事人的请求，并在双方当事人的参加下，依照诉讼程序居中审理，裁判行政争议的权力。由于行政案件是"民告官"的案件，行政机关是被告，与作为原告一方的公民、法人和其他组织相比，行政机关显然具有强势地位。所以在行政诉讼中，强调人民法院依法独立行使审判权，不受行政机关、社会团体和个人的干涉，尤为重要。只有坚持了这一原则，人民法院才能做到公正审理，从而真正取信于民，当公民、法人和其他组织的合法权益受到行政机关侵害时，才会愿意走入人民法院，通过诉讼的渠道去维权。如果没有了这一原则的保障，群众会认为行政机关和司法机关"官官相护"，不信任人民法院，这样行政诉讼制度就很难真正发挥作用。本条规定为原法的第 3 条，未作修改。

● 条文解读

一、人民法院依法独立行使审判权原则

人民法院依法独立行使行政审判权原则主要包括以下几个方面：

一是从外部来说，人民法院的审判活动不受行政机关、社会团体和个人的干涉。人民法院是国家的审判机关，国家赋予其审判权，人民法院依法行使审判权，有权依法独立审判、排除各种非法干扰。这里需要指出两点：第一，人民法院依法独立行使审判权，并不意味着人民法院的审判活动不受任何监督。根据我国宪法的规定，各级人民代表大会及其常务委员会是国家的权力机关，各级人民法院由其产生并受其监督，所以人民法院的审判活

动必须接受人民代表大会及其常务委员会的监督。此外，人民检察院作为国家的法律监督机关，也有权对人民法院的审判活动进行监督。第二，坚持人民法院依法独立行使审判权的原则，需要正确处理独立行使审判权与坚持党的领导之间的关系。坚持党的领导和审判机关依法独立行使审判权都是我国宪法规定的原则。审判权的独立行使不能离开党的领导。党的领导应主要体现为政治、思想和组织上的领导，不是党委审批案件，也不是由党委确定对个案的具体处理。要把坚持党的领导与审判机关依法独立行使审判权统一起来，在审判活动中贯彻党的路线、方针和政策，同时保证依法独立公正地行使审判权。

二是从内部来说，行政审判权由人民法院统一行使。人民法院独立审判行政案件，是指人民法院作为一个整体在行使审判权时是独立的，而不是由某个具体的审判人员独立行使审判权。人民法院审理案件实行的是合议制，合议庭评议案件，每个合议庭成员都有平等的表决权，评议结果实行少数服从多数的原则。重大案件、合议庭成员有重大分歧的案件，由院长提交审判委员会集体讨论决定。审判委员会的决定，审判员、合议庭必须执行。

坚持人民法院依法独立行使审判权原则，是实现司法公正，建设社会主义法治国家的必然要求。人民法院依法独立行使审判权是严格执法的前提，只有使人民法院依法独立审判，不受任何行政机关、社会团体和个人的干涉，才能真正做到严格执法、公正裁判，从而使当事人感受到法律的公平正义，这也是党和人民对法院工作的基本要求。

二、人民法院设立行政审判庭，审理行政案件

与刑事诉讼和民事诉讼相比，行政诉讼制度确立得相对比较晚，所以现行的人民法院组织法中并没有规定人民法院应当设立行政审判庭，只规定人民法院应当设立刑事审判庭、民事审判庭和经济审判庭。在 1989 年行政诉讼法出台之前，人民法院都是由民事审判庭，依据民事诉讼法审理行政案件。为了从人民法院的组织结构上保障行政案件的审理，行政诉讼法明确规定人民法院设立行政审判庭，审理行政案件。目前，我国各级人民法院均已设立了行政审判庭。

☛ 相关规定

《中华人民共和国宪法》第126条；《中华人民共和国人民法院组织法》第4条；《中华人民共和国民事诉讼法》第6条；《中华人民共和国刑事诉讼法》第5条。

第五条　人民法院审理行政案件，以事实为根据，以法律为准绳。

☛ 条文主旨

本条是关于审理行政案件以事实为根据，以法律为准绳原则的规定。

☛ 立法背景

本条规定为原法的第4条，未作修改。人民法院审理案件，以事实为根据，以法律为准绳的原则，是我国刑事诉讼法、民事诉讼法和行政诉讼法这三大诉讼法均明确规定的一个基本原则。这一原则要求人民法院在审理案件过程中，要查明案件事实真相，并以法律为尺度，作出公正的裁判。

☛ 条文解读

以事实为根据，是指人民法院在审判活动中，一切从具体的案件情况出发，使认定的事实完全符合案件的客观真相。这就要求人民法院在审判活动中必须重证据、重调查研究，查清案件的事实真相。在行政案件的审理中，人民法院要查清被诉的行政行为是否真实存在，该行政行为的法律依据和实施程序，以及该行政行为与原告的权益损害之间是否存在因果关系等事实问题。

以法律为准绳，是指人民法院在审理案件时，要以法律作为判案的依据。这里的法律，是指与案件相关的法律、法规。如涉及海关执法的行政案件，人民法院需要以海关法及其配套的法规作为判案依据；涉及出境入境管理方面的行政案件，人民法院要以出境入境管理及其配套的法规作为判案依据。行政诉讼法规定，人民法院审理行政案件，以法律和行政法规、地方性法规为依据。地方性法规适用于本行政区域内发生的行政案件。人民法院审理民族自治地方的行政案件，并以该民族自治地方的自治条例和单行条例为依据。人民法院审理行政案件，参照规章。根据这一规定，可以作为行政诉讼判案依据的包括法律、行政法规、地方性法规、自治条例和单行条例，国务院部委规章和地方政府规章可以作为法院判案的参考。

以事实为根据，以法律为准绳，二者是不可分割的整体，事实是正确运用法律的前提，依法判决是查清事实的目的。只有把两者正确结合起来，才能保证案件得到公正的审判。

● 相关规定

《中华人民共和国民事诉讼法》第 7 条；《中华人民共和国刑事诉讼法》第 6 条。

第六条 人民法院审理行政案件，对行政行为是否合法进行审查。

● 条文主旨

本条是关于行政诉讼合法性审查原则的规定。

● 立法背景

本条规定为原法的第 5 条，修改了一处，将原条文中的"具体行政行为"修改为"行政行为"。人民法院审理行政案件，对行政行为是否合法进行审查。这一规定确立了人民法院通过行政审判对行政行为进行合法性审查的原则，即合法性审查原则。

🐛 条文解读

合法性审查原则是行政诉讼的一个特有原则，包括二层含义：

一是人民法院依法审理行政案件，有权对被诉行政行为是否合法进行审理并作出裁判。行政行为合法性的标准，包括两个方面：第一，实体合法。实体合法即行政机关所作出的行政行为，是否有法律依据，是否在其法定职权范围内作出，适用的法律、法规是否正确等。如行政机关作出一个治安管理处罚行为，人民法院在审查时，要看该处罚行为是否有治安管理处罚法的依据，该行政机关是否为具有处罚权的执法主体，被处罚的当事人是否存在治安管理处罚法规定的违法行为，处罚决定所适用的法律条款是否正确等。第二，程序合法。程序合法是实体合法的保障，是依法行政的重要组成部分。如果一个行政行为在程序方面出现违法，即使其实体方面没有问题，该行政行为依然是违法的。如对于责令停产停业、吊销许可证或者执照、数额较大的罚款等较重的行政处罚，根据行政处罚法的规定，行政机关作出行政处罚决定之前，应当告知当事人有要求听证的权利，当事人要求听证的，行政机关应当组织听证。如果行政机关没有遵守这一程序性规定，即作出处罚决定，则属于程序违法，应予依法撤销。

二是人民法院只对行政行为是否合法进行审查，一般不对行政行为是否合理进行审查。所谓行政行为的合理性，通常的理解是指行政机关在其法定的自由裁量权范围内所作出的行政行为是否准确、恰当。如法律规定对一项违法行为的处罚幅度为罚款一万元至十万元，行政机关在此幅度内作出的罚款决定是否合适，原则上即属于合理性问题。但应当指出的是，为了实现有效管理，法律通常会赋予行政机关在法定幅度内享有一定的自由裁量权，在此权限范围内，法院原则上不会干涉行政权力的行使。但是面对行政权的日益扩张，为了更好地保护行政相对人的权利，行政诉讼制度逐步向加强对行政自由裁量权的监督和制约的方向发展，在坚持合法性审查原则的前提下，对合法性原则的内涵作了扩大解释，将行政机关因滥用自由裁量权而导致的明显不当的行政行为也作为违法行为。如上例中，对于情节较轻的违法行为给予十万元的罚款，而对于情节较重的违法行为却给予一万元的罚款，均属于明显不当的处罚行为，这些行政行为从广义上说也属于违法的行政行为，虽然在自由裁量权范围内，法院也要对其进行审查。新的行政诉讼法对明显不当的行政行为，规定人民法院可以判决撤销或者部分撤销，并可以判决被告重新作出行政行为。

　　行政诉讼以合法性审查为原则的特点是由司法权和行政权的关系所决定的。在我国，行政机关与司法机关有各自的职能分工，二者均由国家权力机关产生，并受其监督。一方面，人民法院有权对属于法律规定的受案范围内的行政行为，通过依法受理案件进行司法监督，对违法行政行为予以纠正，从而维护公民、法人和其他组织的合法权益；另一方面，人民法院对行政行为的司法监督只能限于合法性审查。否则，国家职能分工的平衡状态将被打破。在行政诉讼中，人民法院依法行使行政审判权，一方面要对违法的行政行为予以撤销，另一方面也要对行政机关在法定权限内行使行政权予以尊重。这是保证行政机关有效履行行政管理职能的必要前提。司法权不得干预行政权，影响行政权的正常运作，更不能代替行政权。行政诉讼的这一特点，是其区别于行政复议的一个重要方面。行政复议是行政机关内部的层级监督制度，行政复议机关作为上级机关，其可以撤销、改变下级行政机关的违法、不当的行政行为。因此，行政复议既可以审查被复议行政行为的合法性，也可以审查该行政行为的合理性。与行政诉讼相比，行政复议对行政行为监督的范围更为广泛。

《中华人民共和国行政处罚法》第 4 条。

第七条 人民法院审理行政案件，依法实行合议、回避、公开审判和两审终审制度。

◐▬ **条文主旨**

本条是关于行政审判实行合议、回避、公开审判和两审终审原则的规定。

◐▬ **立法背景**

本条规定为原法的第 6 条，未作修改。人民法院审理行政案件，依法实行合议、回避、公开审判和两审终审制度，这是行政诉讼的四个重要原则，也是刑事诉讼、民事诉讼的共有原则。

◐▬ **条文解读**

一、合议制度

合议制度是指人民法院的审判组织形式，即由三名以上的审判人员组成合议庭，共同进行审判工作并对承办的案件负责的审判制度。行政诉讼法规定，人民法院审理行政案件，由审判员组成合议庭，或者由审判员、陪审员组成合议庭。合议庭的成员，应当是三人以上的单数。

按照合议制原则组成的合议庭，是人民法院审判案件的基本组织形式，是民主集中制原则在审判工作中的具体运用。合议庭组成人员的权利是平等的，对于案件的调查、审理、裁判以及审理案件中一切重要问题，都必须经合议庭全体成员共同研究，按少数服从多数的原则决定。合议制度在行政诉讼一审程序、二审程序和审判监督程序中均需要贯彻。此次修改行政诉讼法，对二审程序中贯彻合议制度作了进一步的完善。原法第 59 条规定，人民法院对上诉案件，认为事实清楚的，可以实行书面审理。而修改后的行政诉讼法第86条规定，人民法院对上诉案件，应当组成合议庭，开庭审理。经过阅卷、调查和询问当事人，对没有提出新的事实、证据或者理由，合议庭认为不需要开庭审理的，也可以不开庭审理。

关于对合议庭的组成，行政诉讼法只对第一审程序中的合议庭组成作出了规定，对第二审程序和审判监督程序中合议庭的组成，行政诉讼法没有具体规定，但是在附则的第101条中规定，人民法院审理行政案件，关于开庭审理等，本法没有规定的，适用民事诉讼法的相关规定。因此，对第二审程序和审判监督程序中合议庭的具体组成，可以适用民事诉讼法的有关规定。民事诉讼法规定，在第二审程序中，人民法院必须组成合议庭，合议庭成员一律由审判员组成，不吸收陪审员参加。第二审人民法院审理上诉案件，发现第一审判决认定事实错误，或者原判决认定事实不清，证据不足，或者原判决违反法定程序，可能影响案件正确判决的，可以裁定撤销原判决，发回原审人民法院重审。原审人民法院审理发回重审案件按照第一审程序另行组成合议庭，原审合议庭成员不能参加新组成的合议庭。对于按审判监督程序再次进行审理的案件，合议庭的组成要根据原审的审级来确定。原来是第一审的，按照第一审程序另行组成合议庭；原来是第二审的，按照第二审程序另行组成合议庭。无论是第一审人民法院进行再审，还是第二审人民法院进行再审，都不能由原来的合议庭审理，原来参加合议庭的成员也不能参加新组成的合议庭。合议庭的审判长由院长或者庭长指定审判员一人担任；院长或者庭长参加审判的，由院长或者庭长担任。此外，关于合议庭评议案件的原则，也可以适用民事诉讼法的规定，即合议庭评议案件，实行少数服从多数的原则。评议应当制作笔录，由合议庭成员签名。评议中的不同意见，必须如实记入笔录。

这里应当说明一点，行政审判实行合议制是一个基本的原则，但是也有例外的情况。本次修改行政诉讼法增加规定了简易程序，对一些事实清楚、权利义务关系明确、争议不大的特殊案件，以及当事人各方同意适用简易程序的案件，可以适用简易程序审理。适用简易程序审理的案件，由审判员一人独任审理，不实行合议制，这一点与民事诉讼法和刑事诉讼法的相关规定是一致的。

二、回避制度

回避制度是指审判人员具有法定情形，必须回避，不参与案件审理的制度。所谓法定情形，是指法律规定禁止审判人员参加对案件审理的情形。根据行政诉讼法的规定，回避制度包括两种：一是当事人申请回避。当事人申请回避是当事人认为审判人员与本案有利害关系或者有其他关系可能影响公正审判，有权申请审判人员回避。根据最高人民法院相关司法解释的规定，当事人申请回避，应当说明理由，在案件开始审理时提出；回避事由在案件开始审理后知道的，应当在法庭辩论终结前提出。被申请回避的人员，在人民法院作出是否回避的决定前，应当暂停参与本案的工作，但案件需要采取紧急措施的除外。对当事人提出的回避申请，人民法院应当在三日内以口头或者书面形式决定。二是审判人员主动回避。审判人员主动回避是审判人员认为自己与本案有利害关系或者有其他关系，应当申请回避。

对于当事人或者审判人员提出的回避申请，行政诉讼法明确规定了决定程序和救济制度，即：对于院长担任审判长时的回避，由审判委员会决定；审判人员的回避，由院长决定。申请人对驳回回避申请决定不服的，可以向作出决定的人民法院申请复议一次。复议期间，被申请回避的人员不停止参与本案的工作。对申请人的复议申请，人民法院应当在三日内作出复议决定，并通知复议申请人。

上述回避制度的规定，包括当事人申请回避和审判人员主动回避，同时适用于其他人员：书记员、翻译人员、鉴定人和勘验人。这些人员的回避，由审判长决定。

实行回避制度的意义在于，一是可以确保案件得到客观公正的审理。审理案件需要以事实为根据，审判人员必须尊重案件事实真相，依法调查收集证据，并对证据的证明力作出客观的判断。如果审判人员与案件有着某种利害关系或者其他关系，就有可能影响其对案件作出公正的裁决，甚至出现徇私枉法的问题。建立回避制度，使与案件存在利害关系或者其他关系，可能影响案件公正处理的审判人员及时退出审判工作，将有利于保证案件得到公正、客观的处理，避免案件错判的发生。二是确保诉讼程序的公正。程序公正是实体公正的保证。行政诉讼结果的公正，需要公平的诉讼程序作为保障。为确保行政诉讼程序的公正性，法律必须建立一种旨在使审判人员中立无偏的制度，回避制度即属于这样的制度。只有让与案件有利害关系或者其他关系的审判人员及时退出该案的诉讼过程，才能确保当事人各方在诉讼过程中免受不公正对待，从而平等地参与诉讼活动。回避制度正是通过对审判人员中立性以及当事人各方的平等参与性的维护，来确保行政诉讼过程的公正性。三是确保司法机关和审判活动得到当事人和社会公众的普遍尊重。如果当事人认为某一审判人员与案件存在某种可能影响案件公正处理的利害关系，那么这名审判人员将很难取得当事人的信任，他所主持或参与的诉讼活动的公正性也会受到当事人的怀疑。回避制度的实施，使当事人拥有对他们不信任的审判人员申请回避的机会，从而消除当事人对审判人员的不信任感，有助于他们对司法程序和审判结果的尊重和接受，也有助于增强社会公众对司法机关和审判活动的普遍尊重。

三、公开审判制度

公开审判制度，是指除不予公开和可以不公开审理的案件外，法院对行政案件的审理一律依法公开进行，允许群众旁听，允许记者公开报道；不论是否公开审理的案件，判决结果均一律公开的制度。行政诉讼法明确规定，人民法院公开审理行政案件，但涉及国家秘密、个人隐私和法律另有规定的除外。涉及商业秘密的案件，当事人申请不公开审理的，可以不公开审理。人民法院对公开审理和不公开审理的案件，一律公开宣告判决。人民法院应当公开发生法律效力的判决书、裁定书，供公众查阅，但涉及国家秘密、商业秘密和个人隐私的内容除外。

公开审判是相对于秘密审判而言的。公开审判取代封建专制社会时的秘密审判是诉讼制度文明进步的表现。公开审判制度目前已经成为现代各国普遍奉行的一项重要诉讼制度。在行政审判工作中贯彻公开审判制度，具有重要的意义：

第一，公开审判有利于保证审判活动的公正。公开、透明是保证司法权依法行使，防止司法腐败的有力武器。公开审判制度的确立，让法官在众目睽睽之下进行案件的审理，使法院的审判活动处于公众的监督下，防止由于暗箱操作而导致的审判不公，甚至徇私枉法问题的产生，从制度上确保审判公正。

第二，公开审判有利于保证当事人的诉讼权利。行政诉讼法赋予了当事人一系列的诉讼权利，如可以申请相关审判人员回避，以及在法庭上举证、质证及辩论等，这些权利的实现需要公开审判制度作为保证。离开了公开审判这一前提，当事人的这些诉讼权利很有可能因为法官的任意妄为而难以得到充分行使。从这个意义上讲，公开审判可以说是整个诉讼程序制度的核心。

第三，公开审判有利于增强公众的法律意识，发挥审判活动的教育作用。一次好的庭审活动，相当于给旁听的公众上了一次生动的法制课。通过公开审判，让公众了解审判过程，可以促进更多的人知法懂法，增强法律意识，从而起到对公众的法制教育作用。

四、两审终审制度

两审终审制度是指一个案件经过第一审和第二审人民法院的审理，即终结诉讼的制度。案件经过第一审人民法院审理后，当事人对判决、裁定不服的，有权依法提起上诉。第二审人民法院经过审理作出的判决、裁定，是终审的判决、裁定，当事人不得再提出上诉。当事人对已经终审的判决、裁定，认为确有错误的，只能依据审判监督程序申请再审，但判决、裁定不停止执行。

实行两审终审制度有利于上级人民法院对下级人民法院的审判工作进行监督，及时纠正错误的判决，维护当事人的合法权益。由于两审终审制度审级不多，可以方便当事人参加诉讼，快速化解行政争议，及时对当事人受损害的权益给予司法救济，防止案件因久拖不决而形成诉累，既增加当事人的负担，浪费司法资源，也不利于行政管理秩序的稳定。

☛ 相关规定

《中华人民共和国宪法》第 125 条；《中华人民共和国人民法院组织法》第 7 条、第 9 条、第 11 条、第 15 条；《中华人民共和国民事诉讼法》第 10 条、第 134 条；《中华人民共和国刑事诉讼法》第 10 条、第 11 条、第 28 条、第 178 条、第 183 条、第 274 条。

第八条　当事人在行政诉讼中的法律地位平等。

☛ 条文主旨

本条是关于当事人在行政诉讼中法律地位平等原则的规定。

☛ 立法背景

本条规定为原法的第 7 条，未作修改。当事人在行政诉讼中的法律地位平等，是"中华人民共和国公民在法律面前一律平等"这一宪法原则在行政诉讼中的具体体现。

◖▬ 条文解读

在行政诉讼的双方当事人中，一方是行政机关，它在行政管理活动中代表国家行使行政权力，处于管理者的地位；另一方是公民、法人或者其他组织，他们在行政管理活动中处于被管理者的地位，是行政管理相对人。但是，当双方发生行政争议依法进入行政诉讼程序后，他们之间就由原来的管理者与被管理者的关系，转变为平等性的行政诉讼关系，成为行政诉讼的双方当事人。在整个诉讼过程中，原告与被告的诉讼法律地位是平等的，没有高低之分，亦无贵贱之别，没有领导与服从的关系，而是处于相同的法律地位，共同受人民法院裁判的约束。作为被告的行政机关不能因自己在行政管理中所处的管理地位而在行政诉讼中享有特权，不能再以管理者、领导者的身份自居。

行政诉讼当事人的法律地位平等，与民事诉讼当事人法律地位平等不完全相同，表现为行政诉讼的双方当事人的诉讼权利与义务不完全对等。如作出行政行为的行政机关只能当被告，不能因提起行政诉讼而充当原告；原告享有起诉权，被告的行政机关没有反诉权；被告的行政机关单方面负有举证责任，原告一般不需要承担举证责任；在行政诉讼过程中，被告的行政机关不得自行向原告和证人收集证据等，这些规定体现了行政诉讼的特点。因为在行政诉讼中，作为被告的行政机关由于手握行政权力而处于强势地位，相比之下，作为原告一方的公民、法人或者其他组织则处于弱势地位，所以法律需要在诉讼权利、义务的规定上对原告一方予以倾斜性保护，以达到与被告的行政机关一方在实质上的平等。

◖▬ 相关规定

《中华人民共和国宪法》第 33 条；《中华人民共和国人民法

28

院组织法》第 5 条；《中华人民共和国民事诉讼法》第 8 条；《中华人民共和国刑事诉讼法》第 6 条。

第九条 各民族公民都有用本民族语言、文字进行行政诉讼的权利。

在少数民族聚居或者多民族共同居住的地区，人民法院应当用当地民族通用的语言、文字进行审理和发布法律文书。

人民法院应当对不通晓当地民族通用的语言、文字的诉讼参与人提供翻译。

☞ 条文主旨

本条是关于使用民族语言文字进行诉讼原则的规定。

☞ 立法背景

本条规定为原法的第 8 条，未作修改。我国宪法第 4 条规定，中华人民共和国各民族一律平等。国家保障各少数民族的合法的权利和利益，维护和发展各民族的平等、团结、互助关系。各民族都有使用和发展自己的语言文字的自由。第 134 条明确规定，各民族公民都有用本民族语言文字进行诉讼的权利。人民法院和人民检察院对于不通晓当地通用的语言文字的诉讼参与人，应当为他们翻译。在少数民族聚居或者多民族共同居住的地区，应当用当地通用的语言进行审理；起诉书、判决书、布告和其他文书应当根据实际需要使用当地通用的一种或者几种文字。我国是统一的多民族的社会主义国家，各民族不分大小，一律平等。在行政诉讼中，规定各民族公民都有用本民族语言文字进行诉讼的权利，是我国宪法规定各民族一律平等原则的体现，也是民族平等的法律保证。根据上述宪法原则的规定，本条明确了使用本民族语言文字进行诉讼的原则，这也是刑事诉讼法、民事诉讼法和行政诉讼法三大诉讼法均规定的基本原则。

条文解读

使用本民族语言文字进行诉讼的原则，包括以下三方面内容：

一是各民族公民都有用本民族语言文字进行诉讼的权利。不论是作为当事人还是作为其他诉讼参与人，各民族公民都有权用本民族的语言文字参加诉讼活动，包括用本民族的语言回答审判人员的询问，在法庭上发表意见，用本民族语言文字书写起诉书、证人证言等。

二是在少数民族聚居区或者多民族共同居住的地区，人民法院对案件的审理，应当用当地通用的语言进行，这是尊重和保障少数民族当事人和其他诉讼参与人诉讼权利的需要，避免他们因语言、文字的障碍，影响其诉讼权利的行使，也有利于保障人民法院审判活动的顺利进行。如果当事人和其他诉讼参与人不通晓当地通用的语言文字，人民法院有义务聘请翻译人员为他们翻译。

三是使用当地通用的语言文字发布法律文书。在少数民族聚居区或者多民族共同居住的地区，人民法院发布判决书、裁定书、调解书、开庭通知及其他诉讼文书，应当使用当地通用的一种或者几种语言文字进行发布。

相关规定

《中华人民共和国宪法》第 4 条、第 134 条；《中华人民共和国人民法院组织法》第 6 条；《中华人民共和国民事诉讼法》第 11 条；《中华人民共和国刑事诉讼法》第 9 条。

第十条　当事人在行政诉讼中有权进行辩论。

● 条文主旨

本条是关于当事人在行政诉讼中有权进行辩论原则的规定。

● 立法背景

本条规定为原法的第9条，未作修改。当事人在行政诉讼中有权进行辩论。辩论权是法律赋予行政诉讼各方当事人重要的诉讼权利。所谓辩论，是指当事人在法院主持下，就案件的事实问题、程序问题、适用法律问题等，充分陈述各自的主张和意见，互相进行反驳和答辩，以维护自己的合法权益。辩论原则体现了行政诉讼当事人在诉讼中平等的法律地位，是世界各国普遍遵循的诉讼制度。

● 条文解读

保障当事人在行政诉讼中充分行使辩论权，具有重要意义：

一是有助于保证案件的公正审理。法院是解决纠纷的地方，也是讲理的地方。当事人双方就有争议的问题，相互进行辩驳，通过辩论揭示案件的真实情况。法官通过听取当事人双方的辩论，特别是对有争议问题的辩论，可以更好地查明案件的事实，从而作出正确的判决。如果法官在审判活动中，对当事人的辩论权不予尊重，甚至设置某些限制，让当事人不敢、不能充分行使自己的辩论权，那么势必会造成法官偏听偏信，其结果很难保证所作判决、裁定的公正。实体公正是程序公正的目的，程序公正是实体公正的保障。公正的诉讼，是程序的公正和结果的公正。通过原、被告双方的辩论，有利于法官准确掌握情况，全面了解案情，为公正审判打下基础。

二是有助于当事人接受判决结果，实现案结事了，有效解决行政争议。俗话说，真理越辩越明。通过双方当事人在法庭上就有争议的问题进行充分的辩论，陈述各自的主张和理由，可以使当事人有机会充分了解对方的观点，进而反过来再重新审视自己原有的主张是否符合法律的规定。从这个意义上说，辩论权行使的过程，也是对当事人进行法制教育的过程，可以让当事人双方，无论最后判决结果如何，都能做到赢得明明白白，输得心服口服，乐于接受裁判结果，促成案结事了。如果当事人不能行使辩论权，出现"一言堂"或者"一边倒"的情况，即使法官认定事实准确，适用法律正确，当事人也很难接受这样的判决结果。同时，让当事人充分行使辩论权，可以在心理上为当事人"消气"。通过行使辩论权，双方在法庭上把问题说开，有助于打开心结，从双方的心理上实现案结事了，从而有效化解争议和矛盾。反之，如果不能让当事人充分行使辩论权，当事人会因为自己的主张没有充分表达而产生一种审判不公的感觉，进而不服从判决，这样既浪费了司法资源，又影响了司法机关的威信。

依法维护当事人在行政诉讼中的辩论权，应当注意以下几点：

一是辩论的内容涉及的范围比较广泛。双方当事人既可以就案件的事实等实体方面进行辩论，也可以就适用的法律及程序性的问题进行辩论。双方当事人可以就上述范围内的有争议的问题进行辩论。

二是辩论权的行使要贯穿整个诉讼程序，不仅限于法庭辩论阶段。在行政诉讼的第一审程序、第二审程序和审判监督程序中都要保障当事人对辩论权的充分行使。

三是辩论的形式既有口头形式，也有书面形式。在法庭辩论阶段，通常是采用口头形式进行辩论，在其他阶段，一般采用书面形式辩论，如原告提出起诉状后，被告提出答辩状，即属于书面的辩论形式。

四是辩论必须在人民法院的主持下进行。人民法院应当依法在诉讼的各个阶段保障当事人辩论权的行使，并耐心听取当事人的辩论意见。同时，对当事人在辩论权行使过程中的一些不当言行，审判人员应当及时予以提醒和制止，对出现的违法行为，如侮辱、诽谤对方当事人，哄闹法庭等依法予以训诫、责令具结悔过或者处以罚款、拘留等。

📢 **相关规定**

《中华人民共和国民事诉讼法》第 12 条；《中华人民共和国刑事诉讼法》第 193 条。

第十一条 人民检察院有权对行政诉讼实行法律监督。

📢 **条文主旨**

本条是关于人民检察院对行政诉讼实行法律监督原则的规定。

📢 **立法背景**

本条规定为原法的第 10 条，未作修改。人民检察院作为国家的法律监督机关，有权对行政诉讼实行法律监督。这是我国刑事诉讼法、民事诉讼法和行政诉讼法这三大诉讼法均规定的一项原则。人民检察院在行政诉讼中行使法律监督权，应当注意严格遵守办案规则以及相关检察纪律规范，依法履行法律监督职责，不得谋取任何私利，不得滥用监督权力。

📢 **条文解读**

关于人民检察院如何对行政诉讼活动实施法律监督，原法第 64 条只规定了人民检察院对人民法院已经发生法律效力的判决、裁定，发现违反法律、法规规定的，有权依照审判监督程序提起抗诉。此次修改，按照党的十八届四中全会关于加强对司法活动的监督，完善检察机关行使监督权的法律制度，加强对行政诉讼的法律监督的精神，同时也与修改后的民事诉讼法的相关规定相衔接，在原法第 64 条规定的基础上，对人民检察院对行政诉讼的检察监督制度进行了完善，增加了检察建议和对调解、立案和执行等的监督。新法第93条规定，最高人民检察院对各级人民法院已经发生法律效力的判决、裁定，上级人民检察院对下级人民法院已经发生法律效力的判决、裁定，发现有当事人可以申请再审的法定情形之一的，或者发现调解书损害国家利益、社会公共利益的，应当提出抗诉。地方各级人民检察院对同级人民法院已经发生法律效力的判决、裁定，发现有当事人可以申请再审的法定情形之一的，或者发现调解书损害国家利益、社会公共利益的，可以向同级人民法院提出检察建议，并报上级人民检察院备案；也可以提请上级人民检察院向同级人民法院提出抗诉。各级人民检察院对审判监督程序以外的其他审判程序中审判人员的违法行为，有权向同级人民法院提出检察建议。此外，新法第101条规定，有关人民检察院对行政案件受理、审理、裁判、执行的监督，本法没有规定的，适用民事诉讼法的相关规定。根据上述规定，人民检察院主要通过以下方式，对行政诉讼实行法律监督：

一是提出抗诉。抗诉是指人民检察院对人民法院作出的已经生效的判决、裁定，认为确有错误时，依法向人民法院提出重新审理要求的诉讼活动。抗诉是法律授予人民检察院代表国家行使的一项法律监督权。

二是提出检察建议。检察建议是检察机关在行政诉讼和民事诉讼中行使法律监督权的一个新举措。2012年通过的修改后的民事诉讼法增加规定了"检察建议"这一监督方式，此次修改行政诉讼法也增加规定了这一内容。检察建议分为两种：其一，再审检察建议，是指人民检察院对人民法院已经发生法律效力的判决、裁定，不采取抗诉方式启动再审程序，而是向人民法院提出检察建议，由人民法院自行决定是否启动再审程序进行再审。其二，对审判人员违法行为的检察建议，是指各级人民检察院对审判监督程序以外的其他审判程序中审判人员的违法行为，有权向同级人民法院提出检察建议。

三是对行政诉讼立案环节进行监督。为了加强对立案环节的监督，此次修改行政诉讼法，明确对人民法院不予受理的裁定确有错误的，人民检察院应当依法提出抗诉或者提出检察建议。

四是对调解进行监督。行政诉讼原则上不适用调解，但对涉及行政赔偿、补偿以及行政机关行使法律、法规规定的自由裁量权的案件，人民法院在审理时可以依法适用调解。为了加强对调解的监督，此次修改行政诉讼法，明确人民检察院发现人民法院所作的调解书损害国家利益、社会公共利益的，应当依法提出抗诉或者提出检察建议。

五是对行政诉讼判决、裁定的执行实行法律监督。民事诉讼法第235条规定，人民检察院有权对民事执行活动实行法律监督。根据这一规定以及行政诉讼法第101条的规定，人民检察院有权对行政案件的执行实行法律监督。

六是追究贪污受贿、徇私舞弊、枉法裁判的审判人员的刑事责任。检察机关作为法律监督机关的重要职责之一就是侦查国家公职人员的职务犯罪行为，并依法提起公诉。检察机关在对行政诉讼活动进行法律监督的过程中发现审判人员涉嫌贪污受贿、徇私舞弊、枉法裁判的，应及时立案、侦查乃至提起公诉，这是加强司法监督，遏制司法腐败的一个重要方面。

人民检察院在行政诉讼中行使法律监督权，应当严格遵守办案规则以及相关检察纪律规范，依法履行法律监督职责，不得谋取任何私利，不得滥用监督权力。

● 相关规定

《中华人民共和国民事诉讼法》第14条；《中华人民共和国刑事诉讼法》第8条。

第二章　受案范围

第十二条　人民法院受理公民、法人或者其他组织提起的下列诉讼：

（一）对行政拘留、暂扣或者吊销许可证和执照、责令停产停业、没收违法所得、没收非法财物、罚款、警告等行政处罚不服的；

（二）对限制人身自由或者对财产的查封、扣押、冻结等行政强制措施和行政强制执行不服的；

（三）申请行政许可，行政机关拒绝或者在法定期限内不予答复，或者对行政机关作出的有关行政许可的其他决定不服的；

（四）对行政机关作出的关于确认土地、矿藏、水流、森林、山岭、草原、荒地、滩涂、海域等自然资源的所有权或者使用权的决定不服的；

（五）对征收、征用决定及其补偿决定不服的；

（六）申请行政机关履行保护人身权、财产权等合法权益的法定职责，行政机关拒绝履行或者不予答复的；

（七）认为行政机关侵犯其经营自主权或者农村土地承包经营权、农村土地经营权的；

（八）认为行政机关滥用行政权力排除或者限制竞争的；

（九）认为行政机关违法集资、摊派费用或者违法要求履行其他义务的；

（十）认为行政机关没有依法支付抚恤金、最低生活保障待遇或者社会保险待遇的；

（十一）认为行政机关不依法履行、未按照约定履行或者违法变更、解除政府特许经营协议、土地房屋征收补偿协议等协议的；

（十二）认为行政机关侵犯其他人身权、财产权等合法权益的。

除前款规定外，人民法院受理法律、法规规定可以提起诉讼的其他行政案件。

条文主旨

本条是关于行政诉讼受案范围的规定。

立法背景

行政诉讼的受案范围是受到行政权侵犯的公民权利受司法保护的范围。按照法治原则，行政行为侵犯了公民的合法权益，都应当受到监督，公民都应当得到司法救济，因此，行政诉讼的受案范围应当是非常宽的，不应当限定哪些受理，哪些不受理。但实际上，行政诉讼受案范围的确定受行政争议的特点、法治发展的阶段性等诸多因素的影响。目前我国还在建设法治国家的过程中，扩大受案范围不能做到一步到位，而是要循序渐进，逐步扩大。原行政诉讼法通过列举的方式，确定了受案范围。这种方式的好处是明确、具体，便于操作，尤其当时行政诉讼的实务探索刚刚起步，通过列举明确受案范围，是一种谨慎、稳妥的方式。但列举方式的弊端也显而易见，如列举不够详尽，列举的标准也不够统一，交叉重复、遗漏等情况在所难免。所以，在本法修改过程中，有的建议采取概括方式规定受案范围，使受案范围有更大的包容性，便于在司法实践中逐步扩大。经过利弊权衡，综合考虑，修改后的行政诉讼法维持现行的列举方式，将原法列举的8项增加到12项，扩大了受案范围。同时保留了原法规定的"人民法院受理法律、法规规定可以提起诉讼的其他行政案件"的兜底条款，为以后的立法扩大受案范围留下空间。

☛ 条文解读

一、对行政处罚不服的

行政处罚是行政机关或者法律、法规授权的组织对违反行政管理秩序的公民、法人或者其他组织所实施的惩罚。行政处罚法对行政处罚的种类和程序作了规定，相关法律、法规和规章对行政处罚有实体规定。本项列举了行政处罚法规定的6类处罚种类，但行政处罚不限于这6类，其他法律、行政法规还可以规定新的处罚种类。认为行政机关违反行政处罚的实体和程序规定，都可以向法院起诉。需要注意，行政处罚法第23条规定，行政机关实施行政处罚时，应当责令当事人改正或者限期改正违法行为。其他法律、法规也有许多责令改正的规定。对责令改正是否可诉，行政处罚法没有明确规定，但从法理上说，行政机关违法要求相对人责令改正，可能侵犯行政相对人合法权益，应当可以提起行政诉讼。因此，无论责令改正是与其他处罚同时适用，还是单独适用，当事人对责令改正不服的，可以提起行政诉讼。

二、对行政强制措施和行政强制执行不服的

行政强制措施是指行政机关在行政管理过程中，为制止违法行为、防止证据损毁、避免危害发生、控制危险扩大等情形，依法对公民的人身自由实施暂时性限制，或者对公民、法人或者其他组织的财物实施暂时性控制的行为。行政强制执行是指行政机关或者行政机关申请人民法院，对不履行行政决定的公民、法人或者其他组织，依法强制履行义务的行为。行政强制法对行政强

38

制措施的种类、行政强制执行的方式以及实施程序作了规定。其他法律、法规对行政强制措施有实体规定，其他法律对行政强制执行有实体规定。认为行政机关违反有关行政强制法的程序和其他法律法规的实体规定，可以向法院起诉。本项只列举了行政强制措施的种类，没有列举行政强制执行的方式。在制定行政强制法过程中，有的意见提出，行政强制执行是执行已生效的行政决定，没有给行政相对人增加新的义务，因此，不能对行政强制执行提起诉讼。考虑到行政强制执行决定是一个独立的行政行为，有独立的程序要求，执行中可能影响到行政相对人的财产权，因此，行政强制法第8条明确行政相对人可以对行政强制执行提起诉讼。需要注意，本项中的行政强制执行，仅指行政机关的强制执行，不包括法院的非诉强制执行。

三、对行政许可不服的

行政许可是指行政机关根据公民、法人或者其他组织的申请，经依法审查，准予其从事特定活动的行为。行政许可法对行政许可的实施程序作了规定，相关法律、法规和省级人民政府规章对行政许可有实体规定。公民、法人或者其他组织申请行政许可，行政机关拒绝或者法定期限内不予答复，或者对行政机关作出的有关行政许可的准予、变更、延续、撤销、撤回、注销行政许可等决定不服的，可以向法院提起诉讼。本项所称法定期限，是指行政许可法第42条、第43条、第44条规定的期限。

四、对行政机关确认自然资源的所有权或者使用权的决定不服的

根据土地管理法、矿产资源法、水法、森林法、草原法、渔业法、海域使用管理法等法律的规定，县级以上各级政府对土地、矿藏、水流、森林、山岭、草原、荒地、滩涂、海域等自然资源的所有权或者使用权予以确认和核发相关证书。这里的确认，包括颁发确认所有权或者使用权证书，也包括所有权或者使用权发生争议，由行政机关作出的裁决。这是本法修改新增加的一项内

容，司法实践中，法院已根据相关法律受理上述案件。需要注意，根据行政复议法的规定，公民、法人或者其他组织认为行政机关侵犯其已经依法取得的土地、矿藏、水流、森林、山岭、草原、荒地、滩涂、海域等自然资源的所有权或者使用权的，应当先申请行政复议；对行政复议决定不服的，可以向人民法院提起诉讼。根据国务院或者省、自治区、直辖市人民政府对行政区划的勘定、调整或者征用土地的决定，省、自治区、直辖市人民政府确认土地、矿藏、水流、森林、山岭、草原、荒地、滩涂、海域等自然资源的所有权或者使用权的行政复议决定为最终裁决，不得向人民法院起诉。

五、对征收、征用决定及其补偿决定不服的

本项所称征收，学理上称为行政征收，是行政机关为了公共利益的需要，依法将公民、法人或者其他组织的财物收归国有的行政行为。如为了公共设施、基础设施建设需要，人民政府征收农村集体土地和城乡居民房屋。本项所称征用，学理上称为行政征用，是行政机关为了公共利益的需要，依法强制使用公民、法人或者其他组织财物或者劳务的行政行为。根据法律规定，无论是征收还是征用，都应当依法给予权利人相应的补偿。公民、法人和其他组织对征收、征用决定不服，或者对补偿决定不服，除法律规定复议终局的外，都可以提起诉讼。本项规定是本法修改增加的内容，但相关法律、法规已有相应规定，司法实践也早已受理这类行政案件。需要注意，一般意义的征收，还应当包括征税和行政收费，但本项所规定的征收不包括征税和行政收费，对于征税和行政收费引起的争议，行政相对人可以根据税法和本条第 1 款第 9 项向法院提起诉讼。

六、对不履行法定职责不服的

人身权、财产权是公民的基本权利，我国法律、法规将保护公民的人身权、财产权以及其他一些基本权利明确为行政机关的法定职责，公民的人身权、财产权等合法权益受到侵害时，如果

40

行政机关不依法履行保护职责，属于行政不作为，公民就可以向法院提起诉讼，要求行政机关履行职责。本项中的合法权益，主要是人身权、财产权，但不限于这两项权利。只在法律、法规明确规定行政机关应当积极作为去保护的权利，行政机关不作为，公民、法人或者其他组织都可以提起诉讼。

七、认为侵犯经营自主权或者农村土地承包经营权、农村土地经营权的

经营自主权是企业、个体经营者等依法享有的调配使用自己的人力、物力、财力，自主组织生产经营活动的权利。我国已确立了市场经济体制，各类市场主体享有广泛的经营自主权，除法律、法规对投资领域、商品价格等事项有明确限制外，行政机关不得干预其生产经营，如果干预，市场主体可以向法院提起诉讼。需要注意，对国有企业而言，其生产经营受到作为履行出资人职责的国有资产监督管理机构的管理，但这种管理，是从股东角度进行的，不属于行政管理，因此，不能提起行政诉讼。

农村土地承包经营权是农村集体经济组织的成员或者其他承包经营人依法对其承包的土地享有的自主经营、流转、收益的权利。农村土地承包经营一般采取承包合同的方式约定双方的权利义务，作为农村集体经营组织的发包方与作为承包方的农户或者其他经营人之间发生的纠纷，是民事争议，可以申请仲裁或者提起民事诉讼。如果乡镇政府或者县级以上地方农村部门等干涉农村土地承包，变更、解除承包合同，或者强迫、阻碍承包方进行土地承包经营权流转的，可以提起行政诉讼。

农村土地经营权是从农村土地承包经营权中分离出的一项权能，就是承包农户将其承包土地流转出去，由其他组织或者个人经营，其他组织或者个人取得土地经营权。在本法修改过程中，有的常委会委员提出，随着农村土地承包经营权流转改革的推进，行政机关侵犯农村土地经营权的行为也应当纳入行政诉讼受案范围。因此，在草案三审时增加了这项内容。

八、认为行政机关滥用行政权力排除或者限制竞争的

本项是新增加的内容。公平竞争权是市场主体依法享有的在公平环境中竞争，以实现其经济利益的权利。我国反垄断法对滥用行政权力排除、限制竞争的行为作了规定，如规定行政机关和法律、法规授权的具有管理公共事务职能的组织不得滥用行政权力，限定或者变相限定单位或者个人经营、购买、使用其指定的经营者提供的商品；不得滥用行政权力，妨碍商品在地区之间的自由流通；不得滥用行政权力，以设定歧视性资质要求、评审标准或者不依法发布信息等方式，排斥或者限制外地经营者参加本地的招标投标活动；不得滥用行政权力，采取与本地经营者不平等待遇等方式，排斥或者限制外地经营者在本地投资或者设立分支机构；不得滥用行政权力，强制经营者从事本法规定的垄断行为。反不正当竞争法也规定，政府及其所属部门不得滥用行政权力，限定他人购买其指定的经营者的商品，限制其他经营者正当的经营活动；不得滥用行政权力，限制外地商品进入本地市场，或者本地商品流向外地市场。行政机关违法上述规定，经营者可以向人民法院提起诉讼。

九、认为行政机关违法要求履行义务

行政机关向企业、个人乱集资、乱摊派、乱收费被称为"三乱"。"三乱"干扰了国家正常的财政税收制度，加重了企业和群众负担，损害了政府形象，败坏了社会风气。"三乱"问题曾经非常严重，随着国家法治的健全和行政机关依法行政意识的提高，"三乱"问题得到有效遏制，但仍未完全绝迹。因此，需要通过诉讼途径保护行政相对人的合法权益。本项中的违法要求履行其他义务，如违法摊派劳务、协助执行公务等。按照依法行政的原则，要求公民、法人或者其他组织履行义务，必须有法律、法规的依据，没有法定依据的，行政相对人可以拒绝，或者向人民法院提起诉讼。

十、认为行政机关没有支付抚恤金、最低生活保障待遇或者社会保险待遇的

抚恤金，是公民因公、因病致残或者死亡后，由民政部门发给其本人或者亲属的生活费用。主要包括因公死亡人员遗属的死亡抚恤金和因公致伤、致残者本人的伤残抚恤金。公民认为符合条件应当发给抚恤金，行政机关没有发给的，可以提起行政诉讼。

最低生活保障是国家对共同生活的家庭成员人均收入低于当地最低生活保障标准的家庭给予社会救助，以满足低收入家庭维持基本的生活需要。最低生活保障待遇主要是按照家庭成员人均收入低于当地最低生活保障标准的差额，按月发给的最低生活保障金。

社会保险是公民在年老、疾病、工伤、失业、生育等情况下，由国家和社会提供的物质帮助。根据社会保险法的规定，我国的社会保险包括基本养老保险、基本医疗保障、工伤保险、失业保险和生育保险。社会保险经办机构不支付社会保险待遇的，可以向法院提起诉讼，除此之外，按照社会保险法的规定，用人单位或者个人认为社会保险征收机构、社会保险经办机构征收、核定社会保险费和不办理社会保险登记、社会保险转移接续手续等行为侵犯其社会保险权益的，也可以向法院起诉。

十一、认为行政机关不依法履行、未按照约定履行或者违法变更、解除政府特许经营协议、土地房屋征收补偿协议等协议的

本项是新增加的内容。政府特许经营是政府通过招标等公平竞争方式，许可特定经营者经营某项公共产品或者提供某项公共服务。政府特许经营广泛存在于城市供水、供气、供热、污水处理、垃圾处理、城市公共交通等公用事业领域。政府特许经营一般采取协议的方式约定双方的权利义务。土地征收补偿是指政府依法征收农村集体所有的土地所给予的补偿。根据土地管理法的规定，征收土地的，按照被征收土地的原用途给予补偿，该法还规定了补偿的项目和标准。虽然该法没有规定土地征收补偿采取协议的方式，但实践中有以协议方式确定补偿的。采取协议方式确定补偿，有利于减少纠纷，将来可以成为制度化的土地征收补偿方式。房屋征收补偿是行政机关征收国有或者集体土地上的房屋所给予的补偿。征收国有土地上的房屋，根据《国有土地上房屋征收与补偿条例》规定，可以采取订立补偿协议的方式。房屋征收部门与被征收人依照条例的规定，就补偿方式、补偿金额和支付期限、用于产权调换房屋的地点和面积、搬迁费、临时安置费或者周转用房、停产停业损失、搬迁期限、过渡方式和过渡期限等事项，订立补偿协议。补偿协议订立后，一方当事人不履行补偿协议约定的义务的，另一方当事人可以依法提起诉讼。根据该条例规定，达不成协议的，由房屋征收部门报请作出房屋征收决定的市、县级人民政府依照本条例的规定，按照征收补偿方案作出补偿决定。该补偿决定是行政行为，可以按照本条第1款第5项提起行政诉讼。

上述协议，是否纳入行政诉讼受案范围，争议颇大。有的意见认为这类协议是特殊的民事合同，应当遵守合同法的规定，发生争议，应当按照民事争议受理，适用民事诉讼法的程序。也有意见提出，这类协议是公共管理和公共服务的一种方式，行政机关签订协议有行使公权力属性，实践中行政机关违约的比较多，按照行政案件受理，有利于法院的监督，保护作为协议一方的行政相对人的合法权益。随着政府职能转变，可能应用越来越广泛。由于目前没有统一规定，有的法院按民事案件受理，有的法院按照行政案件受理，导致审理的依据、适用的规则和审判结果不一致，不利于化解矛盾。考虑到此类争议中往往伴随着就行政行为引起的争议，将其纳入行政诉讼受案范围，有利于争议的一并解决。因此，本法修改将这类协议的争议纳入行政诉讼解决。需要注意，本项规定只解决行政机关一方不履行协议的情况，没有将行政相对人一方不履行纳入本法解决，主要原因：一是因为这类争议主要是由行政机关一方不履行或者未按照约定履行协议引起的。二是行政相对人一方不履行合同，行政机关一方可以通过其他途径解决。如对特许经营者不按照协议约定提供公共服务的，行政机关可以取消特许经营，这也是行政合同区别于民事合同的重要之处。三是如果规定行政机关可以作原告，与行政诉讼法的性质不符合，与行政诉讼法的规定也不相适应。因此，本法修改只规定了行政相对人可以起诉行政机关。另外，法院审理这类争议，在实体法方面，应当优先适用有关法律、法规或者规章的特别规定，没有特别规定的，适用合同法。

十二、认为行政机关侵犯其他人身权、财产权等合法权益的

本项是兜底规定。公民、法人和其他组织的人身权、财产权的内容极其广泛，除上述列举外，还有一些财产权，如股权、债权、企业产权等，没有列举，还有一些人身权，如姓名权、隐私权等，也没有列举。此外，人身权、财产权以外的其他合法权益，有的法律、法规已有规定，本条也没有列举，为避免遗漏，弥补列举的不足，本条保留了原法的兜底规定，并作了相应修改。

十三、人民法院受理法律、法规规定可以提起诉讼的其他行政案件

本款是原法的规定，当时这样规定，主要原因是除人身权、财产权以外，我国宪法规定公民的基本权利还包括有关言论、出版、集会、结社、游行、示威、宗教信仰、选举等政治权利，当时这些权利还没有专门立法，如果将这些权利的争议纳入行政诉讼受案范围，人民法院审理没有相应的依据，会给案件审理带来困难。因此，在这些领域发生纠纷是否可诉，要由单行法律或者法规另外规定。另外，宪法还规定了公民的社会权利，当时这方面的立法也不完备，如何保障，也缺少相应的法律、法规依据。经过二十多年的努力，上述领域多数已制定了法律、法规，如关于社会保障权，已制定了有关社会保险、社会救助的法律、法规，这些法律、法规已明确将其纳入行政诉讼受案范围，有的本条第1款已作了列举，有的没有列举。在政治权利方面，仍然有的领域还没有制定法律、法规，需要随着法制的不断完善，加以明确，逐步扩大受案范围。因此，保留了原法的这一款规定。

☛ 相关规定

《中华人民共和国行政处罚法》第 6 条;《中华人民共和国行政强制法》第 8 条;《中华人民共和国行政许可法》第 42 条、第43 条、第 44 条。

第十三条 人民法院不受理公民、法人或者其他组织对下列事项提起的诉讼:

(一)国防、外交等国家行为;

(二)行政法规、规章或者行政机关制定、发布的具有普遍约束力的决定、命令;

(三)行政机关对行政机关工作人员的奖惩、任免等决定;

(四)法律规定由行政机关最终裁决的行政行为。

☛ 条文主旨

本条是关于法院不受理的事项的规定。

☛ 立法背景

行政诉讼受案范围受国家机关之间职权分工和法院在国家权力架构中的定位的影响。我国实行的是人民代表大会制度,人民政府在人民代表大会及其常委会监督下开展工作,人民法院对行政行为的监督,应当符合这一制度的特点。本条为原法第 12 条,未作修改。

☛ 条文解读

根据本法规定,下列行为,法院不受理:

一、国防、外交等国家行为

国家行为是基于国家主权并且以国家名义实施的行为。国家

46

行为带有高度的政治性，不同于一般的行政行为，不适宜由法院来监督。各国法院对这类行为都没有司法审查权。根据最高人民法院 2000 年颁布的《最高人民法院关于执行〈中华人民共和国行政诉讼法〉若干问题的解释》的规定，国家行为是指国务院、中央军事委员会、国防部、外交部等根据宪法和法律的授权，以国家的名义实施的有关国防和外交事务的行为，以及经宪法和法律授权的国家机关宣布紧急状态、实施戒严和总动员等行为。国防行为是指国家为了防备和抵抗侵略，制止武装颠覆，保卫国家的主权、领土完整和安全所进行的军事活动。如宣战、发布动员令、戒严令、军事演习、设立军事禁区等。外交行为是指国家之间或者国家与国际组织之间的交往行为。如对外国国家和政府的承认、建交、断交，缔结条约、公约和协定等。上述行为，在我国主要是由全国人大及其常委会决定的，国务院作为执行机关，在行使国防、外交方面的职权时，只能由全国人大及其常委会监督，法院没有监督权。

二、行政法规、规章或者行政机关制定、发布的具有普遍约束力的决定、命令

制定行政法规、规章是立法行为，按照宪法、立法法的规定，由全国人大及其常委会和地方同级人大及其常委会或者国务院监督，不由法院监督。因此，不能对行政法规、规章提起行政诉讼。

行政机关制定、发布的具有普遍约束力的决定、命令，即学理上所称的"抽象行政行为"，本法也称为"规范性文件"。上述决定、命令在实践中大量存在，在行政管理中发挥了重要作用，但有些存在违法的问题，侵犯了公民、法人或者其他组织的合法权益，后果比行政行为更严重。因此，本法修改过程中，有的建议将这类决定、命令纳入受案范围，赋予法院监督权。但是，我国宪法和地方组织法对上述决定、命令的监督权作了规定。如宪法规定，国务院有权改变或者撤销各部、各委员会发布的不适当的命令、指示和规章，改变或者撤销地方各级国家行政机关的不

适当的决定和命令；地方组织法规定，县级以上地方各级人大及其常委会有权撤销本级人民政府不适当的决定和命令；县级以上的地方各级人民政府有权改变或者撤销所属各工作部门的不适当的命令、指示和下级人民政府的不适当的决定、命令。根据上述规定，行政机关制定的规范性文件违法，撤销权不在法院。因此，也就不能对这些规范性文件提起行政诉讼。为了解决规范性文件的违法的问题，又不同宪法、地方组织法的规定相冲突，本法修改后，明确法院可以对规范性文件进行附带性审查。本法第 53 条规定，公民、法人或者其他组织认为行政行为所依据的国务院部门和地方人民政府及其部门制定的规范性文件不合法，在对行政行为提起诉讼时，可以一并请求对该规范性文件进行审查。前款规定的规范性文件不含规章。第 64 条规定，人民法院在审理行政案件中，经审查认为本法第 53 条规定的规范性文件不合法的，不作为认定行政行为合法的依据，并应当向制定机关提出处理建议。法院经审查，认为规范性文件不合法，不能自己撤销，可以通过司法建议的形式，建议制定机关修改或者废止。

三、行政机关对行政机关工作人员的奖惩、任免等决定

行政机关对行政机关工作人员的奖惩、任免，属于行政机关内部的人事管理行为，学理上称为"内部行政行为"，不同于针对行政相对人的外部行政行为，不能提起行政诉讼。有些公务员是由选举产生的，任免是政治行为，也不能提起行政诉讼。根据公务员法的规定，公务员对处分、辞退或者取消录用、降职、免职、定期考核定为不称职、申请辞职或者提前退休未予批准、未按规定确定或者扣减工资、福利、保险待遇等不服的，可以向原处理机关申请复核；对复核结果不服的，可以向同级公务员主管部门或者作出该人事处理的机关的上一级机关提出申诉；也可以不经复核，直接提出申诉；对省级以下机关作出的申诉处理决定不服的，可以向作出处理决定的上一级机关提出再申诉。行政机关公务员对处分不服还可以向行政监察机关申诉。可以说，对公务员的权利保护，提供了救济途径。

在本法修改过程中，有的建议将对公务员的录用、开除、辞退纳入受案范围。认为录用、开除、辞退公务员，不是纯粹的内部管理，具有外部性和社会性。从国外的情况看，对这些行为法院也受理。从实践看，在公务员的开除、辞退问题上存在有纠纷，目前只有内部救济，公正性不足。另一种意见则认为，我国公务员的范围不仅限于行政机关工作人员，如果仅将行政机关工作人员的开除、辞退纳入受案范围，而其他公务员不纳入，制度上不平等。当前我国公务员流动性不够，因开除、辞退公务员引起纠纷情况不多，即使有，现行的制度能够解决。因此，没有必要对原法的规定作出修改。

四、法律规定由行政机关最终裁决的行政行为

目前，我国有的法律明确规定行政争议由行政机关最终裁决，不能再向法院提起行政诉讼。行政机关对行政争议作出终局裁决，排除了法院的监督，所以范围不能太宽，本法规定必须法律规定，这里的法律，指全国人大及其常委会制定的规范性文件。目前，只有行政复议法、出境入境管理法、集会游行示威法等几部法律规定了行政复议终局。

第三章 管 辖

第十四条 基层人民法院管辖第一审行政案件。

条文主旨

本条是关于基层人民法院管辖的第一审行政案件的规定。

立法背景

本条为原法第 13 条，未作修改。

条文解读

在我国，基层人民法院、中级人民法院、高级人民法院和最高人民法院四级法院，都可以受理第一审行政案件，但受理案件的范围不同。根据本条规定，第一审行政案件原则上应由基层人民法院管辖。基层人民法院包括：县人民法院和县级开发区人民法院、县级市人民法院，自治县人民法院，市辖区人民法院。基层人民法院根据地区、人口和案件情况可以设立若干人民法庭。当事人请求人民法院解决行政争议的，应当依照本法关于管辖的规定，向基层人民法院提起诉讼，但本法规定应由中级人民法院、高级人民法院和最高人民法院管辖第一审行政案件的除外。

目前，我国基层人民法院的设置与行政区划是一致的，全国共有 3000 多个基层人民法院，数量多、分布均衡，所以，原则上由基层人民法院管辖第一审行政案件符合实际情况。一是方便当事人。基层人民法院所在地是原告和被告所在地，由基层人民法院管辖，方便当事人就近参加诉讼。二是方便法院审理。基层人民法院所在地一般是行政争议发生地，由其管辖，便于人民法院及时调查取证、审判和执行判决。三是由基层人民法院管辖第一审案件，有利于将行政争议解决在基层。

但是，由基层人民法院管辖第一审行政案件也存在一定问题。基层人民法院的人、财、物都由同级人民政府管理，人民法院的行政审判工作受当地政府影响较大。有的地方政府干预法院受理行政案件，有的法院不愿受理行政案件，造成行政诉讼"立案难、审理难和执行难"。为解决地方保护和行政干预，有些地方探索行政案件集中管辖，有的基层人民法院不再管辖行政案件。在本法修改过程中，有的建议总结地方探索行政案件集中管辖的经验，减少管辖第一审行政案件的基层人民法院数量，实行跨行政区域管辖行政案件。有的建议取消基层人民法院的行政审判庭，由中级人民法院管辖第一审行政案件。也有的建议设立专门的行政法院管辖行政案件。这些都属于法院审判体制机制改革的问题，目前根据十八届三中全会和四中全会司法体制改革的精神还在稳步推动中，从既积极又稳妥的角度出发，本次修改没有取消基层人民法院对行政案件的管辖权，在第18条中增加一款，规定经最高人民法院批准，高级人民法院可以根据审判工作的实际情况，确定若干人民法院跨行政区域管辖行政案件，为下一步改革留下空间。

● 相关规定

《中华人民共和国行政诉讼法》第18条。

第十五条 中级人民法院管辖下列第一审行政案件：

（一）对国务院部门或者县级以上地方人民政府所作的行政行为提起诉讼的案件；

（二）海关处理的案件；

（三）本辖区内重大、复杂的案件；

（四）其他法律规定由中级人民法院管辖的案件。

条文主旨

本条是关于中级人民法院管辖的第一审行政案件的规定。

立法背景

本条是对原法第 14 条的修改。增加了两类情形：一是县级、地市级人民政府为被告的行政案件；二是其他法律规定由中级法院管辖的案件，这主要是指知识产权类案件。这样修改的目的是为了进一步扩大中级法院的一审管辖范围，更好地发挥中级法院的作用。

条文解读

根据本条规定，由中级人民法院管辖的第一审行政案件有四种：

一是对国务院部门或者县级以上地方人民政府所作的行政行为提起诉讼的案件。以国务院部门为被告的案件，被告级别较高，且其行政行为政策性、专业性较强，案件审理结果对社会影响较大，不宜由基层法院审理。这里国务院部门，除了国务院组成部门外，也包括国务院直属机构、直属事业单位、部管国家局等。县级以上地方各级人民政府包括省、自治区、直辖市、自治州、设区的市、县、自治县、不设区的市、市辖区的人民政府。以县级以上地方人民政府为被告的案件主要集中在土地、林地、矿藏等所有权和使用权争议案件、征收征用土地及其安置补偿案件等，这类案件一般在当地影响较大，案件相对复杂，且易受到当地政府的干预，规定这类案件由中级法院管辖，有助于人民法院排除干扰，公正审判。需要说明的是，这里的行政行为是指县级以上地方人民政府直接作出的行政处理决定，不包括其所作出的维持原行政行为的行政复议决定。

52

二是海关处理的案件，即公民、法人或者其他组织对海关作出的行政行为不服向人民法院提起诉讼的案件。虽然我国设有海事法院，但是，根据《最高人民法院办公厅关于海事行政案件管辖问题的通知》《最高人民法院关于海关行政处罚案件诉讼管辖问题的解释》，行政案件、行政赔偿案件和审查行政机关申请执行其行政行为的案件由各级人民法院行政审判庭审理，海事法院对这类案件不予审理。之所以把涉及海关处理的案件放到中级法院专属管辖，是因为从海关的业务来看，种类繁多，专业技术性较强，同时也涉及对外贸易和科技文化的交流；从海关的设置来看，只有部分地方设置了海关，且多设在大中城市。把海关处理的案件，规定由中级法院管辖，符合方便当事人进行诉讼的原则，也便于人民法院审理。

三是本辖区内重大、复杂的案件。这是一项比较灵活的规定。本辖区是指中级法院的辖区。"重大复杂"包括案情的疑难和轻重程度、政策性与专业性的深度与广度、判决结果可能产生的社会影响大小等，如社会影响重大的共同诉讼、集团诉讼案件，重大涉外或者涉及港澳台的案件。这里的"重大复杂"是相对而言的，可能会因地区和案件的不同有所不同，在审判实践中，需要通过对具体案件的难度和影响进行衡量来具体确定。

四是其他法律规定由中级人民法院管辖的案件。这一项是衔接性规定。根据《全国人民代表大会常务委员会关于在北京、上海、广州设立知识产权法院的决定》，知识产权法院管辖有关专利、植物新品种、集成电路布图设计、技术秘密等专业技术性较强的第一审知识产权行政案件；北京知识产权法院管辖不服国务院行政部门裁定或者决定而提起的第一审知识产权授权确权行政案件。

在修改过程中，有的意见认为，管辖制度改革应以提级管辖为主，取消基层法院行政庭。考虑到简单的提级管辖只能部分解决地方保护和行政干预问题，因此这一意见未被采纳。有的意见提出，不动产登记类案件是以区县政府名义作出的，但案件不复杂，第一审案件没有必要由中级法院管辖。考虑不动产涉及财产价值较大，由中级法院审理更适合，因此，这一意见未被采纳。有的意见提出，我国目前有 360 多个中级法院，应当进一步扩大中级法院管辖范围，发挥中级法院的作用，因此采纳了这一意见，适当扩大了中级法院管辖范围。

◑ 相关规定

《最高人民法院办公厅关于海事行政案件管辖问题的通知》；《最高人民法院关于海关行政处罚案件诉讼管辖问题的解释》；《全国人民代表大会常务委员会关于在北京、上海、广州设立知识产权法院的决定》。

第十六条　高级人民法院管辖本辖区内重大、复杂的第一审行政案件。

◑ 条文主旨

本条是关于高级人民法院管辖的第一审行政案件的规定。

◑ 立法背景

本条为原法第 15 条，未作修改。

◑ 条文解读

高级人民法院管辖本辖区内重大、复杂的第一审行政案件。除了管辖第一审、第二审、再审行政案件外，高级法院还承担对省、自治区、直辖市内的基层法院和中级法院的行政审判工作实行监督，总结和交流行政审判工作的经验，指导本省、自治区、直辖市内的基层法院和中级法院的审判工作。因此，高级法院管辖的第一审行政案件不宜过多。

所谓本辖区内重大、复杂的案件，是指就全省、自治区、直辖市范围而言，案情重大，涉及面广，具有重大影响的案件。法律没有明确应当由高级法院管辖的"重大、复杂的行政案件"的标准和范围。考虑到行政诉讼法主要保护公民、法人和其他组织的人身权和财产权，对于重大的人身权和财产权，应当列为重大案件。一般考虑几个因素：一是标的金额较大。如行政处罚数额较大的，可以认为是重大的案件，当然，金额是否较大在不同经济发展水平的地区会有不同的判断标准，这样就需要各地的高级法院根据本地区的实际情况来判断，无法制定统一的标准；二是社会影响较大。如涉及重大公共利益的行政许可案件。判断是否具有较大的社会影响，可以考虑当地人民群众对案件是否关注、是否涉及群体性利益、涉案的人数是否众多、当事人双方矛盾是否尖锐、是否涉及重大事项等因素。此外，对于一些案件类型较新、需要统一裁判尺度、在高级法院辖区内具有普遍法律适用意义、受到外来阻力较大、土地征收和征用等涉及面较广的一审行政案件等，都可以根据司法实践的需要，由最高人民法院或者高级人民法院来判断是否由高级人民法院管辖。

在修改行政诉讼法的过程中，有的意见建议将地市级政府当被告的第一审行政案件明确由高级法院管辖，解决行政审判权不能独立行使的问题。考虑到一味提升管辖法院级别并非是行政审判改革的出路，因此这一意见未被采纳。

第十七条　最高人民法院管辖全国范围内重大、复杂的第一审行政案件。

⬤ 条文主旨

本条是关于最高人民法院管辖的第一审行政案件的规定。

⬤ 立法背景

本条为原法第 16 条，未作修改。

最高人民法院是我国的最高审判机关，它的主要任务是对全国各级人民法院和军事法院等专门人民法院实行审判监督和指导；通过总结审判工作经验，作出有关适用法律、法规的批复、指示或者司法解释；审判不服高级法院判决、裁定的上诉案件以及当事人申请再审的案件等。因此，最高人民法院管辖的第一审行政案件的范围应当是很小的，到目前为止，全国还没有一例由最高人民法院管辖的第一审行政案件。

根据本条规定，最高人民法院管辖全国范围内重大、复杂的第一审行政案件。在全国范围内重大、复杂的案件，主要是指对全国有重大影响的案件，有必要作为法律类推的案件，在国内外有重大影响的涉外案件等。对于哪些案件属于重大复杂，应由最高人民法院审理，由最高人民法院判断。

由于最高人民法院已经是我国的最高审判机关，因此由它审理的一审行政案件实行一审终审，所作的判决裁定是终审判决裁定，送达当事人之后，即发生法律效力。

第十八条 行政案件由最初作出行政行为的行政机关所在地人民法院管辖。经复议的案件，也可以由复议机关所在地人民法院管辖。

经最高人民法院批准，高级人民法院可以根据审判工作的实际情况，确定若干人民法院跨行政区域管辖行政案件。

本条是关于一般地域管辖和法院跨区域管辖的规定。

本条是对原法第 17 条的修改：一是删去了"复议机关改变原具体行政行为的"这一前提条件，这样修改的目的是与"复议机关作被告"的有关规定相衔接；二是增加了法院跨区域管辖的规定。这样修改体现了十八届三中全会和四中全会的精神，为司法体制改革留有空间。

🔖 条文解读

一、一般地域管辖

原法第 17 条规定，行政案件由最初作出具体行政行为的行政机关所在地人民法院管辖。经复议的案件，复议机关改变原具体行政行为的，也可以由复议机关所在地人民法院管辖。这次修改，删去了"复议机关改变原具体行政行为的"。这主要是考虑与修改后经复议的案件，复议机关都要当被告，复议机关无论是改变还是维持原行政行为，都要当被告，因此，没有必要在管辖问题上对复议决定是改变还是维持加以区分。

公民、法人或者其他组织依法未经过复议直接向人民法院提起诉讼的案件，由最初作出行政行为的行政机关所在地人民法院管辖。地域管辖是根据人民法院的辖区来划分第一审行政案件的审判权。级别管辖解决的是案件由哪一级法院管辖，而地域管辖是进一步解决同级法院之间，特别是基层人民法院之间审理第一审行政案件的分工和权限。"原告就被告"是行政诉讼地域管辖的一般原则，经复议的案件，也适用这一原则。这样的制度设计主要是便于法院审查，人民法院在审理行政案件时调查、取证、执行主要在行政机关的所在地进行，由行政机关所在地人民法院管辖有利于审判。同时，能够避免行政机关异地奔波应诉，降低行政成本。大多数情况下，原告的居住地与作出行政行为的行政机关的所在地都同属于一个行政区域，由该辖区的人民法院管辖，也不会使原告负担过重。当然，由被诉行政机关所在地管辖也存在一些弊端，司法辖区与行政辖区合一，法院的财政供给受同级行政机关的控制，在现实中造成了一些地方保护主义。

经复议的案件，无论复议机关改变还是维持原行政行为，既可以由最初作出行政行为的行政机关所在地人民法院管辖，也可以由复议机关所在地人民法院管辖，由当事人自行选择。这是地域管辖的特殊规定，赋予了当事人对管辖的选择权。根据新法第21条规定，两个以上法院都有管辖权的情况下，原告可以选择其中一个人民法院提起诉讼，如果原告向两个以上法院都提起诉讼的，由最先立案的人民法院管辖。这样规定也体现了对原告权利的保护，方便当事人。

需要注意的是这一规定与级别管辖的关系。假设当事人对A县国土部门作出的行政行为不服，又向A县人民政府申请行政复议，对复议决定仍不服提起诉讼。根据新法第15条规定，中级人民法院管辖县级人民政府作出行政行为的案件，但前述已说明不包括县人民政府所作的复议决定，因此该案应按照A县国土部门的级别，由基层人民法院管辖。无论是按照原行政行为的行政机关所在地管辖还是按照复议机关所在地管辖的原则，均应当由A县基层人民法院管辖。

在修改过程中，有的意见建议将"原告就被告"的一般地域管辖改为由原告选择，以解决行政审判的地方保护和行政干预，但这一方案成本太高，有的行政机关可能需要到不同地方应诉，耗费行政资源，从法院调查取证、审判执行的角度来看难度反而更大，因此未采纳这一建议。

二、法院跨区域管辖案件

法院跨区域管辖行政案件的原则规定是本次修改新增内容。地方保护和行政干预，是行政诉讼制度运行不畅、行政审判困难重重的重要原因。如何解决这个问题，各地法院在管辖方面作了多方尝试，但无论是提级管辖，还是异地交叉管辖和相对集中管辖，探索的道路喜忧参半。本次修改，除了在适当扩大中级法院管辖第一审行政案件的范围、增加请求上级法院指定管辖规定的同时，还为贯彻落实党的十八届三中全会决定中"探索建立与行政区划适当分离的司法管辖制度"以及"法院实行省以下人财物统管"的要求，以及十八届四中全会关于"最高人民法院设立巡回法庭，探索设立跨行政区划的人民法院和人民检察院"的要求，增加规定：经最高人民法院批准，高级人民法院可以根据审判工作的实际情况，确定若干人民法院跨行政区域管辖行政案件。

这一款规定有一个发展过程。（1）草案提出之初，有的意见提出，实践中各地法院已经开始探索异地交叉管辖和相对集中管辖，这种探索代表着一种将司法管辖区与行政区划相分离的改革方向，但探索的法律依据不是很充足，建议本次修法予以考虑。2013年1月，相对集中管辖试点工作已经开展，实践中已经取得了较好效果，因此草案采纳了这一意见，规定：高级人民法院可以确定若干基层人民法院跨行政区域管辖第一审行政案件。（2）2013年11月，党的十八届三中全会召开，提出了法院实行省以下人财物统一管理，探索建立与行政区划适当分离的司法管辖制度。最高人民法院及有关方面认为草案的规定还不够充分，要为下一步成立专门法院提供法律依据，建议在总则中规定：必要时，最高人民法院可以设立跨行政区域的行政审判机构审理行政案件。对此进行了专门研究，认为本次修法要贯彻落实党的十八届三中全会决定中"探索建立与行政区划适当分离的司法管辖制度"精神，这项改革的目标是明确的，但没有明确设立机构，因此实际上有不同的实施方案。小改方案是维持现有法院体制，省以下还是按行政区划设置两级法院来审理行政案件，法院不审本地行政案件。中改方案是将现有的铁路法院等改造成特别的普通法院，跨行政区划管辖行政案件。大改方案是将现有的铁路法院等改造成审理行政案件的专门法院或者另外设立专门法院。大改方案涉及我国司法制度的重大调整，属于司法体制改革的内容。在中央还没有明确决策前，法律不宜做出如此重大的调整，因此这一意见未被采纳。（3）在上述意见未被采纳后，最高人民法院又提出修法要为中改方案提供依据，留有空间。由于铁路法院跨区域管辖行政案件涉及司法体制变动，为稳妥起见，经中央决策，需要进行探索试点。对探索试点工作，根据立法实践，一般不在一部法律中规定，否则当探索试点结束后，法律就可能面临修改，与法律的确定性性质不一致。根据以往经验，如有需要，一般采用全国人大常委会作出决定的方式。因此，本款规定不能成为有关试点工作的法律障碍，但也不宜为借壳铁路法院审理行政案件试点工作提供直接的法律依据。因此，这一意见未被完全采纳。（4）在草案二审后，有的意见提出跨行政区域管辖行政案件不应仅限于基层法院，建议删去"基层"两字。考虑到中级法院跨区域管辖案件主要是随着基层法院跨区域管辖后的变动而变动，但也不排除在条件具备的地方，也可以直接确定中级法院跨区域管辖，删去"基层"两字，不限于基层法院是合理的。同时，修法要贯彻落实党的十八届三中全会要求，给改革试点清除法律障碍，有必要删去"基层"两字。但是，该规定删去"基层"两字后，显得过于简单，为落实党的十八届三中全会决定中"探索建立与行政区划适当分离的司法管辖制度"改革部署的立法目的不明确，容易解读为赋予高级法院可以自行决定突破法律规定的地域管辖规则，不符合司法权属于中央事权的改革精神，也不符合法律授权的基本要求。因此，从程序和实体两个角度进行了必要的规范，一是从程序上按照法律授权的规则严格要求，须经最高人民法院批准；二是明确授权的实施条件，即为了保障司法公正、方便群众诉讼、节约司法资源的目的下，由高级人民法院根据审判的实际情况确定。规定：经最高人民法院批准，高级人民法院可以根据审判工作的实际情况，确定若干人民法院跨行政区域管辖第一审行政案件。（5）2014年10月25日召开的党的十八届四中全会对行政审判体制改革提出了更为明确的要求，最高人民法院设立巡回法庭，探索设

60

立跨行政区划的人民法院。一些跨行政区划的重大行政案件、经济、生态环境以及重大刑事案件交由省以下设立的有别于现有普通法院的两级法院审理，这些法院不是专门法院，而是跨行政区划设立的普通法院。因此，草案三审后出台前，对上述法院跨区域管辖行政案件的规定又作了修改，删去了"第一审"三个字，规定：经最高人民法院批准，高级人民法院可以根据审判工作的实际情况，确定若干人民法院跨行政区域管辖行政案件。

相关规定

《中华人民共和国行政诉讼法》第21条。

第十九条　对限制人身自由的行政强制措施不服提起的诉讼，由被告所在地或者原告所在地人民法院管辖。

条文主旨

本条是关于对限制人身自由的行政强制措施实行特殊地域管辖的规定。

立法背景

本条为原法第18条，未作修改。

条文解读

本条是一般地域管辖的例外规定。对限制人身自由的行政强制措施不服提起的诉讼，被告所在地和原告所在地人民法院均有管辖权。原告所在地，包括原告的户籍所在地、经常居住地和被限制人身自由地。户籍地为公民的户口所在地。经常居住地是指公民离开住所地，最后连续居住满1年以上的地方。限制人身自由所在地，是指被告行政机关将原告收容审查、强制治疗等场所所在地。在立法之初，本条规定的限制人身自由的行政强制措施主要针对劳动教养等情形。2013年全国人大常委会通过了《全国人民代表大会常务委员会关于废止有关劳动教养法律规定的决定》，实施了五十多年的劳教制度被依法废止。这一规定现在适用情形减少了。

原告可以选择被告所在地或者原告所在地人民法院管辖，主要遵循就近进行诉讼的原则，便于当事人起诉，保护其合法权益。因为行政行为在行政诉讼期间一般不停止执行，被限制人身自由的公民，失去行动自由，异地提起和参加诉讼十分不便，如果仍由最初作出行政行为的行政机关所在地人民法院管辖，可能会使原告失去通过司法途径获得救济的权利。从保护当事人的角度，在被告所在地管辖原则之外，也允许在原告所在地提起诉讼。当然，作出限制人身自由行政行为的行政机关到外地应诉会有一些不便，但相比于人身受限制的当事人来说，行政机关无论是在财力还是人力上都更有优势，困难比较容易解决。同时，考虑到行政争议就地解决，节约行政和司法成本，调查取证、审判执行和化解争议等因素，这种例外情形不宜太宽，仅限于限制人身自由的行政强制措施，不包括其他行政强制措施，也不包括限制人身自由的行政处罚。

在修改行政诉讼法的过程中，有的意见提出，行政机关到外地应诉费时费力，法院审判也不方便，效果并不好，建议取消本条规定，或者将原告所在地限定为限制人身自由地和经常居住地，取消户籍地。考虑到法律从保护当事人诉权的角度已经赋予了当事人管辖地选择权，不宜取消，同时劳动教养制度已经取消，本条的适用情形也在减少，因此未采纳这一意见。有的意见建议将本条扩大到限制人身自由的所有行政行为，如行政拘留也要实行特殊地域管辖。考虑到实践中行政拘留措施比较常用，一旦对其实行特殊地域管辖将大大增加行政机关异地应诉案件的数量，提高了行政成本，因此未采纳这一意见，保留了现行规定。

实践中还有一种情形，即行政机关基于同一事实，既对当事人采取了限制人身自由的行政强制措施，又对其采取了其他行政

62

强制措施或者行政处罚，当事人对这些行政行为均有不服提起诉讼。在这种情况下，如果严格按照管辖规则，其他行政行为应当在被告所在地管辖，可能会出现同一案件事实分别在两地审理的情况。从简化诉讼程序、节约司法资源、降低当事人诉讼成本、防止人民法院在同一问题上作出相互矛盾的判决等因素来考虑，应当允许受诉法院一并管辖。只要有限制人身自由的行政强制措施存在，不管是单独存在还是并存，原告就既可以向被告所在地人民法院提起诉讼，也可以向原告所在地人民法院提起诉讼，受诉法院可以一并管辖。

在法律适用上，本条关于特殊地域管辖的规定要优先于一般地域管辖的规定，如果一个案件兼具一般和特殊两种性质，就应当优先适用特殊地域管辖的规定。比如一个经过复议的行政案件，同时也属于限制人身自由的行政强制措施的案件，在管辖上就应当适用本条的规定，而不应只能由复议机关所在地人民法院管辖。

☛ 相关规定

《全国人民代表大会常务委员会关于废止有关劳动教养法律规定的决定》。

第二十条　因不动产提起的行政诉讼，由不动产所在地人民法院管辖。

☛ 条文主旨

本条是关于对因不动产提起的行政诉讼实行专属管辖的规定。

☛ 立法背景

本条为原法第 19 条，未作修改。

🔵 条文解读

不动产案件管辖是专属管辖，此类案件只能由本法规定的人民法院管辖，其他法院无管辖权，当事人没有选择管辖的余地，人民法院之间也不得协议管辖。涉及不动产的案件由不动产所在地法院进行管辖是各国的通例，主要是为便于法院就近调查、勘验、测量、取证，以及就地执行判决。

不动产，是指土地以及土地上的附着物，不能移动或移动会损害其用途或价值的物，如土地、房屋等。实践中，对什么是因不动产提起的行政诉讼，有一些不同认识。原则上，因不动产引起的行政诉讼，包括因不动产所有权、使用权发生纠纷而起诉的案件，如房屋登记、土地确权案件、房屋拆迁案件。这类行政案件适用不动产案件的管辖规定，由不动产所在地人民法院管辖。对行政行为不是直接针对不动产，但涉及不动产内容，如国有资产产权界定行为是针对包含不动产在内的整体产权作出的，则不属于因不动产提起的诉讼。

第二十一条 两个以上人民法院都有管辖权的案件，原告可以选择其中一个人民法院提起诉讼。原告向两个以上有管辖权的人民法院提起诉讼的，由最先立案的人民法院管辖。

🔵 条文主旨

本条是关于共同管辖的规定。

🔵 立法背景

本条是对原法第20条的修改。将原法规定的"由最先收到起诉状的人民法院管辖"修改为"由最先立案的人民法院管辖"。这样修改的目的是为了更好地保护当事人的诉权，并与民事诉讼

64

法的规定相一致。

条文解读

　　共同管辖是指两个以上的法院对同一案件都有管辖权的情况。一般情况下，行政案件管辖法院只有一个，即被诉行政机关所在地法院。在有的行政案件中，会出现两个以上法院都有管辖权的情况，形成了共同管辖。如新法第 18 条规定，经复议的案件，既可以由最初作出行政行为的行政机关所在地人民法院管辖，也可以由复议机关所在地人民法院管辖。如果复议机关与最初作出行政行为的行政机关不在同一辖区，就会出现两个有管辖权的法院。新法第 19 条规定，对限制人身自由的行政强制措施不服提起的诉讼，由被告所在地或者原告所在地人民法院管辖。如果被告所在地与原告所在地不在同一辖区，或者原告的户籍地、经常居住地和被限制人身自由地不在同一辖区，就会出现两个或两个以上有管辖权的法院。

　　共同管辖只是表明多个法院对同一案件都具有管辖权，并不代表多个法院可以同时或分别审理同一行政案件，该案件最终由哪个法院行使管辖权，必须根据原告的选择来确定，原告可以选择向其中任一法院起诉，由选定的人民法院作为案件的管辖法院。原告一旦选择其中一个法院，该行政法院因此获得案件的管辖权，其他法院丧失对案件的管辖权。

　　实践中有的原告为了及时保护自己的合法权益，会向两个以上有管辖权的人民法院都提起诉讼，为避免一事多头审理，也为了防止法院之间推诿或者争夺管辖权，本条规定原告向两个以上有管辖权的人民法院提起诉讼的，由最先立案的人民法院管辖，相应其他法院则失去对该案的管辖权。

　　在修改行政诉讼法的过程中，有的意见建议恢复由最先收到起诉状的法院管辖的规定，其优点是时间上较为客观，法院不好推诿，但考虑到人民法院收到起诉状不一定立案，如果收到起诉状的法院不立案而其他法院又失去了管辖权，不利于最大限度保护当事人的诉权，同时民事诉讼法也有相应规定，两法在程序上应保持大体一致，因此这一意见未被采纳。

在理解本条时要把握以下几点：（1）两个以上人民法院都有管辖权的诉讼，先立案的人民法院不得将案件移送给另一个有管辖权的人民法院。（2）人民法院在立案前发现其他有管辖权的人民法院已先立案的，不得重复立案；立案后发现其他有管辖权的人民法院已先立案的，裁定将案件移送给先立案的人民法院。（3）当事人没有选择的法院，不能取得案件的管辖权。尽管依照法律规定某一法院对案件具有管辖权，但由于当事人没有选择，法院不能依职权主动要求管辖。

相关规定

《中华人民共和国行政诉讼法》第18条、第19条。

第二十二条 人民法院发现受理的案件不属于本院管辖的，应当移送有管辖权的人民法院，受移送的人民法院应当受理。受移送的人民法院认为受移送的案件按照规定不属于本院管辖的，应当报请上级人民法院指定管辖，不得再自行移送。

条文主旨

本条是关于移送管辖的规定。

立法背景

本条是对原法第21条的修改。原法第21条仅规定："人民法院发现受理的案件不属于自己管辖时，应当移送有管辖权的人民法院。受移送的人民法院不得自行移送。"这次修改对"不得自行移送"作出了进一步规定，明确在这种情况下受移送的人民法院应当受理，移送错误的，应当报请上级人民法院指定管辖，不得再自行移送。这样对受移送人民法院的义务规定得更加具体，防止因规定不明确而使本条规定落空，同时这样修改也与民事诉讼法的规定保持了一致。

🕭 条文解读

移送管辖，是指人民法院受理案件后经审查，发现案件不属于本院管辖而移送给有管辖权的人民法院处理的管辖制度，它是对管辖发生错误所采用的一种纠正措施。没有管辖权的人民法院接受原告起诉后，发现原告起诉的案件不属于自己管辖的，查明这个案件应当由哪个法院管辖，主动移送给有管辖权的人民法院管辖。移送管辖的实质是对案件进行移送，而不是对案件管辖权进行移送。移送管辖主要发生在同级法院之间，对于上下级法院之间主要适用管辖权转移的规定。

根据本条的规定，人民法院移送案件应当具备以下三个条件（1）移送案件的人民法院已经立案受理了行政案件，即诉讼程序已经开始，但案件并未审结，仍在第一审程序中。对尚未受理的案件，不存在移送管辖的问题，应告知当事人向有管辖权的人民法院起诉。如果案件已经作出了判决，也不发生移送管辖，而是需要通过其他程序与方法予以纠正。（2）移送案件的人民法院认为自己对案件没有管辖权。也就是说，虽已受理，但在审理过程中又发现是错误受理，自己对已受理的案件根本就没有管辖权。（3）接受移送案件的人民法院依法享有管辖权。移送不得随意移送，只能向有管辖权的人民法院移送。对于符合以上三个条件的案件，必须实行案件移送。受理的人民法院有移送案件的义务，不能不移送。

移送是人民法院的一种程序上的单方法律行为，移送案件的裁定将产生程序法上的效力，对接受移送案件的人民法院具有约束力。其效力包括：受移送的人民法院应当按照立案程序，及时受理，不得拒收、退回或再自行移送；案件一经移送，原则上受移送法院即是管辖法院，不能再自行移送。如有争议，可提请上一级人民法院确定。移送管辖只能移送一次。所谓不得再自行移送，是指既不能将案件再退回原移送的人民法院，也不能再移送给其他人民法院，而只能依照有关规定，报请上级人民法院指定管辖。这主要是防止法院之间相互推诿，及时保护当事人诉权。

实践中，有两种情况需要注意：一是按照管辖权恒定的原则，案件受理后，被告所在地发生变化的，受诉人民法院的管辖权不受当事人所在地变更的影响，受诉人民法院不得以此为由将案件移送到当事人变更后的住所地人民法院管辖。二是有管辖权的人民法院受理案件后，行政区域发生变更的，受理案件时有管辖权的人民法院不得以行政区域变更为由，将案件移送给变更后有管辖权的人民法院。

第二十三条　有管辖权的人民法院由于特殊原因不能行使管辖权的，由上级人民法院指定管辖。

人民法院对管辖权发生争议，由争议双方协商解决。协商不成的，报它们的共同上级人民法院指定管辖。

☛ 条文主旨

本条是关于指定管辖的规定。

☛ 立法背景

本条为原法第 22 条，未作修改。

☛ 条文解读

指定管辖，是指上级人民法院依职权指定下级人民法院对行政案件行使管辖权。被指定的人民法院因被指定获得了案件管辖权。指定管辖是对法定管辖的补充，其目的是使人民法院早日确定管辖权，及时进行审判，使当事人的合法权益尽快得到保护。

本条规定的指定管辖有两种适用情形：

一是，有管辖权的法院由于特殊原因不能行使管辖权的，报请上级法院指定管辖。在这种情况下，对管辖权的归属本身并没有疑问与纠纷，只是管辖由于一些法律上或者事实上的特殊原因不能行使。法律上的原因，是指由于某些法定事实使有管辖权的人民法院在法律上不能审理或继续审理，如当事人申请回避，该人民法院不宜进行审理等。事实上的原因，是指有管辖权的人民法院因不可抗力或者其他障碍不能或者难以行使管辖权，例如自然灾害、战争、意外事故等。

二是，两个以上法院对管辖权发生争议时，协商不成的，报请共同的上级法院指定管辖。主要适用于人民法院之间管辖权争议的指定。管辖权发生争议，主要指管辖区域不明的案件、有共同管辖的案件、多种地域管辖并存的案件，或者对管辖的规定产生了不同理解。在这种情况下，应当由争议双方法院协商解决，协商不成的，再报请其共同上级人民法院指定管辖。对"共同上级人民法院"的理解，行政诉讼有关司法解释没有作出具体规定，因为本条规定的指定管辖与民事诉讼法的规定一致，参照《最高人民法院关于适用〈中华人民共和国民事诉讼法〉若干问题的意见》，如双方为同属一个地、市辖区的基层人民法院，由该地、市的中级人民法院及时指定管辖；同属一个省、自治区、直辖市的两个人民法院，由该省、自治区、直辖市的高级人民法院及时指定管辖；如双方为跨省、自治区、直辖市的人民法院，高级人民法院协商不成的，由最高人民法院及时指定管辖。报请上级人民法院指定管辖时，应当逐级进行。上级人民法院依照本条规定指定管辖，应书面通知报送的人民法院和被指定的人民法院，报送的人民法院接到通知后，应及时告知当事人。

《最高人民法院关于适用〈中华人民共和国民事诉讼法〉若干问题的意见》。

第二十四条 上级人民法院有权审理下级人民法院管辖的第一审行政案件。

下级人民法院对其管辖的第一审行政案件，认为需要由上级人民法院审理或者指定管辖的，可以报请上级人民法院决定。

条文主旨

本条是关于管辖权转移的规定。

立法背景

本条是对原法第 23 条的修改：一是取消了管辖权转移中的上移下，删去了原法中"上级法院可以把自己管辖的第一审行政案件移交下级法院审判"的规定；二是增加了下一级法院申请上级法院指定管辖的规定。这样修改的目的是解决地方政府对行政案件管理的干预，有利于案件的公正审理。

条文解读

由于管辖问题较为复杂，仅有法定管辖和指定管辖，尚不足以适应复杂多变的情况，管辖权转移的规定赋予上下级法院灵活处理的权力，目的是为了法院更好地行使审判权。理论上，管辖权转移有两种情况：一种是将管辖权上移，上级法院有权将下级法院管辖的第一审行政案件提上来自己审理，下级法院对其管辖的第一审行政案件认为审理确有困难，需要由上级法院审理的，可以报请上级法院决定；另一种是管辖权下放，上级法院本院管辖的第一审行政案件交给下级法院来审理。管辖权转移只限于第一审案件。

实践中，管辖权转移出现了一些问题。这次修法主要有两方面修改：一是取消了管辖权下放，删去了上级法院可以把自己管辖的第一审行政案件移交下级法院审判。有的律师提出，实践中有些地方为了让案件不出市、不出省，将本应由中级法院、高级法院管辖的第一审案件交给下级法院审理，不说明理由也不征求原告意见，法律对此也没有明确规范，规避了法律中有关中级法院管辖等规定，不利于案件公正审理，建议取消上指下规定。考虑到行政诉讼的实际情况，采纳了这一意见。二是增加了指定管辖情形，原法中指定管辖的适用情形是明确的，只有法院由于特殊原因不能行使管辖权或者管辖权有争议协商不了的情况下，上级法院才指定管辖。有的提出，实践中，有的基层法院受到干预很明显，无法公正审理，也需要指定管辖。考虑到行政诉讼的实际情况，应当为法院排除干预留有更多空间，采纳了这一意见，放宽了指定管辖的适用情形。

第四章　诉讼参加人

第二十五条　行政行为的相对人以及其他与行政行为有利害关系的公民、法人或者其他组织，有权提起诉讼。

有权提起诉讼的公民死亡，其近亲属可以提起诉讼。

有权提起诉讼的法人或者其他组织终止，承受其权利的法人或者其他组织可以提起诉讼。

☞ 条文主旨

本条是关于原告资格的规定。

☞ 立法背景

原法关于原告资格的规定是一个主观标准，实践中有的法院不愿意受理行政案件，对原告资格作过度限制，影响了公民、法人或者其他组织的诉讼权利。本次修改，对原告资格规定了客观标准。本条第 1 款对原法第 1 款作了修改。第 2 款、第 3 款未作修改。

☞ 条文解读

一、原告与行政行为有利害关系

原法两个条款规定行政诉讼的原告资格：一是第 24 条第 1 款规定，依照本法提起诉讼的公民、法人或者其他组织是原告。二是第 41 条中规定，原告是认为具体行政行为侵犯其合法权益的公民、法人或者其他组织。这两款并没有明确原告的客观标准，只规定了主观标准，即"认为"自己的合法权益受到侵犯。这种主观"认为"，显然不利于法官对起诉人是否具有原告资格作出客观

72

判断。由于没有客观标准，有的法院在各种压力之下，不愿受理行政案件，对原告资格作过度限制；有的法院仅将原告理解为行政行为的相对人，使一些应当纳入行政诉讼解决的争议没有纳入。为解决这一问题，2000年《最高人民法院关于执行〈中华人民共和国行政诉讼法〉若干问题的解释》，规定原告是"与具体行政行为有法律上利害关系的公民、法人或者其他组织"，将原告资格的认定标准客观化了一些，与日本和我国台湾地区的规定是一致的。但对什么是"法律上的利害关系"，是法律明确规定保护的利益，还是法律应当保护的利益，是直接利益还是包括反射利益，学理和实践中仍有不同的理解，即使在日本和我国台湾地区，也是如此。另外，如何确立行政诉讼的原告资格，有一个参照标准，就是民事诉讼的原告资格。我国民事诉讼法规定，原告是与本案有直接利害关系的公民、法人和其他组织，采用"直接利害关系"为标准。行政诉讼法修改，既没有采用司法解释中的"法律上利害关系"，也没有用民事诉讼法中的"直接利害关系"，而采用"利害关系"标准。主要原因是，在目前法院不愿受理行政案件的情况下，"法律上的利害关系"的不同理解，也可能会客观上限制公民的起诉权利；用"直接利害关系"作为标准，可能会被解释成行政行为的相对人，所以，无论是用"法律上的利害关系"还是"直接利害关系"，都不适于解决当前行政诉讼中存在的立案难问题。采取"利害关系"作为标准，有助于司法实践根据实际需要，将应当纳入受案范围的行政争议纳入受案范围。当然，这里的"利害关系"，也并非漫无边际，需要在实践中根据具体情况作出判断。参照2000年《最高人民法院关于执行〈中华人民共和国行政诉讼法〉若干问题的解释》的规定，除行政相对人外，本条规定的"其他与行政行为有利害关系的公民、法人或者其他组织"，至少应当包括：（1）被诉的行政行为涉及其相邻权或者公平竞争权的；（2）与被诉的行政复议决定有利害关系或者在复议程序中被追加为第三人的；（3）要求主管行政机关依法追究加害人法律责任的；（4）与撤销或者变更的行政行为有利害关系的。除上述情况外，还有哪些公民、法人或者组织可以作为原告，可以根据实践需要，进一步扩大。原则是通过行政诉讼比通过其他途径解决争议的效率更高、成本更低，更有利于保护公民、法人和其他组织的合法权益。

二、原告的近亲属提起诉讼

有权提起诉讼的公民死亡的，其近亲属可以作为原告提起诉讼。本款是原法的规定，没有修改。根据 2000 年《最高人民法院关于执行〈中华人民共和国行政诉讼法〉若干问题的解释》的规定，这里的"近亲属"，包括配偶、父母、子女、兄弟姐妹、祖父母、外祖父母、孙子女、外孙子女和其他具有扶养、赡养关系的亲属。

三、法人或者其他组织的权利承受人提起诉讼

有权提起诉讼的法人或者其他组织终止，承受其权利的法人或者其他组织可以提起诉讼。本款是原法的规定，没有修改。法人是指具有民事权利能力和民事行为能力，依法独立享有民事权利、承担民事义务的组织；其他组织是指没有取得法人资格的社会组织。包括：合伙企业和其他合伙组织以及其他非法人组织。

◖ **相关规定**

《最高人民法院关于执行〈中华人民共和国行政诉讼法〉若干问题的解释》。

第二十六条 公民、法人或者其他组织直接向人民法院提起诉讼的，作出行政行为的行政机关是被告。

经复议的案件，复议机关决定维持原行政行为的，作出原行政行为的行政机关和复议机关是共同被告；复议机关改变原行政行为的，复议机关是被告。

复议机关在法定期限内未作出复议决定，公民、法人或者其他组织起诉原行政行为的，作出原行政行为的行政机关是被告；起诉复议机关不作为的，复议机关是被告。

两个以上行政机关作出同一行政行为的，共同作出行政行为的行政机关是共同被告。

行政机关委托的组织所作的行政行为，委托的行政机关是被告。

行政机关被撤销或者职权变更的，继续行使其职权的行政机关是被告。

☞ 条文主旨

本条是关于行政诉讼被告资格的规定。

☞ 立法背景

行政诉讼的被告是因侵犯公民、法人或者其他组织合法权益而被起诉到法院的行政机关和法律、法规、规章授权的组织。本条对原法第 25 条作了修改。其中第 1 款没有修改，第 3 款为增加的内容，第 2、4、5、6 款对原法相应的款作了修改。

☞ 条文解读

一、未经复议的案件，作出行政行为的行政机关作被告

公民、法人或者其他组织对行政行为不服，有两种法定的救济途径：一是向上级行政机关申请行政复议，二是向法院提起行政诉讼。根据新法第 44 条和行政复议法的相关规定，除法律、法规规定应当先向行政机关申请复议的外，公民、法人或者其他组织可以选择先向行政机关申请复议，对复议决定不服的，再向人民法院提起诉讼，也可以直接向人民法院提起诉讼。直接向人民法院提起诉讼的，作出行政行为的行政机关是被告。根据新法第

2 条第 2 款的规定，法律、法规、规章授权的组织作出的行政行为，该组织是被告。需要注意，对于不是最终决定的行政行为如何确定被告。有些行政行为依法需要下级行政机关或者经授权的组织初步审查，这种初步审查，虽然不是最终决定，但会对行政相对人的权利产生实际影响，应当提供司法救济，对初步审查行为不服的，可以依法行使初步审查权的下级行政机关或者授权的组织为被告。这样规定，在实践中的好处就是原告的诉讼请求更有针对性，法院的监督也更有针对性。理论上的依据是上级行政机关尚未参与行政过程，未体现本机关的意志，不宜作被告。

二、经复议的案件，复议机关维持原行政行为的，原行政机关和复议机关是共同被告；复议机关改变原行政行为的，复议机关是被告

本款对原法作了重要修改，明确复议机关维持原行政行为，作出原行政行为的行政机关和复议机关是共同被告。原法规定复议机关决定维持原具体行政行为的，作出原具体行政行为的行政机关是被告。之所以作这样的修改，主要是解决目前行政复议维持率高、纠错率低的问题。行政复议是解决行政争议的重要手段，从制度上来说，行政复议具有方便、快捷、成本低等特点，应当是解决行政争议的主渠道。但从实践的情况看，事实并非如此，每年进入复议渠道的行政案件数量并不多，长期以来，复议受理的案件数量少于行政诉讼，近年来与行政诉讼受理案件的数量大体持平。究其原因，主要是公民、法人或者其他组织对复议机关不够信任，一方面是因为复议机构中立性、权威性不够，受到的掣肘比较多，该受理的不受理，已受理的，有些也不能公正地作出复议决定；另一方面也有制度不合理的原因，就是原法规定，复议机关维持原行政行为不作被告，改变原行政行为作被告这一制度。如果复议机关改变原行政行为，满足了复议申请人的要求，一般情况下，不会发生再向法院起诉的问题，但许多引起争议的行政行为，往往涉及行政相对人以外的第三人的利益，复议决定如果满足了复议申请人的要求，可能会影响第三人的利益，第三人就会向法院起诉。这样，复议机关就变成了被告。但是，如果行政复议维持了原行政行为，申请人不服，向法院起诉，复议机关就不作被告。因此，实践中，有些复议机关就一味维持原行政行为，该撤销的不撤销，该纠正的不纠正，导致维持率过高，复议制度解决行政争议的作用没有很好地发挥，复议制度的优势没有得到很好地实现，与行政复议作为解决行政争议主渠道的定位相去甚远。为了从制度上促使复议机关发挥监督下级机关的行政行为、救济公民权利的作用，新法对现行制度作了如上修改。

　　复议机关改变原行政行为的，复议机关作被告。复议机关是作出原行政行为的行政机关的上级，可以改变原行政行为，改变后复议决定就是一个新的行政行为，原行政行为的效力就不存在，如果当事人对复议决定不服，只能起诉复议机关，由复议机关作被告。

三、复议机关不作为的，由当事人选择原行政机关还是复议机关作被告

　　本条第3款规定，复议机关在法定期限内未作出复议决定，公民、法人或者其他组织起诉原行政行为的，作出原行政行为的行政机关是被告；起诉复议机关的，复议机关是被告。本款是2000年《最高人民法院关于执行〈中华人民共和国行政诉讼法〉若干问题的解释》增加的内容，本款确认了这一规定的法律效力。复议机关在法定期限内未作出复议决定，公民、法人或者其他组织既可以起诉原行政行为，也可以起诉复议机关不作为。本来从权利救济角度，行政相对人起诉原行政行为更直接、更合理。之所以赋予行政相对人可以选择起诉复议机关，一是行政复议也是一种行政行为，无论是作为还是不作为，都应当受司法监督。由法院对复议机关的不作为进行监督，有利于促使复议机关积极作为，履行化解行政争议的职责。二是复议机关不作为，虽然没有增加行政相对人的义务，但使行政相对人失去了一次权利救济机会，通过法院判决，使复议机关行使复议权，行政相对人可以多一次救济。三是行政复议对行政相对人的合法权益救济更为全面，如果通过诉讼能使复议机关发挥作用，可以更好地保护其合法权益。

四、两个以上行政机关作出同一行政行为的，是共同被告

本条第 4 款规定，两个以上行政机关作出同一行政行为的，共同作出行政行为的行政机关是共同被告。如行政许可法第 26 条第 2 款规定，行政许可依法由地方人民政府两个以上部门分别实施的，本级人民政府可以确定一个部门受理行政许可申请并转告有关部门分别提出意见后统一办理，或者组织有关部门联合办理、集中办理。这时，一个行政许可决定，可能由不同政府部门根据不同的法律、法规作出，从性质上可以分解为几个行政行为，只是为了方便行政相对人，才由一个行政许可决定作出。认定是否属于共同作出的行政行为，简单的方法是看行政决定文书上的署名和印章。

实践中，有些经上级机关批准的行政决定并没有上级机关的署名和印章，这时认定是否是共同作出的行政行为有一定的困难。原则上，应当以行政决定文书是否有署名作为认定标准。因为有的行政机关事先请示上级行政机关，不是法律、法规规定的程序，是行政机关内部程序，上级行政机关不对外承担法律后果，不能作为共同被告。但如果批准程序是法定程序，就应当认定为共同作出行政行为。

五、行政机关委托的组织所作的行政行为，委托的行政机关是被告

本款对原法作了修改，将法律、法规授权的组织的有关内容移至本法第 2 条第 2 款。这里行政机关委托的组织，主要是指行政机关以外的社会组织，也包括行政机关。由于受委托的组织不是以自己的名义作出行政行为，不能对受委托作出的行政行为承担法律后果，因此，不能作为行政诉讼的被告。无论是从理论上，还是从行政许可法、行政处罚法的相关规定看，都要求委托行政机关对受委托的组织的行为负责监督，并对行为后果承担法律责

78

任。因此，行政相对人提起诉讼，委托机关是被告。

六、行政机关被撤销或者职权变更的，继续行使其职权的行政机关是被告

本条对原法作了修改，增加了职权变更的情形。改革开放以来，我国政府的机构调整和职能转变一直在进行中，有的行政机关被撤销、合并，有的部门职权发生调整，原来行使的职权由别的部门行使。在上述情况下，行政相对人对原行政机关作出的行政行为不服提起的诉讼，需要明确被告是谁。本款明确了行政机关被撤销或者职权变更的，继续行使其职权的行政机关是被告。本法修改中，还有意见提出，有的行政机关被撤销，其职权也同时取消，没有继续行使其职权的行政机关，应当明确由谁作为被告。由于这种情况发生诉讼的可能性不大，因此没有作相应的规定。实践中，可以参照国家赔偿法第 7 条的立法精神，由撤销该行政机关的行政机关作为被告。

👉 **相关规定**

《最高人民法院关于执行〈中华人民共和国行政诉讼法〉若干问题的解释》。

第二十七条 当事人一方或者双方为二人以上，因同一行政行为发生的行政案件，或者因同类行政行为发生的行政案件、人民法院认为可以合并审理并经当事人同意的，为共同诉讼。

👉 **条文主旨**

本条是关于共同诉讼的规定。

👉 **立法背景**

当事人一方或者双方为二人以上的诉讼为共同诉讼。共同诉讼是诉讼主体的合并。根据本条的规定，共同诉讼分为两种：一种是因同一行政行为引起的，一种是因同类行政行为引起的。本法将原法"同样的具体行政行为"修改为"同类行政行为"，并在同类行政行为合并审理中增加"并经当事人同意"的内容。

🖝 条文解读

一、因同一行政行为的共同诉讼

因同一行政行为引起的共同诉讼，由于该行政行为不能分割，法院必须一起审理，所以学理上称为必要的共同诉讼。这是一项源于民法的理论和制度。可以分为两种情况，一是共同原告，就是两个以上的行政相对人对同一行政行为不服而向法院起诉。如两人以上共同违法，行政机关在同一行政决定中作出处罚，受处罚人均不服，提起诉讼的；或者行政处罚案件中违法行为人和受害人均不服处罚决定，提起诉讼。二是共同被告。就是两个以上行政主体共同实施的行政行为被起诉到法院。

二、因同类行政行为的共同诉讼

因同类行政行为发生的共同诉讼，由于不是因同一行政行为引起的，当事人之间不存在不可分割的权利义务关系，可以作为不同的案件审理，也可以一起审理，学理上将这类共同诉讼称为普通的共同诉讼。之所以成为共同诉讼，是因为这类行为性质相同，或者事实和理由相同，从提高审判效率和保证司法统一性上，可以共同审理。与因同一行政行为引起的共同诉讼不同，同类行政行为引起的共同诉讼，需要人民法院认为可以合并审理并经当事人同意的。这类共同诉讼必须符合四个条件：一是必须由同一法院管辖；二是必须属于同一诉讼程序，如都适用普通程序，或者简易程序；三是当事人同意作为共同诉讼合并审理；四是必须符合合并审理的目的，即提高审判效率。

《中华人民共和国民事诉讼法》第 52 条。

第二十八条 当事人一方人数众多的共同诉讼，可以由当事人推选代表人进行诉讼。代表人的诉讼行为对其所代表的当事人发生效力，但代表人变更、放弃诉讼请求或者承认对方当事人的诉讼请求，应当经被代表的当事人同意。

● **条文主旨**

本条是关于共同诉讼的诉讼代表人的规定。

● **立法背景**

在行政管理的实践中，有时一个行政行为涉及相当多的行政相对人，如在农村土地征用、城市房屋拆迁中，往往涉及数百户甚至更多，让所有的人都出庭，既不现实，也无必要。为了简化程序，节省时间和人力，对上述情况，可以由当事人推选代表人进行诉讼活动。因此，本法参照民事诉讼法的相关规定，增加了本条内容。

● **条文解读**

理解本条，一是推选的代表人必须是当事人之一，不能推选当事人之外的人。因为诉讼代表人的诉讼行为对其代表的当事人发生效力，他们的利益应当是一致的。二是诉讼代表人的诉讼行为仅指提出管辖权异议、提供证据、进行法庭辩论等不涉及当事人实体权利的行为。代表人变更、放弃诉讼请求或者承认对方当事人的诉讼请求，这些属于当事人的实体权利，应当经被代表的当事人同意，否则就是对当事人权利的侵犯。这样规定，是为了防止代表人与对方恶意串通，损害被代表的当事人的权利。需要注意，当事人人数众多，不是一定要推选代表人进行诉讼，不同意推选诉讼代表人的，也可以自己出庭。

本条虽然是根据民事诉讼法相关规定增加的，但与民事诉讼法又不同，就是本条的"当事人"主要是指原告一方。因为一般情况下，作为被告一方的行政机关不存在众多的问题，即使被诉行政行为是由两个以上行政机关作出的，由于各行政机关的职权不同，其作出行政行为依据不同，一个行政机关对其他行政机关作出的行政行为的合法性可能提不出充分的抗辩。因此，被告不宜推选代表人进行诉讼。

☛ 相关规定

《中华人民共和国民事诉讼法》第53条。

第二十九条 公民、法人或者其他组织同被诉行政行为有利害关系但没有提起诉讼，或者同案件处理结果有利害关系的，可以作为第三人申请参加诉讼，或者由人民法院通知参加诉讼。

人民法院判决第三人承担义务或者减损第三人权益的，第三人有权依法提起上诉。

☛ 条文主旨

本条是关于第三人的规定。

☛ 立法背景

行政诉讼第三人是原、被告之外，同被诉的行政行为有利害关系，或者同案件处理结果有利害关系，为维持自己的合法权益，参加到已开始的诉讼中的公民、法人或者其他组织。除公民、法人或者其他组织外，行政机关也可以作为第三人，如2000年《最高人民法院关于执行〈中华人民共和国行政诉讼法〉若干问题的解释》规定，应当追加被告，而原告不同意追加的，人民法院应当通知其以第三人身份参加诉讼。在诉讼中，第三人享有当事人的地位。本条规定对原法第三人制度作了修改：一是增加了"同案件处理结果有利害关系的"，可以作为第三人；二是增加了第2款，即规定法院判决第三人承担义务或者减损第三人权益的，第三人有权依法提起上诉。

📎 条文解读

一、同被诉行政行为有利害关系

同被诉行政行为有利害关系，一般来说，就是具有原告资格，可以以自己名义提起行政诉讼，如果没有提起诉讼，其他利害关系人提起诉讼，可以作为第三人参加诉讼。如新法将农村土地经营权作为一项独立权利纳入受案范围，原承包的农户将其承包的土地流转给其他个人经营，农业部门或者乡镇政府干预，原承包的农户可以向法院起诉，已取得土地经营权的个人就可以作为第三人参加诉讼。第三人参加诉讼，有利于查清案件事实，实现公正审判，也有利于避免同一问题引起新的争议，做到案结事了，提高司法效率。

二、同案件处理结果有利害关系

有些公民、法人或者其他组织虽然与被诉行政行为没有利害关系，但同案件的判决结果有利害关系，为维护自己的合法权益，可以作为第三人，参加到已开始的诉讼中来。如前所述，原承包的农户将其承包的土地流转给其他个人经营，如果农业部门或者乡镇政府要求取得土地经营权的人统一种植某种农作物，取得经营权的人不服，可以向法院起诉，由于农业部门或者乡镇政府并没有要求原承包的农户解除流转协议，原承包的农户不能对干预种植的行为提起诉讼，但法院如果判决取得土地经营权的人败诉，取得土地经营权的人可能要求解除土地流转协议。这时，原承包的农户可以作为第三人参加诉讼。

三、判决第三人承担义务或者减损第三人权益的，第三人有权依法提起上诉

第三人参加已开始的行政诉讼，就是为了维护自己的合法权益，无论是同被诉行政行为有利害关系，还是同案件处理结果有利害关系，只要法院判决其承担义务或者减损其权益，都有权以自己的名义，提起上诉。

● **相关规定**

《中华人民共和国民事诉讼法》第56条。

第三十条　没有诉讼行为能力的公民，由其法定代理人代为诉讼。法定代理人互相推诿代理责任的，由人民法院指定其中一人代为诉讼。

● **条文主旨**

本条是关于法定代理人的规定。

● **立法背景**

本条是原法的规定，没有作修改。

● **条文解读**

诉讼代理人是以当事人的名义，为当事人的利益进行诉讼活动的人，包括法定代理人和委托代理人。本条规定的是法定代理人。法定代理人是根据法律规定行使代理权的人。根据本条规定，没有诉讼行为能力的公民，由其法定代理人代为诉讼。诉讼行为能力是以自己行为实现诉讼权利、履行诉讼义务的能力。没有诉讼行为能力的公民，不能亲自进行诉讼活动，需要由其法定代理人代为进行。根据民法通则的相关规定，无诉讼行为能力的未成年人、精神病人的监护人是其法定代理人。法定代理人是根据法律确定的监护权而代理当事人进行诉讼活动，不是基于当事人的意思表示。因

84

此，法定代理人应当主动代理当事人进行诉讼，代为行使诉讼权利，承担诉讼义务，维护当事人的合法权益。法定代理人的代理权是根据法律规定而确定的，不需要当事人办理代理手续，只要证明自己的身份和与被代理人的监护关系就可以。在诉讼活动中，法定代理人的行为视为当事人的行为，与当事人的行为具有同等法律效力。

法定代理人代理当事人参加诉讼，是其对被代理人和社会应尽的义务。因此，法定代理人不能推诿代理责任。如果无诉讼行为能力人有两个或者两个以上法定代理人，可能会出现互相推诿的情况。为了保障诉讼活动的正常进行，保护无诉讼行为能力人的合法权益以及社会公共利益，本条规定，法定代理人互相推诿代理责任的，由人民法院指定其中一人代为诉讼。

● 相关规定

《中华人民共和国民事诉讼法》第 57 条。

第三十一条 当事人、法定代理人，可以委托一至二人作为诉讼代理人。

下列人员可以被委托为诉讼代理人：

（一）律师、基层法律服务工作者；

（二）当事人的近亲属或者工作人员；

（三）当事人所在社区、单位以及有关社会团体推荐的公民。

● 条文主旨

本条是关于委托代理人的规定。

● 立法背景

委托代理人是受当事人、法定代理人委托，代理当事人进行诉讼活动的人。与法定代理比较，委托代理人有三个特征：一是代理权不是根据法律规定，而是基于当事人、法定代理人的委托；二是代理权限由当事人、法定代理人决定；三是必须向法院提交授权委托书。本条对原法作了修改，主要修改有两处，一是删除了"经人民法院许可的其他公民"可以受委托为诉讼代理人的内容。主要理由是：（1）有些公民未经法律培训和国家司法考试，以营利为目的从事诉讼代理活动，违反了法律规定公民代理的目的，有的甚至冒充律师违法代理案件，扰乱了法律服务市场。（2）多数公民代理人法律专业知识匮乏，诉讼代理经验、能力不足，调查、收集证据的能力有限，难以有效地保护当事人的合法权益，甚至影响诉讼活动的正常进行。（3）部分法院退休但又不具有律师资格的法官和现任法官的亲朋好友从事公民代理活动，利用关系影响、干扰案件依法审理，影响司法公正。所以，在本法修改过程中，有的意见提出应当参照民事诉讼法的有关规定，适当限制诉讼代理人的范围，取消公民代理。当然也有意见提出，行政诉讼不同于民事诉讼，原告在诉讼中处于弱势地位，需要专业人士提供法律帮助，而律师普遍不愿意代理行政诉讼，限制公民代理，不利于保护当事人的合法权益。经研究，考虑到目前律师和基层法律工作者能够满足法律服务的需求，因此删除公民代理的规定。二是明确了基层法律服务工作者可以作为诉讼代理人。基层法律服务工作制度是有中国特色的法律服务制度，基层法律服务组织设在农村乡镇、城市街道，基层法律服务工作者是从具有法律知识的人中选拔的，主要是面向基层群众尤其是低收入人群提供及时、便利、收费低廉的法律咨询服务，包括行政诉讼、民事诉讼代理服务，与律师服务形成拾遗补缺、优势互补的关系。由于基层法律服务工作者的诉讼代理地位没有从立法上加以确认，基层法律服务工作者是以"公民代理"的身份参与诉讼活动，对发挥基层法律服务工作者的作用带来不利影响，尤其是有的意见提出要限制、规范公民代理行为，因此，需要在法律中明确基层法律服务工作者的诉讼地位。所以民事诉讼法修改，明确基层法律服务工作者可以作为诉讼代理人，行政诉讼法修改也参照作出规定。

☞ 条文解读

根据本条第 1 款的规定，当事人、法定代理人可以委托 1 至 2 人作为诉讼代理人。根据本条第 2 款的规定，委托代理人的范围是：（1）律师、基层法律服务工作者。（2）当事人的近亲属或者工作人员。当事人是自然人的，其近亲属可以作为委托代理人；当事人为法人或者其他组织的，其工作人员可以作为委托代理人。（3）当事人所在社区、单位以及有关社会团体推荐的公民。

☞ 相关规定

《中华人民共和国民事诉讼法》第 58 条。

第三十二条 代理诉讼的律师，有权按照规定查阅、复制本案有关材料，有权向有关组织和公民调查，收集与本案有关的证据。对涉及国家秘密、商业秘密和个人隐私的材料，应当依照法律规定保密。

当事人和其他诉讼代理人有权按照规定查阅、复制本案庭审材料，但涉及国家秘密、商业秘密和个人隐私的内容除外。

☞ 条文主旨

本条是关于律师的调查权和律师、当事人以及其他诉讼代理人查阅、复制案件材料权利的规定。

☞ 条文解读

代理律师、当事人和其他诉讼代理人参加诉讼活动，需要有一些必要的权利，以保障诉讼活动得以顺利进行。本条对律师的权利和当事人、其他诉讼代理人的权利分别作了规定。

一、关于代理律师的权利

律师的权利包括两项：一是调查收集证据。律师是专业法律工作者，调查、收集证据是其提供法律服务的基本要求，因此，法律保障其调查权，有关单位、个人应当配合。但是，在行政诉讼中，被告的律师受新法第35条的限制，即在诉讼过程中，不得自行向原告、第三人和证人收集证据。二是查阅、复制本案有关材料。包括证据材料、庭审记录以及起诉状、答辩状、代理意见书等庭审中涉及的有关材料。无论是调查收集证据，还是查阅、复制案件材料，对涉及国家秘密、商业秘密和个人隐私的材料，律师应当依照法律规定承担保密义务。

二、关于当事人和其他诉讼代理人的权利

根据本款规定，当事人和其他诉讼代理人有权查阅、复制本案庭审材料，但不能查阅、复制涉及国家秘密、商业秘密和个人隐私的内容。需要注意，本款没有规定当事人和其他诉讼代理人在诉讼中有调查权，这一点与民事诉讼法第61条的规定不同。理由：一是原法没有当事人和其他诉讼代理人的调查权；二是行政诉讼主要由被告举证，而被告原则上不能在诉讼中再调查取证，原告虽然在起诉被告不履行和行政赔偿、补偿的案件中有举证责任，但这些案件中原告也不需要向其他单位和个人调查证据；三是行政行为的证据主要由行政机关掌握，律师以外的代理人没有调查权，原告和第三人可以申请法院调取。

◖ 相关规定

《中华人民共和国民事诉讼法》第61条。

第五章 证 据

第三十三条 证据包括：

（一）书证；

（二）物证；

（三）视听资料；

（四）电子数据；

（五）证人证言；

（六）当事人的陈述；

（七）鉴定意见；

（八）勘验笔录、现场笔录。

以上证据经法庭审查属实，才能作为认定案件事实的根据。

☞ 条文主旨

本条是关于证据种类的规定。

☞ 立法背景

证据是证明案件事实是否客观存在的材料。证据是人民法院认定案件事实的根据，也是人民法院正确审理案件的基础。人民法院审理案件应当坚持"证据裁判"原则，诉讼的过程就是运用证据查明案件事实的过程，没有证据就没有裁判的公正。

证据有三个基本特征：（1）客观性。是指证据是否能够客观反映案件事实真相的属性。证据的客观性是证据的本质要求，任何推测、假设、想象的情况，都不能作为认定案件事实的依据。
（2）关联性。是指证据必须与待证事实有内在的联系。证据应当直接或者间接地证明案件事实形成的条件、发生的原因和相应的后果。（3）合法性。是指证据主体、证据形式、证据取得方法、运用证据的程序等是否符合法律的规定。新法第43条第3款规定，以非法手段取得的证据，不得作为认定案件事实的根据。

● 条文解读

一、证据的种类

1. 书证。是指以文字、符号所记录或者表达的思想内容，证明案件事实的文书，如罚款单据、财产没收单据、营业执照、商标注册证、档案、报表、图纸、会计账册、专业技术资料等。

2. 物证。是指用外形、特征、质量等说明案件事实的部分或者全部的物品。物证是独立于人们主观意志以外的客观事物，具有较强的客观性、特定性和不可替代性。书证和物证的区别在于，书证以其内容来证明案件事实，物证则以其物质属性和外观特征来证明案件事实。有时候同一个物体既可以做物证也可以做书证。

3. 视听资料。是指运用录音、录像等科学技术手段记录下来的有关案件事实和材料，如用录音机录制的当事人的谈话、用摄像机拍摄的当事人形象及其活动等。人民法院对视听资料，应当辨别真伪，并结合本案的其他证据，审查确定能否作为认定案件事实的根据。向人民法院提供视听资料应是原始载体，提供原始载体确有困难的，可以提供复印件；视听资料应注明制作方法、制作时间、制作人和证明对象等；声音资料应当附有该声音内容的文字记录。

4. 电子数据。电子数据是此次修改新增加的证据种类。电子数据是指以数字化形式存储、处理、传输的数据。电子数据具有以下特点：（1）复合性。随着网络技术尤其是多媒体技术的出现，电子数据不再限于单一的方式，而是综合了文字、图形、图像、动画、音频、视频等各种多媒体信息，几乎涵盖了所有传统证据的类型。（2）高科技性。电子数据是现代电子信息化产业高速发展的产物，其载体是计算机和互联网等高科技设备。电子数据随着计算机和互联网技术的不断发展，其对科学技术的依赖性也越来越强，并不断更新变化。（3）脆弱性。电子数据的脆弱性主要表现在两个方面：一是数据本身有易受损性。操作人员的错误操作或者供电系统、通信网络故障等环境和技术方面的原因都会造成数据的不完整性。甚至搜集电子数据的过程中，也可能会对原始数据造成很严重的修改或删除，并且难以恢复。二是电子数据存储在特殊介质上，存储的数据内容易被删除、修改、复制，而且不易留下痕迹，更不易被发现，即使被发现，鉴定也较为困难。（4）隐蔽性。与传统的纸质信息相比，电子数据赖以存在的信息符号不易被直接识别。它以一系列电磁、光电信号形式存在于光盘、磁盘等介质上。如要阅读，必须借助于适当的工具。而且作为证据的电子数据往往与正常的电子数据混杂在一起，要从海量的电子数据中甄别出与案件有关联的电子数据难度大。

此次修改新增加电子数据作为证据种类，主要出于以下考虑：一是，随着电子技术特别是计算机和互联网技术的发展，电子数据数量上越来越多，在审判活动中作用也越来越大。电子数据本身就有很大的复杂性和特殊性，将其简单地划入某一现有的证据种类，难以解决电子数据所带来的诸多法律难题，也无法充分发挥电子数据的证明价值。着眼于现实和未来发展的需要，应当把电子数据作为一种新类型证据来对待。二是，2012年修改的民事诉讼法已将电子数据作为证据种类之一。

5. 证人证言。是指证人以口头或者书面方式向人民法院所作的对案件事实的陈述。证人是指直接或者间接了解案件情况的单位和个人。不能正确表达意思的人，不能作证。人民法院认定证人证言，可以通过对证人的智力状况、品德、知识、经验和专业技能等的综合分析作出判断。

6. 当事人的陈述。是指当事人就自己所经历的案件事实，向人民法院所作的叙述、承认和陈词。当事人是行政法律关系的参与者，其陈述往往限于对自己有利的部分，对案件事实可能有所隐瞒、删减甚至歪曲，因此，具有主观性、片面性和情绪性的特点。人民法院对当事人的陈述不能偏听偏信，必须结合案件的其他证据，审查确定能否作为认定事实的根据。

7. 鉴定意见。是指鉴定机构或者人民法院指定具有专门知识或者技能的人，对行政案件中出现的专门性问题，通过分析、检验、鉴别等方式作出的书面意见。由于行政案件涉及许多专业技术领域，所以鉴定意见是行政诉讼中运用极为广泛的一种证据。在行政诉讼中常见的有医疗事故鉴定、产品质量鉴定、药品质量鉴定、审计分析鉴定等。

原法使用了"鉴定结论"的表述，此次修改将"鉴定结论"修改为"鉴定意见"。主要出于以下考虑：结论是"对人或者事物最后的论断"，具有终局性。鉴定结论往往被看作证明某个事实具有权威性的证据，是一个不容置疑的证据。而用鉴定意见的表述更为科学、准确，更符合鉴定活动的本质特征。鉴定意见作为鉴定人个人的认识和判断，表达的只是鉴定人个人的意见。对整个案件来说，鉴定意见只是诸多证据中的一种证据，审判人员应当结合案件的全部证据，加以综合审查判断，从而正确认定案件事实，作出正确判决，而不是被动地将"结论"作为定案依据。

8. 勘验笔录、现场笔录。勘验笔录是指人民法院对能够证明案件事实的现场或者不能、不便拿到人民法院的物证，就地进行分析、检验、勘查后作出的记录。

现场笔录是指行政机关对行政违法行为当场处理而制作的文字记载材料。现场笔录是行政诉讼与民事诉讼唯一不同的证据种类。行政执法经常需要制作现场笔录，如行政强制法第18条规定，行政机关实施行政强制措施应当制作现场笔录，现场笔录由当事人和行政执法人员签名或者盖章，当事人拒绝的，在笔录中予以注明，当事人不到场的，邀请见证人到场，由见证人和行政执法人员在现场笔录上签名或者盖章。此外，公安机关办理治安管理处罚案件、价格主管部门办理价格行政处罚案件、卫生行政机关在案件调查、现场监督检查过程中等都须制作现场笔录。行政机关制作现场笔录，旨在即时取得证据并防止行政相对人事后翻供。因此，现场笔录通常成为行政机关当场处罚或者及时处理的依据。现场笔录具有以下特征：一是由法定的制作主体制作。制作主体必须是行政执法人员，任何其他单位和个人都不能越俎代庖。二是制作的时间是在行政案件发生的过程中。三是制作的地点是在案件发生的现场。四是制作应当符合程序。现场笔录应当载明时间、地点和事件等内容，并由执法人员和当事人签名。五是现场笔录的内容是行政执法人员对自己耳闻目睹、检验、检查等案件事实的记载。

与勘验笔录相比，现场笔录着重于对执法过程和处理结果的记录，而勘验笔录则是对案件现场或物品静态的全面综合的勘查、检验记录，往往具有滞后性。

二、证据经法庭审查属实，才能作为认定案件事实的根据

证据需经法定的程序加以查证属实。一般包括证据的提供、调取和保全、质证、审核认定等程序。证据应当在法庭上出示，并由当事人互相质证。当事人应当围绕证据的关联性、合法性和真实性，针对证据有无证明效力以及证明效力大小，进行质证。人民法院应当按照法定程序，全面、客观地审查核实证据。对经过庭审质证的证据和无需质证的证据进行逐一审查和对全部证据综合审查，遵循法官职业道德，运用逻辑推理和生活经验，进行分析判断，确定证据与案件事实之间的证明关系，排除不具有关联性的证据，准确认定案件事实。经法庭审查属实的证据，才能作为认定案件事实的根据；未经法庭审查属实的，不能作为认定案件事实的根据。

📀 相关规定

《中华人民共和国行政诉讼法》第 43 条；《中华人民共和国民事诉讼法》第 63 条。

第三十四条 被告对作出的行政行为负有举证责任，应当提供作出该行政行为的证据和所依据的规范性文件。

被告不提供或者无正当理由逾期提供证据，视为没有相应证据。但是，被诉行政行为涉及第三人合法权益，第三人提供证据的除外。

📀 条文主旨

本条是关于被告对作出的行政行为负有举证责任的规定。

📀 条文解读

一、被告的举证责任

举证责任是指当事人根据法律规定对特定的事实提供相关的证据加以证明的责任，若不能提供证据，将在诉讼中承担不利的诉讼后果，甚至可能败诉。

被告对作出的行政行为负有举证责任是行政诉讼举证责任分配的基本原则，也是行政诉讼区别于其他诉讼的特有原则。在刑事诉讼中实行无罪推定原则，公诉案件的主要证明责任由公诉机关承担，但在巨额财产来源不明罪等特殊情况下实行举证责任倒置；自诉案件应由自诉人承担证明责任。在民事诉讼法中，当事人对自己提出的主张应当及时提供证据，即"谁主张，谁举证"。

规定被告对作出的行政行为负举证责任主要是出于以下考虑：（1）贯彻公平原则。被告在行政管理活动中，处于支配者的地位，其实施行政行为一般无须征得公民、法人或者其他组织的同意；而原告在行政管理活动中，处在被支配者的地位，相对而言是弱者。在举证责任分配的制度设计上，要求被告在举证责任负担上比原告承担的责任更大，有利于侧重保护原告一方的利益，也能真正体现新法第8条规定的当事人在行政诉讼中的法律地位平等的原则，从而保证人民法院作出公正的裁判。（2）当事人举证能力的差异性。在行政程序中，行政机关可以依职权调查收集证据。如行政处罚法第36条规定，除可以当场作出的行政处罚外，行政机关发现公民、法人或者其他组织有依法应当给予行政处罚的行为的，必须全面、客观、公正地调查，收集有关证据；必要时，依照法律、法规的规定，可以进行检查。行政机关在行政执法活动中，代表国家实施行政行为，有国家强制力的保障以及国家财政的支持，在收集掌握证据方面有优势。而原告由于在行政法律关系中始终处于弱势地位，其取证手段有限，取证较为困难。由被告承担举证责任既符合行政执法的一般规律，也有利于平衡原、被告双方在举证能力上的差异。（3）有利于促使行政机关依法行政，防止滥用职权。在诉讼中，由行政机关承担更多的举证责任，也就对行政机关的执法行为提出了更高的要求，要求其在作出行政行为时，充分收集证据、了解案件事实，从而减少行政机关违法行政的行为。

二、证据失权

证据失权是指负有提交证据责任的一方诉讼当事人如果未能按照规定的时间向人民法院提交证据，则视为放弃举证权利。行政诉讼中，被告对作出的行政行为负有举证责任；如果被告不提供或者无正当理由逾期提供证据，则视为没有相应证据。

首先，被告应当主动提供证据，并且在举证期限内提供证据。举证期限是指负有举证责任的当事人，应当在法律规定的期限内向人民法院提供证明其主张的相应证据，逾期不提供证据的，人民法院不予采纳。新法第67条规定，被告应当在收到起诉状副本之日起十五日内向人民法院提交作出行政行为的证据和所依据的规范性文件，并提出答辩状。该条规定的"十五日"，即是对举证期限的规定。被告如果要逾期提供证据，必须要有正当理由：一是不可抗力。新法第36条第1款规定，被告在作出行政行为时已经收集了证据，但因不可抗力等正当事由不能提供的，经人民法院准许，可以延期提供。二是客观上不能控制的其他正当理由。是指非由行政机关主观意志所能克服的事项，如证人在国外，而一时无法与之联系。

其次，如果被告不提供或者无正当理由逾期提供证据，致使人民法院无法查证属实的，则视为被诉行政行为没有相应的证据，被告将承担不利后果。新法第70条规定，行政行为主要证据不足的，人民法院判决撤销或者部分撤销，并可以判决被告重新作出行政行为。根据这一规定，如果被告不提供或者无正当理由逾期提供主要证据的，将会承担败诉的风险。

此外，本条第2款还规定了被告证据失权的除外情形，即被诉行政行为涉及第三人合法权益，第三人提供证据的除外。第三人是指公民、法人或者其他组织同被诉行政行为有利害关系但没有提起诉讼，或者同案件处理结果有利害关系的诉讼参加人。与案件有"利害关系"是第三人的特征。在行政诉讼中，虽然第三人举证应只围绕自己的利益主张，但在有些情况下，第三人的利益主张和行政行为的合法性密切相关。如甲殴打乙致伤，被公安机关处以行政拘留，甲提起行政诉讼要求撤销行政拘留的决定，而乙认为行政拘留的决定合法。此时，乙可以作为第三人参加诉讼，并提出行政拘留合法的相关证据。

● 相关规定

《中华人民共和国行政诉讼法》第36条第1款、第67条、第70条；《中华人民共和国行政处罚法》第36条。

第三十五条 在诉讼过程中，被告及其诉讼代理人不得自行向原告、第三人和证人收集证据。

⬤ 条文主旨

本条是关于被告及其诉讼代理人不得自行向原告、第三人和证人收集证据的规定。

⬤ 条文解读

原法规定，在诉讼过程中，被告不得自行向原告和证人收集证据。新法作了两处修改：一是限制收集证据的主体除了被告以外，还包括被告的诉讼代理人；二是收集证据的对象增加了"第三人"。

在诉讼过程中，被告及其诉讼代理人不得自行向原告、第三人和证人收集证据。这一规定体现了案卷主义规则。案卷主义规则又称案卷排他主义原则，是指行政机关在行政程序之外形成的证据不能作为证明行政机关的行为合法或者定案的根据。案卷主义规则最早出现在美国。美国《联邦行政程序法》第556（e）条规定："证言的记录、证物连同裁决程序中提出的全部文书和申请书，构成按照本编第557节规定作出裁决的唯一案卷。"在法国、德国等大陆法系国家的行政诉讼中也有类似的规定。案卷主义规则是行政诉讼的特有规则。民事诉讼法明确规定，当事人对自己提出的主张应当及时提供证据。根据这一规定，当事人应当对自己的主张自行收集证据。民事诉讼法还规定，代理诉讼的律师和其他诉讼代理人有权调查收集证据。因此，民事诉讼中的被告及其诉讼代理人是可以收集证据的。与民事诉讼不同，行政诉讼对被告及其诉讼代理人收集证据作了严格的限定。

行政机关应当依法行政，以证据证明其行政行为认定的事实，以法律为依据作出行政行为，是对行政机关的基本要求。因此，行政机关应当"先取证，后裁决"，即行政机关只能以其在作出行政行为时收集的证据作为证明行政行为合法的依据。行政决定一旦送达生效，行政机关则不应再自行收集证据。因此，在诉讼程序中行政机关也不能为证明行政行为的合法性而再行收集新的证据。如果行政机关先作出行政行为，等行政行为被诉到法院后，再向原告、第三人和证人收集证据，就意味着行政机关可以"先裁决，后取证"，这就等于纵容行政机关在程序上违法，是与依法行政的原则相悖的。因此被告及其诉讼代理人在诉讼过程中，不得再自行收集证据。这样规定，可以促使行政机关依法行政，防止行政机关轻率、片面地作出行政行为，并可以更好地保护公民、法人和其他组织的合法权益。如行政处罚法规定，设定和实施行政处罚必须以事实为依据；公民、法人或者其他组织违反行政管理秩序的行为，依法应当给予行政处罚的，行政机关必须查明事实；违法事实不清的，不得给予行政处罚。此外，行政机关在作出行政行为过程中向公民、法人和其他组织收集证据，是行政机关在行政法律关系中行使行政权的行为，是合法的。但是行政行为被诉到人民法院后，被告及原告、第三人和证人便从行政法律关系转入诉讼法律关系。在这一关系中，除人民法院准许的情况以外，被告一般不得继续行使行政权，再自行收集证据。

不得自行收集证据的主体既包括了被告，也包括了其诉讼代理人。新法之所以在原来的基础上增加了被告的诉讼代理人也不得自行取证，主要是考虑到：被告的诉讼代理人是基于被告的委托，代被告进行诉讼活动的人；委托事项和权限由授权委托书决定，受委托人的权限不能大于委托人的权利，这是委托代理制度的基本原理。既然被告不得自行收集证据，作为其诉讼代理人也不得自行收集证据。

被告及其诉讼代理人不得自行收集证据的对象包括原告、第三人和证人。第三人是此次修改新增加的内容。第三人是指公民、法人或者其他组织同被诉行政行为有利害关系但没有提起诉讼，或者同案件处理结果有利害关系的诉讼参加人。之所以增加第三人，是因为第三人与案件有利害关系，被告在作出行政行为时，应当充分考虑第三人的合法权益，并收集了相关的证据，因此不能在行政诉讼过程中再向其收集证据。

被告违反本条规定自行收集证据的，该证据不能作为认定被诉行政行为合法的根据。被告只有在人民法院准许的特殊情况下，才可以收集证据。新法第36条第2款规定，原告或者第三人提出了其在行政处理程序中没有提出的理由或者证据的，经人民法院准许，被告可以补充证据。

◖ **相关规定**

《中华人民共和国行政诉讼法》第36条。

第三十六条 被告在作出行政行为时已经收集了证据，但因不可抗力等正当事由不能提供的，经人民法院准许，可以延期提供。

原告或者第三人提出了其在行政处理程序中没有提出的理由或者证据的，经人民法院准许，被告可以补充证据。

◖ **条文主旨**

本条是关于被告延期提供证据和补充证据的规定。

◖ **条文解读**

本条是新增加的内容。

一、延期提供证据

新法第67条规定，被告应当在收到起诉状副本之日起十五日内向人民法院提交作出行政行为的证据和所依据的规范性文件，并提出答辩状。一般情况下，被告都能在十五日的举证期限内提交证据；如果被告逾期提供证据，视为被诉行政行为没有相应的证据。但是在特殊情况下，被告可以延期提供证据。具体情况如下：

1. 应当经人民法院准许。被告应当在法定的举证期限内举证，因此，延期举证要受到严格的限制。为了防止被告无正当理由延期举证，或者以延期举证为名，行非法调取证据之实，其延期举证必须经人民法院准许。

2. 应当是被告在作出行政行为时已经收集的证据。这一规定，是强调被告申请延期提供的证据，应当是依据"先取证，后裁决"的原则，依法定程序在作出行政行为的过程中收集的证据；不按法定程序收集的证据，应视为被诉行政行为没有相应的证据，而不能申请延期提供。

3. 因不可抗力等正当事由不能提供的证据。"不可抗力"是指不能预见、不能避免和不能克服的客观情况，如战争、地震、台风、水灾等。除不可抗力外，还包括如证人在国外，而一时无法与之联系等其他正当理由。

二、补充证据

被告补充证据是指被告在法定举证期限提交证据以后进一步提供证据的行为。

根据新法第 35 条规定，在诉讼过程中，被告及其诉讼代理人不得自行向原告、第三人和证人收集证据。因此，一般不允许被告补充提供证据。但是特殊情况下，被告可以补充证据。具体情况如下：

1. 必须经人民法院准许。主要是排除被告补充证据的随意性。虽然本条已经限定了被告可以补充证据的两种情况，但具体的认定权只有交给法院，才能体现公正性，也防止该项权利的滥用。

2. 原告或者第三人提出了其在行政处理程序中没有提出的理由或者证据的。补充证据非因行政机关的过错，而是因为原告或者第三人提出了新的理由或者证据。关于原告或者第三人在行政程序中提出新的理由或者证据的法律后果，2002年《最高人民法院关于行政诉讼证据若干问题的规定》第59条规定，被告在行政程序中依照法定程序要求原告提供证据，原告依法应当提供而拒不提供，在诉讼程序中提供的证据，人民法院一般不予采纳。如行政许可法规定，公民、法人或者其他组织从事特定活动，依法需要取得行政许可的，应当向行政机关提出申请，申请材料应当齐全，符合法定形式。如果原告在申请行政许可的过程中材料不齐备，而在诉讼过程中提供了新的申请材料，人民法院一般不予采纳。但也有些例外情况，如：（1）被告在行政程序中，未要求原告提供证据，原告在诉讼中向人民法院提交了新的证据。（2）行政处罚法、行政强制法、行政许可法、税收征收管理法等法律都对行政相对人的陈述和申辩权作出了规定。针对当事人提出的陈述和申辩，行政机关必须充分听取当事人的意见，对当事人提出的事实、理由和证据，应当进行复核；当事人提出的事实、理由或者证据成立的，行政机关应当采纳。但实践中，也有一些行政相对人在行政行为作出过程中，漠视自己的陈述和申辩权或者因为客观原因，没有提出对自己有利的事实、理由或者证据，而是到了诉讼过程中才提出相应的反驳理由。在上述情况下，如果不给行政机关补充证据的机会，行政机关要承担不利的诉讼后果，这对于行政机关来说也是不公平的。

此外，被告补充证据需要一定的时限限制，司法实践中的做法如下：一是人民法院指定时限内提供补充证据；二是人民法院没有指定时限的情况下，在一审庭审法庭辩论结束前提出补充证据。

◗ 相关规定

《中华人民共和国行政诉讼法》第35条、第67条；《最高人民法院关于行政诉讼证据若干问题的规定》第59条。

第三十七条　原告可以提供证明行政行为违法的证据。原告提供的证据不成立的，不免除被告的举证责任。

条文主旨

本条是关于原告可以提供证明行政行为违法的证据的规定。

立法背景

本条是新增加的内容。新法第 34 条规定，被告对作出的行政行为负有举证责任，应当提供作出该行政行为的证据和所依据的规范性文件。根据这一规定，证明行政行为合法的举证责任由被告承担。对于原告来说，没有对行政行为的举证责任，但是原告为了维护自身的合法权益，可以自愿提供相关证据，进一步证明行政行为的违法性，促使法院作出对自身有利的裁决。之所以作出这一规定，主要有以下考虑：一是有利于法院全面、客观地查清案件的事实，作出正确的裁判。人民法院审理案件以事实为根据，只有从多方面、多角度获取证据，才能保证案件的公正审理。二是有利于保护原告的诉讼权利。被告在提供证据的时候，有时会趋利避害，对自己有利的证据提供，对自己不利的证据不提供；有时原告也可能持有一些对行政机关不利的证据。允许原告提供相关证据，可以增加原告胜诉的可能性，从而保护其合法权益。如行政机关工作人员暴力执法，原告向人民法院提供其在现场拍摄的录像。

条文解读

本条规定，原告可以提供证明行政行为违法的证据的规定。需要注意的是，这里规定的是"可以"，原告没有提供证明行政行为违法的证据的责任，原告提出相关证据完全是出于自愿，可以向人民法院提供行政行为违法的证据，也可以不提供。即使原告提供的证明被诉行政行为违法的证据不成立，也不能免除被告对被诉行政行为合法性的举证责任。被告如不提供或者无正当理由逾期提供其作出行政行为的证据的，仍将视为没有相应证据，要承担不利法律后果。

本条规定与新法第 38 条规定的原告提供证据的责任有所不同：（1）前者的举证责任在被告，后者提出证据的责任在原告。（2）前者规定的是"可以"，原告出于自愿；后者规定的是"应当"。（3）证明的内容不同。前者证明的是行政行为违法；后者证明的是原告提出申请和行政行为造成的损害。

⬤ 相关规定

《中华人民共和国行政诉讼法》第 34 条、第 38 条。

第三十八条 在起诉被告不履行法定职责的案件中，原告应当提供其向被告提出申请的证据。但有下列情形之一的除外：

（一）被告应当依职权主动履行法定职责的；

（二）原告因正当理由不能提供证据的。

在行政赔偿、补偿的案件中，原告应当对行政行为造成的损害提供证据。因被告的原因导致原告无法举证的，由被告承担举证责任。

⬤ 条文主旨

本条是关于原告举证责任的规定。

⬤ 条文解读

本条是新增加的内容。

虽然被告对其作出的行政行为负有举证责任，但是原告在特定的情况下也应提供相应的证据。

一、原告在被告不作为案件中的举证责任

被告不作为的案件中，一般情况下原告应当提供其向被告提出申请的证据。新法第 12 条中规定，公民、法人或者其他组织申请行政机关履行保护人身权、财产权等合法权益的法定职责，行政机关拒绝履行或者不予答复的，属于人民法院的受案范围。依申请的行政行为是指行政机关只有在行政相对人申请的条件下才能作出行政行为；没有行政相对人的申请，行政机关不能主动作出行政行为。对于依申请的行政行为，如果由行政机关对行政相对人的申请行为举证，会十分困难，尤其是在行政相对人根本没有提出申请的情况下，行政机关更是无从举证。因此，规定在此种情况下，由原告提供证据更为合理。

原告提供证据也有两种例外情况：一是被告应当依职权主动履行法定职责的。依职权的行政行为是指行政机关根据法定职权应当主动实施的行政行为。依职权的行政行为的主要特征是积极主动性，行政机关应当及时主动为之，而无须行政相对人的申请。行政机关因法定职责应当履责而没有履责的，举证责任应当由行政机关承担。如在公共场所，警察发现不法分子殴打他人的行为而不加以制止。在受害人起诉该警察所属的公安机关时，无需向人民法院提供在行政程序中提出过申请保护的证据。二是原告因正当理由不能提供证据的。如原告因被告受理申请的登记制度不完备等正当事由不能提供相关证据并能够作出合理说明的。例如，某公民向工商机关申请办理个体工商户执照时，将有关材料递交给工商机关，该机关拒绝出具任何手续，也不说明理由，就是不发给该公民个体工商户执照。该公民没有任何证据证明其在行政程序中曾经提出申请的事实。为了保护该公民的诉讼权利，人民法院要求工商机关提供当天受理申请登记的登记册，而工商机关无法提供。人民法院因此推定该公民在行政程序中曾经提出申请的事实存在。

二、原告在行政赔偿、补偿案件中的举证责任

1. 行政赔偿案件。行政赔偿是指行政机关违法实施行政行为，侵犯相对人合法权益造成损害时由国家承担的一种赔偿责任。

行政赔偿诉讼，是人民法院根据赔偿请求人的诉讼请求，依照行政诉讼程序和国家赔偿的基本制度和原则裁判争议的活动。国家赔偿法第3条规定，行政机关及其工作人员在行使行政职权时有下列侵犯人身权情形之一的，受害人有取得赔偿的权利：（1）违法拘留或者违法采取限制公民人身自由的行政强制措施的；（2）非法拘禁或者以其他方法非法剥夺公民人身自由的；（3）以殴打、虐待等行为或者唆使、放纵他人以殴打、虐待等行为造成公民身体伤害或者死亡的；（4）违法使用武器、警械造成公民身体伤害或者死亡的；（5）造成公民身体伤害或者死亡的其他违法行为。第4条规定，行政机关及其工作人员在行使行政职权时有下列侵犯财产权情形之一的，受害人有取得赔偿的权利：（1）违法实施罚款、吊销许可证和执照、责令停产停业、没收财物等行政处罚的；（2）违法对财产采取查封、扣押、冻结等行政强制措施的；（3）违法征收、征用财产的；（4）造成财产损害的其他违法行为。

原告认为行政机关行使职权的行为侵犯了其合法权益并造成了损害，应对损害事实提供相应的证据。损害事实是指实际上已经发生或者一定会发生的损害结果，如违法使用武器、警械造成公民身体伤害或者死亡。赔偿人身伤害的，原告应当提供证明伤情的医院诊断证明书、处方或者病历复印件、医疗费单据等。

行政机关除了对作出的行政行为负有举证责任，应当提供作出该行政行为的证据和所依据的规范性文件外，还应当依照国家赔偿法第15条规定，对自己提出的主张提供证据。此外，赔偿义务机关采取行政拘留或者限制人身自由的强制措施期间，被限制人身自由的人死亡或者丧失行为能力的，赔偿义务机关的行为与被限制人身自由的人的死亡或者丧失行为能力是否存在因果关系，赔偿义务机关应当提供证据。

2. 行政补偿案件。行政补偿是指国家行政机关及其工作人员在管理国家和社会公共事务的过程中，因合法的行政行为给公民、法人或其他组织的合法权益造成了损失，由国家依法合理予以补偿的制度。如在国有土地上房屋征收补偿决定的案件中，被征收人就基本生活、生产经营条件没有保障的事实提供证据，要求给予补偿。

3. 因被告的原因导致原告无法举证的，由被告承担举证责任。如行政机关强制拆除违法建筑物，行政相对人认为行政机关既违反法定程序没有要求限期拆除建筑物的权力，也不具有实施强制拆除的主体资格，因此提起行政赔偿诉讼。但因该建筑物已经被行政机关拆除而不复存在，行政相对人无法对行政行为造成的损害提供证据，在这种情况下，应当由行政机关提供执法时填写的强制拆除违法建筑物物品清单。

☛ 相关规定

《中华人民共和国行政诉讼法》第 12 条；《中华人民共和国国家赔偿法》第 15 条。

第三十九条　人民法院有权要求当事人提供或者补充证据。

☛ 条文主旨

本条是关于人民法院有权要求当事人提供或者补充证据的规定。

☛ 立法背景

本条是人民法院依职权要求提供或者补充证据的规定。在审理案件过程中，人民法院不只是被动地接受当事人提供的证据，在当事人提供的证据尚不足以证明案件真实情况时，人民法院有权要求被告和原告提供或者补充证据，以便进一步查明案情。要求当事人提供证据或者补充证据，是国家赋予人民法院的权力。

106

原法第 34 条规定："人民法院有权要求当事人提供或者补充证据。人民法院有权向有关行政机关以及其他组织、公民调取证据。"新法将这一条分为两条，分别是本条和第 40 条。本条的具体内容没有作出修改。

提供证据是指当事人向人民法院提供证明案件事实的根据。补充证据是指当事人向法院提供的证据不足，继而对同一事项的证据向人民法院所作的补充。补充证据可以分为两种情况：当事人申请补充证据和人民法院依职权要求补充证据。关于被告申请补充证据，新法第 36 条第 2 款规定，原告或者第三人提出了其在行政处理程序中没有提出的理由或者证据的，经人民法院准许，被告可以补充证据。本条是关于人民法院依职权要求补充证据的规定。

本条的规定主要是考虑到：人民法院审查被诉行政行为的合法性应当从两个方面审查，既应保护行政相对人的合法权益，又应保护国家利益、公共利益和他人的合法权益。在审判实践中，有的当事人趋利避害，仅提供对自己有利的证据；有的被告不履行法定职责而怠于举证；有的被告因为疏忽，没有保存好相关证据，而造成证据遗失。上述情形在特殊情况下可能会给国家利益、公共利益和他人的合法权益带来不利影响，人民法院为了全面了解案件的事实情况，监督行政机关依法行政，保护国家利益、公共利益和他人的合法权益，有权要求当事人提供或者补充证据。2002 年《最高人民法院关于行政诉讼证据若干问题的规定》第 9 条第 2 款规定，对当事人无异议，但涉及国家利益、公共利益或者他人合法权益的事实，人民法院可以责令当事人提供或者补充证据。

● 相关规定

《中华人民共和国行政诉讼法》第 36 条；《最高人民法院关于行政诉讼证据若干问题的规定》。

第四十条　人民法院有权向有关行政机关以及其他组织、公民调取证据。但是，不得为证明行政行为的合法性调取被告作出行政行为时未收集的证据。

条文主旨

本条是关于人民法院依职权调取证据的规定。

立法背景

人民法院要正确解决行政争议，必须运用证据证明案件的事实。人民法院只有掌握了充分的证据，才能在事实清楚的基础上适用法律，对行政案件作出正确的处理。我国实行的是人民法院职权查证规则与当事人主义查证规则相结合的证据提供和调取规则。一般情况下，应由当事人举证，主要体现在：被告对其作出的行政行为负有举证责任；原告可以提供证明行政行为违法的证据；在被告不作为、行政赔偿和补偿案件等特殊情况下，原告有举证责任。但有时经当事人举证，仍不能获取充分的证据，人民法院为了查清案件事实，有权向有关行政机关以及其他组织、公民调取证据。

条文解读

一、国外相关规定

在美国，行政机关用来支持其行政行为合法性的证据，只能是行政案卷中所载明的证据。法院审查的对象限于行政案卷中所记录的证据，行政机关在行政案卷以外提交的证据是无效的。在诉讼过程中，即使发现行政机关因疏忽遗失了某些证据，或者新发现了某些证据，法院也不得接受这些证据。

德国《行政法院法》规定，法院依职权对案件的事实进行调查，法院调查时应取得诉讼参与人的协助，不受参与人的陈述与举证申请的拘束。此外，当事人也可以申请法院调取证据。

法国在行政诉讼证据提供和调取上实行职权主义查证规则。

法院在行政诉讼中处于中心地位。法官负责查明事实、调查证据，法官调查证据不受当事人提供证据的限制和影响。

日本行政案件诉讼法规定，法院在认为必要时，可以依职权进行证据调查。

二、调取证据的概念和意义

调取证据是指人民法院在诉讼中按照法定程序依职权调查和提取与案件事实有关的证据的活动。调取证据是人民法院行使行政审判权所进行的重要职权活动；向人民法院提供证据是有关行政机关以及其他组织、公民应尽的义务，否则，应承担相应的法律后果。人民法院调取证据，其目的是为了核实当事人提供证据的客观性、关联性和合法性，用以查明案件事实。人民法院调取证据有以下意义：一是，有利于克服仅由当事人提供证据的缺陷和不足。当事人所提供的证据，有时并不一定十分可靠。由于当事人对案件的审理结果有利害关系，倾向于提供有利于自己的证据，而对于不利于自己的证据容易隐瞒，因此当事人提供的证据往往具有一定的局限性。要准确认定案件事实，人民法院有必要调取相关证据。二是，有利于人民法院迅速及时审结行政案件。证据是人民法院认定案件事实的根据，也是人民法院正确审理案件的基础。人民法院调取证据，可以及时全面地了解案件事实情况，作出正确裁决。

三、依职权调取证据和依申请调取证据

人民法院调取证据按照是否须经申请，分为依职权调取证据和依申请调取证据。

依职权调取证据是指人民法院主动向有关行政机关以及其他组织、公民调取证据。司法实践中，依职权调取证据主要体现在两个方面：一是涉及国家利益、公共利益或者他人合法权益的事实认定的。有的情况下，当事人可能仅就与自身切身利益相关的证据提交到法庭，对于与自己切实利益无关的证据没有提供。如果该证据涉及国家利益、社会公共利益和他人合法权益，人

民法院又不主动调取证据的，将会造成难以弥补的损失。二是涉及依职权追加当事人、中止诉讼、终结诉讼、回避等程序性事项的。

依申请调取证据是指原告或者第三人不能自行收集的，可以申请人民法院调取。新法第41条作了具体规定。

四、对人民法院调取证据的限制

人民法院调取证据，不得为证明行政行为的合法性调取被告作出行政行为时未收集的证据。根据依法行政的原则，行政机关应当在作出行政行为时调查取证，如果行政机关在作出行政行为后自行取证，该行政行为将构成违法。同理，如果人民法院在诉讼中再收集此类证据来证明被诉行政行为的合法性，就违背了行政诉讼的目的和原则。但应注意的是，证明行政行为违法性的证据，人民法院是可以依职权调取的。美国也有相类似的制度，该规则的主要内容是：法院在审理只有行政机关才能有权作出的决定时，必须仅根据行政机关作出此决定时所根据的理由判断此决定是否恰当；如果这种理由不充分或者不恰当，法院则无权为了肯定行政行为而用更为充分和恰当的理由去替代原来行政机关的理由。

五、有关行政机关以及其他组织、公民协助人民法院调取证据的义务

人民法院调取证据时，有关行政机关以及其他组织、公民应当积极协助。在司法实践中，有些行政机关对人民法院调取证据的诉讼活动置之不理，认为司法权不能干涉行政权，自己不是案件的当事人，不受人民法院的支配，是否向人民法院提供与案件有关的证据是自己的自由。为保障案件的正常审理，与案件有关的行政机关以及公民、法人和其他组织，有义务提供自己知道的证据，协助和支持人民法院的审判工作。虽然新法对此没有明确作出规定，但民事诉讼法第67条规定，人民法院有权调查取证，有关单位和个人不得拒绝。这一条可以适用行政诉讼。

110

相关规定

《中华人民共和国行政诉讼法》第41条;《中华人民共和国民事诉讼法》第67条。

第四十一条 与本案有关的下列证据,原告或者第三人不能自行收集的,可以申请人民法院调取:

（一）由国家机关保存而须由人民法院调取的证据;

（二）涉及国家秘密、商业秘密和个人隐私的证据;

（三）确因客观原因不能自行收集的其他证据。

条文主旨

本条是关于原告或者第三人申请人民法院调取证据的规定。

条文解读

本条是新增加的内容。

原告或者第三人能自行收集证据的,应当自行收集;只有在原告或者第三人不能自行收集证据,才能申请人民法院调取证据。

申请的主体是原告或者第三人。行政机关不能申请人民法院调取证据。行政机关与行政相对人在客观上处于不平等的地位。行政机关拥有充足的人员、装备等有利条件,享有获取证据的便利。行政相对人在行政程序中处于被动地位,行政机关作出行政行为的证据和所依据的规范性文件一般由行政机关掌握,导致行政相对人因客观原因不能自行收集、甚至无法取得证据等情况。因此,允许原告或者第三人可以申请人民法院调取证据是合理的。

调取证据是人民法院的职权,人民法院有权向有关行政机关以及其他组织、公民调取证据。因此,原告或者第三人不能自行收集证据的,应当向人民法院申请,由人民法院调取证据。对原告而言，申请调取的证据包括两个方面内容：一是证明行政行为违法的证据；二是在行政不作为案件、行政赔偿和补偿等特殊案件中，原告负有举证责任而应当提供的证据。

原告或者第三人申请人民法院调取的证据，应当与本案有关。此外，还应符合下列条件：

1. 由国家机关保存而须由人民法院调取的证据。这类证据主要包括档案材料等。档案材料是指国家机构、社会组织以及个人从事政治、军事、经济、科学、技术、文化、宗教等活动直接形成的具有保存价值的各种文字、图表、声像等不同形式的历史记录。如土地利用规划档案、建设用地档案、地籍管理档案等。申请调取证据应当具备两个条件：一是，证据是由国家机关保存的。二是，必须由人民法院才能调取。如有的档案材料不对外公开，公民、法人和其他组织持有身份证、介绍信等相关证件不能查阅和获取的。如果属于《政府信息公开条例》规定的，可以通过申请获得的证据的，则无须通过申请人民法院调取证据；如果依法应当可以通过向行政机关申请获得相应证据，而行政机关拒绝的，也可以申请人民法院调取证据。

2. 涉及国家秘密、商业秘密或者个人隐私的证据。国家秘密是关系国家安全和利益，依照法定程序确定，在一定时间内只限一定范围的人员知悉的事项。国家秘密包括：（1）国家事务重大决策中的秘密事项；（2）国防建设和武装力量活动中的秘密事项；（3）外交和外事活动中的秘密事项以及对外承担保密义务的秘密事项；（4）国民经济和社会发展中的秘密事项；（5）科学技术中的秘密事项；（6）维护国家安全活动和追查刑事犯罪中的秘密事项；（7）经国家保密行政管理部门确定的其他秘密事项。国家秘密的密级分为绝密、机密、秘密三级。根据反不正当竞争法第10条第3款的规定，商业秘密是指不为公众所知悉、能为权利人带来经济利益、具有实用性并经权利人采取保密措施的技术信息和经营信息。个人隐私是指公民个人生活中不愿为他人公开或知悉的秘密。隐私权是自然人享有的对其个人的、与公共利益无关的个人信息、私人活动和私有领域进行支配的一种人格权。

3. 确因客观原因不能自行收集的其他证据。这是一个比较宽泛的兜底条款，可以由相关规范性文件作出具体规定或者由人民法院裁量。但也有两个条件：一是，因客观原因。排除了主观因素，原告、第三人怠于收集证据的，不在此列。二是，应当是不能自行收集的证据。

相关规定

《中华人民共和国反不正当竞争法》第 10 条；《中华人民共和国政府信息公开条例》第 14 条、第 23 条；《中华人民共和国保守国家秘密法》。

第四十二条 在证据可能灭失或者以后难以取得的情况下，诉讼参加人可以向人民法院申请保全证据，人民法院也可以主动采取保全措施。

条文主旨

本条是关于诉讼证据保全的规定。

立法背景

诉讼证据保全是指人民法院在受理案件后，对于可能灭失或者以后难以取得的证据，根据诉讼参加人的申请或者依职权采取的调查收集和固定保护等措施。证据是人民法院查明事实、分清是非、正确处理案件的关键。对可能灭失或者以后难以取得的证据进行固定和保管，既是保障当事人提供证据的一种补充手段，也是人民法院取得证据的一种必要方式，目的在于确保案件事实得以澄清，保证人民法院在证据充分的基础上作出公正裁判。

⬤ 条文解读

证据保全具有以下特征：（1）在行政诉讼过程中。证据保全的申请应当在人民法院受理案件之后。2002 年《最高人民法院关于行政诉讼证据若干问题的规定》第 27 条规定，申请保全证据应当在举证期限届满前以书面形式提出。（2）采取证据保全措施的只能是人民法院。这和行政程序中的证据保全不同。如行政处罚法第 37 条第 2 款规定，行政机关在收集证据时，可以采取抽样取证的方法；在证据可能灭失或者以后难以取得的情况下，经行政机关负责人批准，可以先行登记保存。在诉讼过程中，只有人民法院可以实施证据保全。（3）目的在于防止证据灭失或者以后难以取得。这和财产保全不同，财产保全目的是保证将来生效判决能够得到执行而采取的强制保全措施。证据灭失是指证据不复存在，主要有两种情况：一是证人因年迈或者疾病可能去世的，对其证言进行保全；二是案件涉及某些鲜活或者容易变质的食品或者其他物品，对这些物证进行保全。证据以后难以取得是指，证据虽然不至于灭失，但失去时机，将会导致证据的状态发生改变或者在一段时间内无法取得。如证人即将长期居留国外或者对污染水的水质必须马上取样等。（4）人民法院保全证据应当以裁定的方式作出。

证据保全包括依申请的证据保全和人民法院依职权的证据保全两种。（1）依申请的证据保全。诉讼参加人可以向人民法院申请保全证据。诉讼参加人包括了原告、被告、第三人和他们的诉讼代理人等。需要注意的是，被告虽然不能自行收集证据，但可以向人民法院申请保全证据。诉讼当事人应当以书面形式提出申请。2002 年《最高人民法院关于行政诉讼证据若干问题的规定》第 27 条规定，当事人申请保全证据的，人民法院可以要求其提供相应的担保。在有的情况下，证据保全会给被保全人带来一定的影响或者损失，所谓提供相应的担保是指人民法院在判断是否需要提供以及提供何种担保时要考虑证据的实际价值、存在状

114

况、保全难度、灭失风险等各方面的因素综合进行确定。例如，如果申请保全的证据属于书证、证人证言等，无需提供相应的担保；如果保全的证据涉及他人的重大经济利益或者其他合法权益的，如珠宝、字画等，则须当事人提供相应的担保。（2）依职权的证据保全。是指无须经诉讼参加人的申请，人民法院即可主动采取保全措施。

2002年《最高人民法院关于行政诉讼证据若干问题的规定》第28条规定，人民法院保全证据的，可以采取查封、扣押、拍照、录音、录像、复制、鉴定、勘验、制作询问笔录等保全措施。人民法院保全证据时，可以要求当事人或者其诉讼代理人到场。

相关规定

《最高人民法院关于行政诉讼证据若干问题的规定》第27条、第28条；《中华人民共和国行政处罚法》第37条。

第四十三条 证据应当在法庭上出示，并由当事人互相质证。对涉及国家秘密、商业秘密和个人隐私的证据，不得在公开开庭时出示。

人民法院应当按照法定程序，全面、客观地审查核实证据。对未采纳的证据应当在裁判文书中说明理由。

以非法手段取得的证据，不得作为认定案件事实的根据。

条文主旨

本条是关于证据适用规则的规定。

立法背景

本条为新增加内容。实践中，往往存在证据使用不规范，裁判文书说理不充分等问题。为了规范证据使用，增强判决的公正性和说服力，本次修改增加了证据适用规则的内容，包括证据出示和质证、证据审查核实和非法证据排除三方面内容。

条文解读

一、关于证据出示和质证

对于当事人向法院提供的证据以及人民法院调取的证据，若要作为认定案件事实的证据，都应当在法庭上出示，经当事人相互质证，以保证证据的真实性、合法性和关联性，避免认定案件事实的证据出现偏差，真正做到以事实为依据。但是，对于涉及国家秘密、商业秘密和个人隐私的证据应当保密，不得在公开开庭时出示，可以通过庭前证据交换等途径出示。

质证是指在法庭审理过程中，由诉讼当事人及其代理人就法庭上所出示的证据材料采取询问、辩驳、辨认、质疑、说明等方式，就证据的可采性和证明力等问题让法官产生内心确信的诉讼活动。质证是当事人提出证据和人民法院认定证据之间的一个关键环节，是人民法院审查核实证据最重要、最基本的方式。质证的意义在于，通过质证程序使审理更加公开公正，人民法院能够正确认定证据，能够保障当事人的程序权利。当事人及其代理人应当围绕证据的关联性、合法性和真实性，针对证据有无证明效力以及证明效力大小进行质证。未经庭审质证的证据，不能作为认定案件事实的根据。

二、关于证据审查核实

对于出示的证据，人民法院应当本着实事求是的精神，按照法定程序，全面、客观地进行审查核实，去粗取精，去伪存真。人民法院应当对经过庭审质证的证据和无需质证的证据进行逐一审查和综合审查，遵循法官职业道德，运用逻辑推理和生活经验，进行全面、客观和公正的分析判断，确定证据材料与案件事实之间的证明关系，排除不具有关联性的证据材料，准确认定案件事实。人民法院应当根据案件的具体情况，从证据是否符合法定形式，证据的取得是否符合法律、法规的要求，是否存在其他影响证据效力的违法情形等方面审查证据的合法性；从证据形成的原因，发现证据时的客观环境，证据是否为原件、原物，复制件、复制品与原件、原物是否相符，提供证据的人或者证人与当事人是否具有利害关系等方面审查证据的真实性。双方当事人没有异议的，人民法院即可以确认该证据的证明效力；如果一方当事人对证据提出异议的，人民法院应当对该证据作进一步的调查和核实，而不能将有异议的证据作为认定案件事实的根据。对于当事人提供的证据，人民法院认为不能采信的，应当在裁判文书中说明不予采信的理由，以增强裁判文书的说理性，使当事人心悦诚服，息讼服判。

三、关于非法证据排除

在行政诉讼法修改过程中，对是否需要确立行政诉讼非法证据排除规则，存在不同看法。我们认为，在行政诉讼中确定非法证据排除规则，一是有利于督促行政机关提高依法行政的意识，促进依法行政。行政机关在实施行政行为时，应当严格依照法定程序，通过合法途径取得证据，否则其证据将会被认定为非法，其行政行为也会因失去证据的支持而败诉。二是有利于彻底纠正违法行政行为。通过对行政机关非法取得的证据予以排除，否定其证据的证明力，可以彻底纠正已经存在的违法行政行为。特别是目前，在实践中具有较强针对性，可以解决"钓鱼执法"问题。三是有利于切实保障行政相对人的权利。对非法证据予以排除，虽然可能会对行政违法行为的查明和惩处造成一定影响，但对行政相对人权利的保障更为有利，更能体现对公权力的抑制和对私权利的尊崇。2002 年《最高人民法院关于行政诉讼证据若干问题的规定》第 58 条规定，以违反法律禁止性规定或者侵犯他人合法权益的方法取得的证据，不能作为认定案件事实的依据。该规定实际上已经确立了行政诉讼非法证据排除规则。本次行政诉讼法修改，吸纳和升华了行政诉讼已有的实践经验和好的做法，确定

117

了行政诉讼的非法证据排除规则。

以非法手段取得的证据是指以违反法律禁止性规定或者侵犯他人合法权益的方法取得的证据，主要包括三种情形：一是严重违反法定程序收集的证据材料，如调查取证人与本案有利害关系或者其他影响公正处理的因素，应当回避而没有回避的，依法应当有两名以上工作人员调查取证，只有一名工作人员的等。二是以偷拍、偷录、窃听等手段获取侵害他人合法权益的证据材料，因其侵犯当事人的隐私权、住宅和营业场所的安全以及公民的人身自由，不能采纳。三是以利诱、欺诈、胁迫、暴力等不正当手段获取的证据材料，如《公安机关办理行政案件程序规定》第24条规定，严禁刑讯逼供和以威胁、欺骗等非法方法收集证据。采用刑讯逼供等非法方法收集的违法嫌疑人的陈述和申辩以及采用暴力、威胁等非法方法收集的被侵害人陈述、其他证人证言，不能作为定案根据。收集物证、书证不符合法定程序，可能严重影响执法公正的，应当予以补正或者作出合理解释；不能补正或者作出合理解释的，不能作为定案的根据。

◑ **相关规定**

《最高人民法院关于行政诉讼证据若干问题的规定》第58条；《公安机关办理行政案件程序规定》第24条。

第六章　起诉和受理

第四十四条　对属于人民法院受案范围的行政案件，公民、法人或者其他组织可以先向行政机关申请复议，对复议决定不服的，再向人民法院提起诉讼；也可以直接向人民法院提起诉讼。

法律、法规规定应当先向行政机关申请复议，对复议决定不服再向人民法院提起诉讼的，依照法律、法规的规定。

☛ 条文主旨

本条是关于行政复议与行政诉讼关系的规定。

☛ 立法背景

行政复议和行政诉讼对于行政相对人而言，都是一种救济机制，都可以通过撤销或者改变原行政行为等方式来维护自身合法权益。同时，按照司法最终原则，除特殊情况外，经过复议的案件都可以提起诉讼。因此，在行政诉讼法中有必要处理两种制度的关系，做好两种制度的衔接。

☛ 条文解读

一、行政复议和行政诉讼的受案范围

行政复议是行政机关内部自我纠错的一种监督制度，是行政复议机关通过受理复议申请，对争议的行政行为进行审查并作出裁决的行政行为。行政复议由于是行政机关内部上级对下级的监

督，因此既可以对行政行为合法性进行审查，又可以对行政行为合理性进行审查，范围比较宽。

本条第1款规定，对属于人民法院受案范围的行政案件，公民、法人或者其他组织可以先向行政机关申请复议。行政复议作为行政机关内部救济机制，具有便捷高效的优点，应当充分发挥其作用。从行政诉讼法和行政复议法的规定看，行政复议的受案范围比行政诉讼的宽。本法第12条规定："人民法院受理公民、法人或者其他组织提起的下列诉讼：（一）对行政拘留、暂扣或者吊销许可证和执照、责令停产停业、没收违法所得、没收非法财物、罚款、警告等行政处罚不服的；（二）对限制人身自由或者对财产的查封、扣押、冻结等行政强制措施和行政强制执行不服的；（三）申请行政许可，行政机关拒绝或者在法定期限内不予答复，或者对行政机关作出的有关行政许可的其他决定不服的；（四）对行政机关作出的关于确认土地、矿藏、水流、森林、山岭、草原、荒地、滩涂、海域等自然资源的所有权或者使用权的决定不服的；（五）对征收、征用决定及其补偿决定不服的；（六）申请行政机关履行保护人身权、财产权等合法权益的法定职责，行政机关拒绝履行或者不予答复的；（七）认为行政机关侵犯其经营自主权或者农村土地承包经营权、农村土地经营权的；（八）认为行政机关滥用行政权力排除或者限制竞争的；（九）认为行政机关违法集资、摊派费用或者违法要求履行其他义务的；（十）认为行政机关没有依法支付抚恤金、最低生活保障待遇或者社会保险待遇的；（十一）认为行政机关不依法履行、未按照约定履行或者违法变更、解除政府特许经营协议、土地房屋征收补偿协议等协议的；（十二）认为行政机关侵犯其他人身权、财产权等合法权益的。除前款规定外，人民法院受理法律、法规规定可以提起诉讼的其他行政案件。"

根据行政复议法的规定，行政复议的范围包括：对行政机关作出的警告、罚款、没收违法所得、没收非法财物、责令停产停

120

业、暂扣或者吊销许可证、暂扣或者吊销执照、行政拘留等行政处罚决定不服的；对行政机关作出的限制人身自由或者查封、扣押、冻结财产等行政强制措施决定不服的；对行政机关作出的有关许可证、执照、资质证、资格证等证书变更、中止、撤销的决定不服的；对行政机关作出的关于确认土地、矿藏、水流、森林、山岭、草原、荒地、滩涂、海域等自然资源的所有权或者使用权的决定不服的；认为行政机关侵犯合法的经营自主权的；认为行政机关变更或者废止农业承包合同，侵犯其合法权益的；认为行政机关违法集资、征收财物、摊派费用或者违法要求履行其他义务的；认为符合法定条件，申请行政机关颁发许可证、执照、资质证、资格证等证书，或者申请行政机关审批、登记有关事项，行政机关没有依法办理的；申请行政机关履行保护人身权利、财产权利、受教育权利的法定职责，行政机关没有依法履行的；申请行政机关依法发放抚恤金、社会保险金或者最低生活保障费，行政机关没有依法发放的；认为行政机关的其他具体行政行为侵犯其合法权益的。另外，行政复议还可以对有关行政规定进行一并审查。

依照法律规定，还有一些行政行为只能复议不能诉讼，称之为复议终局。如行政复议法第14条规定："对国务院部门或者省、自治区、直辖市人民政府的具体行政行为不服的，向作出该具体行政行为的国务院部门或者省、自治区、直辖市人民政府申请行政复议。对行政复议决定不服的，可以向人民法院提起行政诉讼；也可以向国务院申请裁决，国务院依照本法的规定作出最终裁决。"再如，集会游行示威法第13条规定："集会、游行、示威的负责人对主管机关不许可的决定不服的，可以自接到决定通知之日起三日内，向同级人民政府申请复议，人民政府应当自接到申请复议书之日起三日内作出决定。"

二、当事人选择为原则，行政复议前置为例外

如何处理行政复议和行政诉讼的关系，主要有两种意见。一种意见主张行政复议前置，其理论基础是"穷尽行政救济"原则，当事人在寻求救济时，首先必须利用行政内部存在的、最近的和简便的救济手段，然后才能请求法院救济。世界上部分国家和地区采取了这一制度，如美国、德国、韩国及我国的台湾地区的法律规定，对行政机关的行政行为不服，必须先提起行政复议，对行政复议决定不服，才能提起行政诉讼，其目的在于尽量将行政争议解决在行政程序中。具体而言，实行复议前置：一是便于行政机关实行上下级的监督，便于行政机关充分运用行政专业知识。二是上级行政机关复议可以改变原决定，解决问题比较高效。而法院鉴于司法权和行政权的分工，对行政行为的判决方式有限制。三是实行复议前置，当事人依然可以获得司法救济的机会，如果当事人对行政复议决定不服，仍然可以向法院提起诉讼。另一种意见主张由当事人选择，主要理由是：一是有利于当事人行使诉讼权利，避免跨地区申请行政复议给当事人带来交通、食宿等困难，避免当事人花费大量的时间和精力。二是有些行政行为在作出前一般都请示过上级行政机关，再经复议没有多大意义。而且有些上级机关往往偏袒下级机关，公正性较低。三是提起诉讼是当事人的权利，应当予以尊重。在本法修改过程中，虽然一些意见提出要实行复议前置，但多数意见认为原法确定的"一般情况下由当事人选择的原则"在实践中运行良好，大多数法律、行政法规也按照这一原则规定了救济渠道，已经为大众适应和接受，建议不要改动。因此，立法机关没有对此进行修改，在行政复议和行政诉讼的关系上，继续实行当事人自主选择为原则，行政复议前置为例外。

本条第 2 款规定，法律、法规规定应当先向行政机关申请复议，对复议决定不服再向人民法院提起诉讼的，依照法律、法规的规定。从现行法律、法规来看，规定复议前置的不多。如，行政复议法第 14 条规定："对国务院部门或者省、自治区、直辖市人民政府的具体行政行为不服的，向作出该具体行政行为的国务院部门或者省、自治区、直辖市人民政府申请行政复议。对行政复议决定不服的，可以向人民法院提起行政诉讼；也可以向国务院申请裁决，国务院依照本法的规定作出最终裁决。"反垄断法第53条规定："对反垄断执法机构依据本法第二十八条、第二十九条作出的决定不服的，可以先依法申请行政复议；对行政复议决定不服的，可以依法提起行政诉讼。"对反垄断执法机构作出的前款规定以外的决定不服的，可以依法申请行政复议或者提起行政诉讼。在行政法规层面，《价格违法行为行政处罚规定》第20条规定："经营者对政府价格主管部门作出的处罚决定不服的，应当先依法申请行政复议；对行政复议决定不服的，可以依法向人民法院提起诉讼。"

三、行政复议和行政诉讼的具体衔接

依照行政复议法的规定，公民、法人或者其他组织申请行政复议，行政复议机关已经依法受理的，或者法律、法规规定应当先向行政复议机关申请行政复议、对行政复议决定不服再向人民法院提起行政诉讼的，在法定行政复议期限内不得向人民法院提起行政诉讼。公民、法人或者其他组织向人民法院提起行政诉讼，人民法院已经依法受理的，不得申请行政复议。根据有关司法解释，法律、法规未规定行政复议为提起行政诉讼必经程序，公民、法人或者其他组织既提起行政诉讼又申请行政复议的，由先受理的机关管辖；同时受理的，由公民、法人或者其他组织选择。公民、法人或者其他组织已经申请行政复议，在法定复议期间内又向人民法院提起诉讼的，人民法院不予受理。法律、法规未规定行政复议为提起行政诉讼必经程序，公民、法人或者其他组织向复议机关申请行政复议后，又经复议机关同意撤回复议申请，在法定起诉期限内对原行政行为提起诉讼的，人民法院应当依法受理。

◖ **相关规定**

《中华人民共和国行政复议法》第 14 条；《中华人民共和国集会游行示威法》第 13 条；《中华人民共和国反垄断法》第 53 条；《价格违法行为行政处罚规定》第 20 条。

第四十五条 公民、法人或者其他组织不服复议决定的，可以在收到复议决定书之日起十五日内向人民法院提起诉讼。复议机关逾期不作决定的，申请人可以在复议期满之日起十五日内向人民法院提起诉讼。法律另有规定的除外。

◖ **条文主旨**

本条是关于经行政复议的起诉期限的规定。

◖ **立法背景**

行政复议是行政系统内部的监督机制，行政复议决定属于一种行政行为。行政复议决定书一经送达，即发生法律效力，即会对当事人的权利义务产生影响，因此，当事人不服行政复议决定的，可以提起诉讼。同时，行政复议也具有权利救济的性质，经过复议后，继续提起行政诉讼进行再救济，需要兼顾行政法律关系的稳定性。故本条将不服行政决定情况下的起诉期限与一般起诉期限进行了区分，限定为收到复议决定书之日起十五日内或复议期满之日起十五日内。

◖ **条文解读**

一、关于复议决定

行政复议决定是行政复议机关受理行政复议申请后，经审查作出的处理决定。依照行政复议法第 28 条规定："行政复议机关负责法制工作的机构应当对被申请人作出的具体行政行为进行审查，提出意见，经行政复议机关的负责人同意或者集体讨论通过后，按照下列规定作出行政复议决定：（一）具体行政行为认定事实清楚，证据确凿，适用依据正确，程序合法，内容适当的，决定维持；（二）被申请人不履行法定职责的，决定其在一定期限内履行；（三）具体行政行为有下列情形之一的，决定撤销、变更或者确认该具体行政行为违法；决定撤销或者确认该具体行政行为违法的，可以责令被申请人在一定期限内重新作出具体行政行为：1. 主要事实不清、证据不足的；2. 适用依据错误的；3. 违反法定程序的；4. 超越或者滥用职权的；5. 具体行政行为明显不当的。（四）被申请人不按照本法第二十三条的规定提出书面答复、提交当初作出具体行政行为的证据、依据和其他有关材料的，视为该具体行政行为没有证据、依据，决定撤销该具体行政行为。行政复议机关责令被申请人重新作出具体行政行为的，被申请人不得以同一的事实和理由作出与原具体行政行为相同或者基本相同的具体行政行为。"行政复议法实施条例新增了驳回复议申请的复议决定形式，即第48条规定："有下列情形之一的，行政复议机关应当决定驳回行政复议申请：（一）申请人认为行政机关不履行法定职责申请行政复议，行政复议机关受理后发现该行政机关没有相应法定职责或者在受理前已经履行法定职责的；（二）受理行政复议申请后，发现该行政复议申请不符合行政复议法和本条例规定的受理条件的。上级行政机关认为行政复议机关驳回行政复议申请的理由不成立的，应当责令其恢复审理。"

由于行政复议既能审查行政行为的合法性，又能审查行政行为的合理性，所以只要复议机关尽职尽责，当事人的合法诉求大都能够满足，无需提起行政诉讼。当然，如果当事人仍然不服行政复议决定，有权提起行政诉讼。根据本法第26条的规定，经复议的案件，复议机关决定维持原行政行为的，作出原行政行为的行政机关和复议机关是共同被告；复议机关改变原行政行为的，复议机关是被告。复议机关在法定期限内未作出复议决定，公民、法人或者其他组织起诉原行政行为的，作出原行政行为的行政机关是被告，起诉复议机关不作为的，复议机关是被告。

二、关于复议期间

本条规定，复议机关逾期不作决定的，申请人可以在复议期满之日起十五日内向人民法院提起诉讼。对于是否"逾期"，需要结合行政复议法规定的复议期间来认定。行政复议法第 31 条规定，行政复议机关应当自受理申请之日起六十日内作出行政复议决定；但是法律规定的行政复议期限少于六十日的除外。情况复杂，不能在规定期限内作出行政复议决定的，经行政复议机关的负责人批准，可以适当延长，并告知申请人和被申请人；但是延长期限最多不超过三十日。"情况复杂"的情形包括：（1）申请人或者第三人提出新的证据，而该证据需要重新鉴定、勘验或者补充，经行政复议机关同意，而申请人或者第三人的这些工作无法在六十日内完成的；（2）行政复议机关有必要对被申请人行政行为认定的事实作进一步的核查，在六十日内无法完成的；（3）行政复议案件涉及人数较多，涉及面较广；（4）申请人对行政行为的依据提出审查要求，或者行政复议机关认为行政行为的依据不合法的，负责对该依据进行处理的国家机关没有在规定期限内作出处理决定的；（5）其他复杂情形。

另外，此次修改，对比原法 38 条删去了第 1 款，即"公民、法人或者其他组织向行政机关申请复议的，复议机关应当在收到申请书之日起两个月内作出决定。法律、法规另有规定的除外。"主要原因是后来制定的行政复议法对此作了修正，有了更明确和具体的规定，行政诉讼法无需再作规定。

● **相关规定**

《中华人民共和国行政复议法》第 28 条、第 31 条；《中华人民共和国行政复议法实施条例》第 48 条。

第四十六条 公民、法人或者其他组织直接向人民法院提起诉讼的，应当自知道或者应当知道作出行政行为之日起六个月内提出。法律另有规定的除外。

因不动产提起诉讼的案件自行政行为作出之日起超过二十年，其他案件自行政行为作出之日起超过五年提起诉讼的，人民法院不予受理。

☞ 条文主旨

本条是关于直接起诉的一般起诉期限的规定。

☞ 立法背景

起诉期限是当事人向法院提起诉讼，并获法院受理的期间，是起诉条件之一。起诉如无正当事由超过起诉期限，当事人则丧失诉权，法院将不再受理。确定起诉期限的目的是督促当事人及时启动权利救济程序，避免行政法律关系长期处于不确定状态。

☞ 条文解读

一、将起诉期限由三个月改为六个月

本条将公民、法人或者其他组织直接向人民法院提起诉讼的起诉期限由原法规定的三个月调整为六个月，这是此次修改的重要内容之一。原法第 39 条规定，公民、法人或者其他组织直接向人民法院提起诉讼的，应当在知道作出具体行政行为之日起三个月内提出，法律另有规定的除外。此次修改过程中，有些意见提出，行政诉讼的起诉期限只有三个月，当事人很容易因超过起诉期限而失去请求法院救济的权利，应当适当延长起诉期限。同时，也有一些意见认为，行政行为涉及社会公共利益或国家利益，如果相应社会关系长时间不确定，可能造成社会公共利益或国家利益的损失。综合各方面考量，立法机关将三个月的起诉期限延长至六个月，这既有利于保护当事人诉权的实现，又不至于过分影

响行政效率。

六个月的起算点是"自知道或者应当知道作出行政行为之日",这一规定是对原法规定的"知道作出具体行政行为之日"的完善。一般情况下,行政机关作出行政行为都有相应的文书,如处罚决定、许可证照、确权证、征收决定等,在此情况下,行政机关完成送达程序,就属于"知道"或者"应当知道"。特殊情况下,需要结合常理和相关证据作出具体认定。"作出行政行为"包含两个要素,一是作出的主体,二是行政行为的内容。

相对于六个月的一般起诉期限,本条还规定了特殊起诉期限,即"法律另有规定的除外"。专利法第46条规定:"专利复审委员会对宣告专利权无效的请求应当及时审查和作出决定,并通知请求人和专利权人。宣告专利权无效的决定,由国务院专利行政部门登记和公告。对专利复审委员会宣告专利权无效或者维持专利权的决定不服的,可以自收到通知之日起三个月内向人民法院起诉。"土地管理法第16条规定:"土地所有权和使用权争议,由当事人协商解决;协商不成的,由人民政府处理。单位之间的争议,由县级以上人民政府处理;个人之间、个人与单位之间的争议,由乡级人民政府或者县级以上人民政府处理。当事人对有关人民政府的处理决定不服的,可以自接到处理决定通知之日起三十日内,向人民法院起诉。"水污染防治法第84条规定:"当事人对行政处罚决定不服的,可以申请行政复议,也可以在收到通知之日起十五日内向人民法院起诉"。集会游行示威法第31条规定:"当事人对公安机关依照本法第二十八条第二款或者第三十条的规定给予的拘留处罚决定不服的,可以自接到处罚决定通知之日起五日内,向上一级公安机关提出申诉,上一级公安机关应当自接到申诉之日起五日内作出裁决;对上一级公安机关裁决不服的,可以自接到裁决通知之日起五日内,向人民法院提起诉讼。"

二、关于最长诉讼保护期限

最长诉讼保护期限,是指公民、法人或其他组织不知道行政

128

机关作出行政行为内容时的起诉期限。正常情况下，行政机关作出行政行为，应当告知相对人行政行为的内容，以期得到相对人的配合或者履行，实现行政行为的目的。但实践中也有不少案件，由于行政机关作出行政行为时没有告知相对人及利害关系人以及其他方面的原因，导致相对人及利害关系人迟迟不知道已作出行政行为。在此情况下，如果因为当事人无法"知道或者应当知道"而无法开始计算起诉期限，就会导致行政法律关系无限期的处于不稳定状态。为了解决这一问题，有必要确定一个最长保护期限，即作出的行政行为到某一时间点后，不论当时人是否知道或者应当知道，都不能再提起诉讼。本条规定，因不动产提起诉讼的案件自行政行为作出之日起超过二十年，其他案件自行政行为作出之日起超过五年提起诉讼的，人民法院不予受理，就是基于此而设定的最长起诉期限。最长二十年的起诉期限，参考了民法的有关规定。民法通则第 137 条规定，诉讼时效期间从知道或者应当知道权利被侵害时起计算，但是从权利被侵害之日起超过二十年的，人民法院不予保护。

◐ 相关规定

《中华人民共和国专利法》第 46 条；《中华人民共和国土地管理法》第 16 条；《中华人民共和国水污染防治法》第 84 条；《中华人民共和国集会游行示威法》第 31 条；《中华人民共和国民法通则》第 137 条。

第四十七条 公民、法人或者其他组织申请行政机关履行保护其人身权、财产权等合法权益的法定职责，行政机关在接到申请之日起两个月内不履行的，公民、法人或者其他组织可以向人民法院提起诉讼。法律、法规对行政机关履行职责的期限另有规定的，从其规定。

公民、法人或者其他组织在紧急情况下请求行政机关履行保护其人身权、财产权等合法权益的法定职责，行政机关不履行的，提起诉讼不受前款规定期限的限制。

▶ 条文主旨

本条是关于行政机关不履行法定职责的起诉期限的规定。

▶ 立法背景

实践中，因行政机关不履行法定职责而给当事人带来权益损害的情况比较常见，有必要给当事人提供救济渠道。履行法定职责需要一定的期限，对行政机关不履行职责提起诉讼，需要在这一期限届满之后方可。

▶ 条文解读

不履行法定职责，是负有法定职责的行政机关，在行政相对人提出申请后，拒绝履行、拖延履行或者不完全履行，从而使得相对人权益得不到保护的违法状态。构成不履行法定职责案件，一般需要符合以下三个条件：一是，行政机关负有法定职责。不履行法定职责案件中，被告必定存在法律、法规授予的职责，如果没有相应授权，行政机关不履行法定职责便无从谈起。二是，行政相对人提出申请。三是，行政机关有履行能力而未履行。有履行能力指的是行政机关于行政相对人提出申请时，能够作出相应行政行为，而不具备不可抗力以及事实履行不能的情况。例如，遇地震、洪灾，一定期限内客观条件不允许，可以成为排除不履行法定职责的事由。

对于行政机关不履行法定职责提起诉讼，本条规定了两个月的起诉期限，这一期限主要针对法律、法规中没有对行政机关履行职责的期限作出规定的情形。如果法律、法规对行政机关履行职责的期限另有规定的，从其规定。如政府信息公开条例第 24 条规定，行政机关收到政府信息公开申请，不能当场答复的，应当自收到申请之日起十五个工作日内予以答复；如需延长答复期限的，应当经政府信息公开工作机构负责人同意，并告知申请人，延长答复的期限最长不得超过十五个工作日。因此，对于行政机关拒不回复的，最长三十个工作日起便可对行政机关不答复的行为提起诉讼。

为了更好地保护行政相对人的合法权益，考虑到现实中的一些特殊情况，本条还规定对于在紧急情况下请求行政机关履行保护其人身权、财产权等合法权益的法定职责，行政机关不履行的，起诉期限不受两个月的限制。例如公民请求公安机关制止歹徒正在进行的不法侵害、请求灭火等，此时如果公安机关没有立即采取措施的，公民、法人或者其他组织可以立即向人民法院起诉，法院应当予以受理。

● 相关规定

《中华人民共和国政府信息公开条例》第24条。

第四十八条 公民、法人或者其他组织因不可抗力或者其他不属于其自身的原因耽误起诉期限的，被耽误的时间不计算在起诉期限内。

公民、法人或者其他组织因前款规定以外的其他特殊情况耽误起诉期限的，在障碍消除后十日内，可以申请延长期限，是否准许由人民法院决定。

● 条文主旨

本条是关于起诉期限扣除和延长的规定。

● 立法背景

起诉期限是一个不变期间，一般情况下，对于超过起诉期限的案件，法院不再受理。但实践中导致超过起诉期限的原因非常

131

多也比较复杂，有的是主观、客观原因，有的是自身或者他人原因。为了更好的保障当事人诉权，有必要规定起诉期限扣除和延长制度。原法第 40 条规定："公民、法人或者其他组织因不可抗力或者其他特殊情况耽误法定期限的，在障碍消除后的十日内，可以申请延长期限，由人民法院决定。"有关司法解释规定："由于不属于起诉人自身的原因超过起诉期限的，被耽误的时间不计算在起诉期间内。因人身自由受到限制而不能提起诉讼的，被限制人身自由的时间不计算在起诉期间内。"本条是在这些内容的基础上，综合各方面的意见作出的规定。

◖ 条文解读

一、关于起诉期限扣除

本条第 1 款规定，公民、法人或者其他组织因不可抗力或者其他不属于其自身的原因耽误起诉期限的，被耽误的时间不计算在起诉期限内。与原法规定相比，因不可抗力或者其他不属于其自身的原因耽误起诉期限的，不再由法院决定是否能够延长，而是直接从起诉期限中予以扣除。其中，不可抗力，是指相对人不能预见、不能避免、无力克服的事由，如地震，洪灾以及台风、冰冻等气象灾害等。最高人民法院曾明确，公民、法人或者其他组织因低温雨雪冰冻灾害耽误法定起诉期限，应当认定属于不可抗力，低温雨雪冰冻灾害的起止时间，原则上应当以当地气象部门的认定为准。其他不属于其自身的原因主要是不可抗力之外的其他客观原因，如病重而在一定时间内无法正确表达意志等。

二、关于期限延长

本条第 2 款规定，公民、法人或者其他组织因其他特殊情况耽误起诉期限的，在障碍消除后的十日内，可以申请延长期限，是否准许由人民法院决定。这一规定，是在扣除期限基础上，对当事人诉权的进一步保护。由于实践情况千变万化，是否属于"其他特殊情况"最终交由法院在个案中加以认定。为方便法院认定，原告在提出申请时应当提供相应证据。

三、关于起诉期限与诉讼时效的关系

行政诉讼法规定的起诉期限与民法上的诉讼时效类似。诉讼时效有中止和中断的情形。民法通则第 139 条规定："在诉讼时效期间的最后六个月内，因不可抗力或者其他障碍不能行使请求权的，诉讼时效中止。从中止时效的原因消除之日起，诉讼时效期间继续计算。"诉讼时效因提起诉讼、当事人一方提出要求或者同意履行义务而中断，从中断时起，诉讼时效期间重新计算。因此，有观点认为行政诉讼的起诉期限也应该适用中止、中断，甚至有的观点将起诉期限等同于诉讼时效，如果行政相对人在法定期间内不断向行政机关申诉、向上级行政机关控告、主张权利等的，起诉期限应当中断。实际上，行政诉讼法之所以用起诉期限的概念就是为了区别于民法上的诉讼时效。二者在理论基础上有共通之处，但却是两种独立制度。在实践中，行政诉讼中起诉期限的扣除、延长应该按照本条规定适用，不宜简单类比民法上的诉讼时效。

◖ **相关规定**

《中华人民共和国民法通则》第 139 条。

第四十九条　提起诉讼应当符合下列条件：

（一）原告是符合本法第二十五条规定的公民、法人或者其他组织；

（二）有明确的被告；

（三）有具体的诉讼请求和事实根据；

（四）属于人民法院受案范围和受诉人民法院管辖。

◖ **条文主旨**

本条是关于起诉条件的规定。

立法背景

起诉权是法律赋予公民、法人或者其他组织的一项重要诉讼权利。对于起诉权，包括法院在内的任何国家机关都应予尊重和保障。同时，起诉权的行使也要符合一定的条件，以便将那些不必通过诉讼或者通过诉讼无法解决的行政争议过滤掉。本条列举了提起诉讼需要符合的四项条件，但这并不是说提起诉讼的全部条件。提起诉讼，除了满足本条的有关规定外，还要符合起诉期限等其他条件。

条文解读

一、原告适格

本条第1项规定的条件主要是指起诉人应当具有起诉资格。根据本法第25条规定，起诉人应当是行政行为相对人以及其他与行政行为有利害关系的公民、法人或者其他组织；有权提起诉讼的公民死亡，起诉人可以是其近亲属；有权提起诉讼的法人或者其他组织终止，起诉人可以是承受其权利的法人或者其他组织。

"有利害关系的公民、法人或者其他组织"是指有关行政行为可能侵害其合法权益公民、法人或者其他组织。《最高人民法院关于执行〈中华人民共和国行政诉讼法〉若干问题的解释》第12条规定："与具体行政行为有法律上利害关系的公民、法人或者其他组织对该行为不服的，可以依法提起行政诉讼。"在原告资格上使用了"法律上利害关系"的概念。该司法解释第13条还规定："有下列情形之一的，公民、法人或者其他组织可以依法提起行政诉讼：（一）被诉的具体行政行为涉及其相邻权或者公平竞争权的；（二）与被诉的行政复议决定有法律上利害关系或者在复议程序中被追加为第三人的；（三）要求主管行政机关依法追究加害人法律责任的；（四）与撤销或者变更具体行政行为有法律上利害关系的。"在修改过程中，就使用"法律上利害关系"还是"利害关系"有不同观点,多数意见认为,在法律中规定的"利害关系"无论是否有"法律上"的前缀,实际上都是法律上的利害关系,故仅规定"有利害关系"即可。

当然,实践中原告资格的判断和认定比较复杂,有些案件在立案阶段很难把相关问题都弄清楚,需要在审理过程中进一步研究和判断。从保障当事人诉权的角度出发,在此情况下不宜以起诉人不具有原告资格为由不予受理,比较稳妥的做法是先将案件受理,待进入案件审理阶段后进一步研究和判断。

二、有明确的被告

本条第 2 项所列的起诉条件是"有明确的被告"。所谓明确,就是指原告所诉被告清楚、具体、可以指认。由此可以看出,在立案审查时对所列被告要求并不高,只要原告起诉时,所诉被告具体、明确,同时符合其他起诉条件就应当立案受理。

当然,作为原告,在起诉状中列明被告时应尽量准确。根据有关司法解释的规定,当事人不服经上级行政机关批准的具体行政行为,向人民法院提起诉讼的,应当以在对外发生法律效力的文书上署名的机关为被告。行政机关组建并赋予行政管理职能但不具有独立承担法律责任能力的机构,以自己的名义作出行政行为,当事人不服提起诉讼的,应当以组建该机构的行政机关为被告。行政机关的内设机构或者派出机构在没有法律、法规或者规章授权的情况下,以自己的名义作出行政行为,当事人不服提起诉讼的,应当以该行政机关为被告。法律、法规或者规章授权行使行政职权的行政机关内设机构、派出机构或者其他组织,超出法定授权范围实施行政行为,当事人不服提起诉讼的,应当以实施该行为的机构或者组织为被告。行政机关在没有法律、法规或者规章规定的情况下,授权其内设机构、派出机构或者其他组织行使行政职权的,应当视为委托。当事人不服提起诉讼的,应当以该行政机关为被告。复议机关在法定期间内不作复议决定,当事人对原行政行为不服提起诉讼的,应当以作出原行政行为的行

135

政机关为被告；当事人对复议机关不作为不服提起诉讼的，应当以复议机关为被告。

三、有具体的诉讼请求和事实根据

由于行政诉讼是当事人对行政行为不服提起的诉讼，因此，具体的诉讼请求应当指向有关行政行为。同时，如果当事人还有附带赔偿诉讼或者附带民事诉讼的，还应当要求当事人提出具体赔偿数额等请求。审查过程中，如果当事人确系法律知识欠缺，法官可以给当事人必要的指导、释明。

关于起诉条件中的事实根据问题，按照有关司法解释的规定，当事人一般能够证明行政行为存在即可。这里主要是证明行政行为存在的事实根据，一般不包括其他诉讼请求的事实根据。证明行政行为存在的事实根据可以是行政决定书等直接证据，也可以是能够证明存在被诉行政行为的间接证据，法院不能简单以没有行政行为的书面法律文件为由拒绝受理案件。

四、属于法院受案范围和受诉法院管辖

属于法院受案范围和受诉法院管辖，就是要求起诉人"确定好对的事""找到对的门"。本法第12条第1款列举规定了12项可以提起行政诉讼的事项："（一）对行政拘留、暂扣或者吊销许可证和执照、责令停产停业、没收违法所得、没收非法财物、罚款、警告等行政处罚不服的；（二）对限制人身自由或者对财产的查封、扣押、冻结等行政强制措施和行政强制执行不服的；（三）申请行政许可，行政机关拒绝或者在法定期限内不予答复，或者对行政机关作出的有关行政许可的其他决定不服的；（四）对行政机关作出的关于确认土地、矿藏、水流、森林、山岭、草原、荒地、滩涂、海域等自然资源的所有权或者使用权的决定不服的；（五）对征收、征用决定及其补偿决定不服的；（六）申请行政机关履行保护人身权、财产权等合法权益的法定职责，行政机关拒绝履行或者不予答复的；（七）认为行政机关侵犯其经营自主权或者农村土地承包经营权、农村土地经营权的；（八）认为行政机关

滥用行政权力排除或者限制竞争的；（九）认为行政机关违法集资、摊派费用或者违法要求履行其他义务的；（十）认为行政机关没有依法支付抚恤金、最低生活保障待遇或者社会保险待遇的；（十一）认为行政机关不依法履行、未按照约定履行或者违法变更、解除政府特许经营协议、土地房屋征收补偿协议等协议的；（十二）认为行政机关侵犯其他人身权、财产权等合法权益的。"第2款对可诉范围作了衔接性规定，即其他法律、法规规定可以提起诉讼的行政案件。"属于人民法院受案范围"，即应当符合本法第12条的规定。本法第三章规定了管辖制度，包括级别管辖、地域管辖、指定管辖等，"属于受诉人民法院管辖"即应当符合本法第三章的规定。

除此之外，本法的其他一些规定也是起诉条件。如本法第44条规定，法律、法规规定应当先向行政机关申请复议，对复议决定不服再向人民法院提起诉讼的，依照法律、法规的规定。第46条规定，公民、法人或者其他组织直接向人民法院提起诉讼的，应当自知道或者应当知道作出行政行为之日起六个月内提出。法律另有规定的除外。这些虽然没有在本条列明，但当事人在起诉时也应当符合这些条件。

● **相关规定**

《最高人民法院关于执行〈中华人民共和国行政诉讼法〉若干问题的解释》第12条、第13条。

第五十条 起诉应当向人民法院递交起诉状，并按照被告人数提出副本。

书写起诉状确有困难的，可以口头起诉，由人民法院记入笔录，出具注明日期的书面凭证，并告知对方当事人。

条文主旨

本条是关于起诉方式的规定。

立法背景

原法没有规定起诉方式。此次修改增加了关于起诉状和口头起诉的规定，主要是为了方便案件审理，同时兼顾部分当事人的实际能力。根据本条规定，原告起诉有两种方式：一为书面方式；二为口头方式。

条文解读

一、起诉状

起诉状是原告向人民法院提起诉讼时，用书面形式提出自己的诉讼请求和诉讼理由，从而引起诉讼程序发生的一种诉讼文书。行政诉讼法没有对起诉状的内容作规定，实践中可参照民事诉讼法的有关规定。民事诉讼法第 121 条规定："起诉状应当记明下列事项：（一）原告的姓名、性别、年龄、民族、职业、工作单位、住所、联系方式，法人或者其他组织的名称、住所和法定代表人或者主要负责人的姓名、职务、联系方式；（二）被告的姓名、性别、工作单位、住所等信息，法人或者其他组织的名称、住所等信息；（三）诉讼请求和所根据的事实与理由；（四）证据和证据来源，证人姓名和住所。"根据本条规定，除向法院递交起诉状外，还要按照被告人数提出副本。所谓起诉状副本，即与起诉状内容相同的文本，是相对于提交给法院的起诉状而言的，副本可以通过抄写、打印、复印等形式制作，并明确"副本"字样。

二、口头起诉

两种方式中以书面方式为主，只有在起诉人"书写起诉状确有困难"的情况下，为便利其行使诉权才允许口头起诉。"书写起诉状确有困难"，主要是指原告因文化水平或者法律知识十分欠缺

所造成的自行书写起诉状确有困难的情形，同时也包括在原告无
诉讼行为能力时，其法定代理人因类似原因而造成的书写起诉状
确有困难的情形。

● **相关规定**

《中华人民共和国民事诉讼法》第 121 条。

第五十一条 人民法院在接到起诉状时对符合本法
规定的起诉条件的，应当登记立案。

对当场不能判定是否符合本法规定的起诉条件的，
应当接收起诉状，出具注明收到日期的书面凭证，并在
七日内决定是否立案。不符合起诉条件的，作出不予立
案的裁定。裁定书应当载明不予立案的理由。原告对裁
定不服的，可以提起上诉。

起诉状内容欠缺或者有其他错误的，应当给予指导
和释明，并一次性告知当事人需要补正的内容。不得未
经指导和释明即以起诉不符合条件为由不接收起诉状。

对于不接收起诉状、接收起诉状后不出具书面凭证，
以及不一次性告知当事人需要补正的起诉状内容的，当
事人可以向上级人民法院投诉，上级人民法院应当责令
改正，并对直接负责的主管人员和其他直接责任人员依
法给予处分。

● **条文主旨**

本条是关于登记立案的规定。

● **立法背景**

党的十八届四中全会通过的《中共中央关于全面推进依法治

国若干重大问题的决定》提出，改革法院案件受理制度，变立案审查制为立案登记制，对人民法院依法应该受理的案件，做到有案必立、有诉必理，保障当事人诉权。本条规定是落实这一精神的具体体现。

解决行政诉讼面临的"立案难、审理难、执行难"问题是行政诉讼法此次修改的重点，其中解决"立案难"又是重中之重。行政诉讼法根据我国国情和现阶段的法治发展程度，设计了符合实际的行政案件受案范围，这是人民法院受理行政诉讼案件的法定依据。可是在司法实践过程中，有些法院在收取立案材料后消极应对，既不受理也不出具裁定；有的收到立案材料拒开收据，使原告无法证明已经向该法院行使过诉权；有的口头答复"回去等消息"等进行敷衍。上述行为在客观上都造成行政诉讼立案难。为了破解立案难，保护当事人诉讼权利，最高人民法院曾专门出台文件，要求各级人民法院要全面准确理解和适用有关受案范围的规定，不得以任何借口随意限制受案范围。要坚决清除限制行政诉讼受理的各种"土政策"，严禁以服务地方中心工作、应对金融危机等为借口，拒绝受理某类依法应当受理的行政案件。要准确理解、严格执行行政诉讼法和相关司法解释关于起诉条件、诉讼主体资格、起诉期限的规定，不得在法律规定之外另行规定限制当事人起诉的其他条件。要正确处理起诉权和胜诉权的关系，不能以当事人的诉讼请求明显不成立而限制或者剥夺当事人的诉讼权利。最高人民法院的这些努力，起到一定积极效果，但从近些年来的受案量和社会积累的行政争议数量对比来看，还是有大量行政争议被挡在法院大门之外，立案难的问题尚未得到比较好的解决。因此，有必要在制度上对立案环节进行完善，为最终解决立案难创造制度条件。

🔴 **条文解读**

一、本条的主要修改内容

针对不予立案的情况，原法在制度上有相应的救济措施。依

140

照原法及 2000 年《最高人民法院关于执行〈中华人民共和国行政诉讼法〉若干问题的解释》的规定，法院接到起诉状，经审查，应当在七日内立案或者作出裁定不予受理。原告对裁定不服的，可以提起上诉。法院应当组成合议庭对原告的起诉进行审查。符合起诉条件的，应当在七日内立案；不符合起诉条件的，应当在七日内裁定不予受理。七日内不能决定是否受理的，应当先予受理；受理后经审查不符合起诉条件的，裁定驳回起诉。受诉人民法院在七日内既不立案，又不作出裁定的，起诉人可以向上一级人民法院申诉或者起诉。上一级人民法院认为符合受理条件的，应予受理；受理后可以移交或者指定下级人民法院审理，也可以自行审理。相关期限从受诉人民法院收到起诉状之日起计算；因起诉状内容欠缺而责令原告补正的，从人民法院收到补正材料之日起计算。

但在实践中，有些法院采取了一些手段加以规避。如有的法院拒绝立案，并拒收当事人起诉材料，导致起诉人难以向上一级法院证明受诉法院不予立案的行为。为了贯彻落实党的十八届四中全会有关"有案必立、有诉必理，保障当事人诉权"的精神，推进立案改革，在充分听取各方面意见的基础上，本法对行政诉讼立案环节作了修改。

一是，法院在接到起诉状时对符合本法规定的起诉条件的，应当登记立案。起诉人只要满足本法第 49 条的规定以及在起诉期限内、实行复议前置的已经进行过复议等条件，法院就应当当场立案。对于是否符合本法规定的起诉条件的审查，应当是初步的、形式上的。立案后，一般要发给当事人立案通知书。今后，法院在立案环节应当按照登记制的方向来操作，以对起诉状的形式审查为中心，使得绝大部分案件能够在当事人提交起诉状时，当场得到立案。对法院来讲，严格执行法律是职责所在，不应在法律之外去考虑立案之后能不能审的了、能不能执行等因素。

二是，对当场不能判定是否符合本法规定的起诉条件的，应当接收起诉状，出具注明收到日期的书面凭证，并在七日内决定是否立案；不符合起诉条件的，作出不予立案的裁定，裁定书应当载明不予立案的理由，原告对裁定不服的，可以提起上诉。这里的"书面凭证"主要是证明当事人来法院起诉过、法院接收了起诉状。这里的"七日"是限制法院的期间，以防止"久立不决"。不符合起诉条件的，作出不予立案的裁定。

三是，起诉状内容欠缺或者有其他错误的，应当给予指导和释明，并一次性告知当事人需要补正的内容。不得未经指导和释明即以起诉不符合条件为由不接收起诉状。这样规定的目的是防止法院以起诉状内容欠缺或者存在其他错误为由，不断要求当事人补正，变相拒绝立案。经指导和释明，当事人能够立即补正的，法院应当当场立案，不能立即补正的，应当详细告知当事人需要补正的内容，达到一次性告知的要求。

二、相关法律责任

为了保证法院工作人员严格按照法律规定做好立案工作，本条特别规定了相应的法律责任。对于不接收起诉状、接到起诉状后不出具书面凭证，以及不一次性告知当事人补正起诉状的全部内容的，当事人可以向上级人民法院投诉，上级人民法院应当责令改正，并对直接负责的主管人员和其他直接责任人员依法给予处分。依照法官法第34条规定，处分分为：警告、记过、记大过、降级、撤职、开除。受撤职处分的，同时降低工资和等级。按照最高人民法院颁布的《人民法院工作人员处分条例》的规定，擅自对应当受理的案件不予受理，或者对不应当受理的案件违法受理的，给予警告、记过或者记大过处分；情节较重的，给予降级或者撤职处分；情节严重的，给予开除处分。第7条规定："受处分的期间为：（一）警告，六个月；（二）记过；十二个月；（三）记大过，十八个月；（四）降级、撤职，二十四个月。"受处分期间不得晋升职务、级别，其中，受记过、记大过、降级、

撤职处分的，不得晋升工资档次；受撤职处分的，应当按照规定
降低级别。

🔴 相关规定

《中华人民共和国法官法》第 34 条；《人民法院工作人员处分条例》第 7 条、第 8 条、第 29 条。

第五十二条 人民法院既不立案，又不作出不予立案裁定的，当事人可以向上一级人民法院起诉。上一级人民法院认为符合起诉条件的，应当立案、审理，也可以指定其他下级人民法院立案、审理。

🔴 条文主旨

本条是关于法院不立案向上一级法院起诉的规定。

🔴 立法背景

原法第 42 条规定："人民法院接到起诉状，经审查，应当在七日内立案或者作出裁定不予受理。原告对裁定不服的，可以提起上诉。"但在司法实践中，有些法院由于种种原因对一些应当立案的案件拒不立案，同时，为了防止原告对不予立案裁定上诉，便不作出不予立案裁定，导致当事人告状无门。为了保障当事人诉权，此次修改，根据各方面提出的意见，对立案程序进行了调整。

🔴 条文解读

一是，本条规定，上一级人民法院认为符合起诉条件的，应当立案、审理，也可以指定其他下级人民法院立案、审理。这改变了先由上一级人民法院受理，然后可以移交或者指定下级法院审理的做法。这样，上一级法院在认为符合起诉条件的，可以让

下级法院立案。

二是，既不立案又不作出不予立案裁定的法院，不能再被上一级法院指定审理该案件。下级法院既不立案又不作出不予立案裁定，是明显违反了行政诉讼法的规定，对当事人而言，便难以相信其还能持公正立场审理该案，难以期望其能够作出公正的判决。因此，本条规定"可以指定其他下级人民法院立案、审理"。

第五十三条　公民、法人或者其他组织认为行政行为所依据的国务院部门和地方人民政府及其部门制定的规范性文件不合法，在对行政行为提起诉讼时，可以一并请求对该规范性文件进行审查。

前款规定的规范性文件不含规章。

☛ 条文主旨

本条是关于对有关规范性文件进行附带审查的规定。

☛ 立法背景

根据我国宪法和有关法律的规定，行政机关有权制定规范性文件，具体权限是：国务院根据宪法和法律，有权发布决定和命令；国务院各部、委员会根据法律和国务院的行政法规、决定、命令，在本部门的权限内，发布命令、指示和规章；县级以上地方各级人民政府可以规定行政措施，发布决议和命令；省、自治区、直辖市以及省、自治区的人民政府所在地的市和经国务院批准的市的人民政府，还可以根据法律和国务院的行政法规制定行政规章。乡、民族乡、镇的人民政府执行本级人民代表大会的决议和上级国家行政机关的决定和命令，发布决定和命令。

规范性文件作为行政机关行使行政权的一种方式，对加强行

144

政管理，完善行政法制和提高行政效率，是必要的。但是，也应当看到规范性文件在实践中也还存在一些问题，损害了公民的合法权益，影响了法制的权威和统一。如规范性文件之间发生冲突的现象时有发生；一些部门、地方受利益驱动，通过制定规范性文件抢权力、争利益，乱发文件，违法规定审批、发证、罚款、收费，严重损害了公民的权利，群众反映强烈。

在修改过程中，对于是否规定对规范性文件的附带审查，存在一些不同意见。一种意见认为，法院不能对规范性文件进行审查。一是，按照宪法和有关法律规定，县级以上各级人民政府有权撤销所属部门和下级人民政府不适当的决定、命令；国务院和各省、自治区、直辖市还就行政机关发布的决定、命令等文件的审查制度作了具体规定。只要县级以上人民政府严格履行职责，抽象行政行为存在的问题是可以解决的。二是，规范性文件不是针对具体的人作出的，不会直接侵害个人的权利，它只有通过行政行为才会产生危害后果，因此，公民通过对行政行为的救济，就可以保护自己的合法权益。另一种意见认为，规范性文件是行政行为的依据和源头，要纠正违法和不当的行政行为，有必要正本清源，从源头开始审查和纠正；现行制度中对规范性文件的监督机制虽然存在，但是没有很好地发挥作用。一些地方、部门乱发文件、乱收费、乱集资，以权谋私等侵犯公民利益的问题严重，公民的合法权利无法得到保障。允许由法院对规范性文件进行附带审查，是社会进步的标志。立法机关经过反复研究论证，规定了规范性文件的附带审查制度。

☛ 条文解读

一、对哪些规定可以提出审查请求

行政机关制定的具有普遍约束力的规定的范围很广，包括国务院制定的行政法规、规章以及规章以下规范性文件。但是，纳入复议审查的只是规章以下的规范性文件，排除了对行政法规和规章的复议审查。这是考虑到行政法规是由国务院制定的，层次较高，根据有关法律的规定，对国务院制定的行政法规、决定和命令，只能由全国人大常委会行使撤销权。规章是由国务院部门、省级人民政府和省会所在地的市人民政府以及国务院批准的较大市的人民政府制定的，根据国务院法规规章备案规定，有比较严格的备案审查制度，通过备案审查也能解决问题。现在出现问题多的是规章以下的规范性文件。因此，本条规定公民、法人或者其他组织认为规章以下的规范性文件合法的，才可以提出审查请求，没有规定可以对行政法规和规章根据申请复议审查。规章以下的规定性文件指本条所列举的国务院部门的规范性文件、地方各级人民政府及其工作部门的规范性文件以及乡、镇人民政府的规定。

二、公民、法人或者其他组织认为规定不合法的，如何提出审查申请

行政机关制定的具有普遍约束力的规定是对不特定的人或事作出的，如果不具体适用到具体的人或事，它并不能产生现实的危害，公民、法人或其他组织如果认为它们违反了法律，可以通过其他途径提出和解决。本法规定能够提出审查请求的只是受依据该规范性文件作出的行政行为影响的公民、法人或者其他组织。这样规定也能够避免行政机关陷入不断的纠纷之中。此外，公民、法人或者其他组织还不能单独就规范性文件提出审查请求，必须是在对行政行为提起诉讼时一并提出。

● **相关规定**

《中华人民共和国宪法》第 90 条。

第七章　审理和判决

第一节　一般规定

第五十四条　人民法院公开审理行政案件，但涉及国家秘密、个人隐私和法律另有规定的除外。

涉及商业秘密的案件，当事人申请不公开审理的，可以不公开审理。

条文主旨

本条是关于公开审理原则的规定。

立法背景

本条是在原法第 45 条的基础上修改，依据民事诉讼法的有关规定，增加了第 2 款关于申请不公开审理的内容。

条文解读

根据新法第 7 条的规定，人民法院审理行政案件依法实行公开审判制度，本条规定的公开审理为原则、不公开审理为例外是公开审判制度的具体实施。根据本条规定，除涉及国家秘密、个人隐私和法律另有规定的之外，所有行政案件的审理一律公开进行。但是，也有一些涉及商业秘密的行政案件，当事人申请不公开审理的，可以不公开审理。

一、公开审理原则

开庭审理根据是否向群众和社会公开，分为公开审理和不公开审理。根据本条规定的公开审理为原则、不公开审理为例外，公开审理也就成为开庭审理的主要形式。通过公开审理行政案件，能够保障群众和社会对人民法院审判活动的监督，增强审判人员依法办案的自觉性，提高审判质量，也有利于当事人更好地行使诉讼权利，维护自己的合法权益，从而有助于行政争议的公正解决。同时还可以加强法制宣传，教育案外的公民、法人和其他组织自觉守法。

所谓公开审理，是指人民法院开庭审理行政案件的各种诉讼活动，除了合议庭评议之外，一律公开进行。不仅对当事人和其他诉讼参与人公开，还要对群众和社会公开。公开审理主要有两层含义：一是行政案件的审理必须在当事人和其他诉讼参与人的参加下进行。二是行政案件的审判过程，包括审理过程和宣告判决的过程都应当允许群众旁听，并允许新闻记者对庭审过程作采访和报道，将案件向社会披露。

为此，人民法院应当在开庭审理前将行政案件审理的相关信息予以公告，公告应当包括案由、当事人姓名或名称、开庭时间和地点，便于接受群众和社会的监督。

二、法定不公开审理的例外情形

在特殊情形下，公开审理可能会对当事人造成消极影响，不利于保护当事人的合法权益，甚至可能对国家利益、社会公共利益造成难以弥补的损失。因此，新法规定的公开审理原则也存在以下几种法定例外情形：

一是涉及国家秘密的行政案件。根据保守国家秘密法的规定，国家秘密是关系国家安全和利益，依照法定程序确定，在一定时间内只限一定范围的人员知悉的事项。凡是涉及国家秘密的行政案件一律不公开审理，以免国家秘密泄露，给国家安全和利益造成损害。

二是涉及个人隐私的行政案件。所谓个人隐私，是指公民个人生活中不愿意为别人知晓和干预的秘密，主要包括私人生活安宁不受他人非法干扰，私人信息保密不受他人非法搜集、刺探和公开等。例如，行政案件中涉及公民个人感情或者家庭私生活等不愿意公开的信息的，应当不公开审理，避免因为案件审理给当事人带来消极后果，侵犯其合法的个人隐私权益。

三是法律另有规定的其他行政案件。如果是属于法律规定的不公开审理的其他行政案件，也可以依法不公开审理。例如，新法第86条规定："人民法院对上诉案件，应当组成合议庭，开庭审理。经过阅卷、调查和询问当事人，对没有提出新的事实、证据或者理由，合议庭认为不需要开庭审理的，也可以不开庭审理。"公开审理与不公开审理是开庭审理时的两种审理形式，依法可以不开庭审理，也就无所谓公开审理或者不公开审理。

三、依申请不公开审理的例外情形

有些特殊情形下，公开审理可能会对当事人造成消极影响，不利于保护当事人的合法权益，但一概由法律规定为不公开审理又可能造成范围过宽、难以界定。因此，新法规定了依当事人申请不公开审理的例外情形。

涉及商业秘密的案件，可以公开审理，当事人申请不公开审理的也可以不公开审理。商业秘密是指不为公众所知悉、能为权利人带来经济利益、具有实用性并经权利人采取保密措施的技术信息和经营信息。公开审理可能会泄露这些信息，给当事人造成难以挽回的经济利益损失。随着当事人对技术情报等相关信息的保密意识日益增强，在审理行政案件过程中，应当允许当事人以案件涉及商业秘密为由申请不公开审理。但案件是否涉及商业秘密，应当由人民法院结合相关法律法规、司法解释和案件实际情况予以确定。

但需注意，开庭审理情况下，即使是依法或者依申请不公开审理的行政案件，也仅仅是指不向群众和社会公开，对当事人和其他诉讼参与人仍应公开。法院在不公开审理行政案件时，仍应传唤双方当事人并通知其他诉讼参与人到庭诉讼，并应当保证宣判公开进行。

相关规定

《中华人民共和国行政诉讼法》第7条、第86条；《中华人民共和国民事诉讼法》第134条。

第五十五条 当事人认为审判人员与本案有利害关系或者有其他关系可能影响公正审判，有权申请审判人员回避。

审判人员认为自己与本案有利害关系或者有其他关系，应当申请回避。

前两款规定，适用于书记员、翻译人员、鉴定人、勘验人。

院长担任审判长时的回避，由审判委员会决定；审判人员的回避，由院长决定；其他人员的回避，由审判长决定。当事人对决定不服的，可以申请复议一次。

条文主旨

本条是关于回避制度的规定。

立法背景

本条是对原法第47条的继承，仅对第4款作出修改，明确复议申请的次数为一次。在审议修改过程中有意见提出，行政诉讼中的当事人有滥用申请回避的权利恶意拖延诉讼的现象。为了规范当事人申请回避权利的行使，保障法庭审理过程能够顺利进行，同时与民事诉讼法的规定保持一致，新法对申请复议的次数作出限制性规定，规定当事人对决定不服的，可以申请复议一次。

🔴 条文解读

一、回避制度

回避，是指承办案件的审判人员和其他人员与本案有利害关系或者其他关系，可能影响对案件公正审理的，应经一定程序退出对本案审理的制度。既包括当事人申请回避，也包括审判人员和其他人员的自行回避。规定回避制度的目的：一是避开可能不公正审理的嫌疑，使案件审理过程能够顺利进行，更多获得当事人的信任；二是避免审判人员和有关人员利用权力弄虚作假、徇私舞弊，进行不公正的裁判。为保障行政案件审理程序的公正，新法既规定了当事人认为审判人员与本案有利害关系或者有其他关系可能影响公正审判，有申请审判人员回避的权利；又规定了审判人员和其他人员认为自己与本案有利害关系或者有其他关系，有申请回避的义务。

二、回避情形

新法规定的申请回避的条件或者情形是"与本案有利害关系或者有其他关系"。具体如何理解审判人员"与本案有利害关系或者有其他关系"，根据民事诉讼法第44条的规定，可以认为至少包括以下两种情形：（1）审判人员是本案当事人或者当事人、诉讼代理人近亲属的；（2）审判人员接受当事人、诉讼代理人请客送礼，或者违反规定会见当事人、诉讼代理人的。其他类似情形，如审判人员与本案当事人或其诉讼代理人是有密切关系的同学、同事、朋友等，或者曾经与当事人有过恩怨，都有可能会影响到对案件的公正审理，审判人员也应回避。

三、回避适用的人员范围

本条规定的回避制度不仅适用于审判人员，而且适用于书记员、翻译人员、鉴定人、勘验人。书记员是人民法院的工作人员，担负审判案件时的记录、文书和卷宗整理、证据保管等工作。翻译人员是人民法院委托或者指定从事案件翻译工作的人员。鉴定人是运用自己的专业知识进行鉴定活动，并向人民法院提出全面鉴定结论的人员。勘验人是人民法院的工作人员或者指定的其他人员，对一定的事件进行勘验、检验的人员。

四、回避申请的决定权

回避申请是当事人的一项重要诉讼权利，人民法院对当事人提出的回避申请应当慎重对待，法律也应当从救济程序上予以保障，特别要防止审判人员自己作出是否回避的决定。本条为了确保当事人申请回避的权利，根据不同的申请回避对象规定了不同的回避申请的决定权。根据本条规定，院长担任审判长时的回避，由审判委员会决定；审判人员的回避，由院长决定；其他人员的回避，由审判长决定。这里的"其他人员"，主要是指前款规定的书记员、翻译人员、鉴定人、勘验人。

☛ **相关规定**

《中华人民共和国民事诉讼法》第4章。

第五十六条 诉讼期间，不停止行政行为的执行。但有下列情形之一的，裁定停止执行：

（一）被告认为需要停止执行的；

（二）原告或者利害关系人申请停止执行，人民法院认为该行政行为的执行会造成难以弥补的损失，并且停止执行不损害国家利益、社会公共利益的；

（三）人民法院认为该行政行为的执行会给国家利益、社会公共利益造成重大损害的；

（四）法律、法规规定停止执行的。

当事人对停止执行或者不停止执行的裁定不服的，可以申请复议一次。

🐾 条文主旨

本条是关于诉讼不停止执行原则的规定。

🐾 立法背景

诉讼期间是否停止行政行为的执行，是这次行政诉讼法修改过程中的一个热点问题。外国主要有两种立法例：一是诉讼期间停止执行为原则，不停止执行为例外。例如德国行政法院法第80条规定，针对行政行为提出的行政复议申请和撤销之诉原则上具有延缓效果，即请求撤销的行政诉讼以"诉讼停止执行"为原则。二是诉讼期间不停止执行为原则，停止执行为例外，例如日本行政案件诉讼法第25条规定，处分的撤销之诉的提起不妨碍处分的效力、处分的执行或者程序的续行，即具有处分性的行政行为在请求撤销的行政诉讼中以"诉讼不停止执行"为原则。

🐾 条文解读

一、诉讼不停止执行原则

新法延续了原法的思路，继续采用行政诉讼不停止执行原则。主要基于以下几点考虑：一是基于行政行为的公定力理论。行政行为的公定力是指行政主体作出的行政行为，一旦生效，原则上推定为合法，未经有权主体变更、撤销或宣告无效，任何人不得否定其效力。基于公定力理论一般认为，生效的行政行为具有确定权利义务关系的确定力、约束各方当事人的拘束力、具有可以付诸执行的执行力。即使进入诉讼期间，为了维持法律关系的稳定，原则上也不应停止执行。二是基于行政效率的需要。行政行为在顾及合法性的同时，还需考虑行政管理效率的问题。如果一个行政行为，只因相对人提起了诉讼就停止执行，会使行政的有效性和连续性遭受重创，削弱国家的行政管理职能。也不排除一些怀有恶意的相对人滥用诉讼停止执行原则，以提起诉讼方式阻碍行政管理目标的实现。三是基于保护社会公共利益的需要。在行政诉讼的法律关系中，一方是代表公民个人利益的行政相对人，另一方是代表国家利益和社会公共利益的行政机关。行政机关作出行政行为是为了维护国家利益和社会公共利益，具有权威性，要求被尊重和执行。从这种观点出发，两种主体的冲突往往表现为公民个人利益与公共利益的矛盾，法律应当倾向于维护大多数人的需要而选择保护公共利益。四是基于对行政行为错误矫正机制的信任。随着行政机关依法行政观念的增强，依照法定权限和程序作出的行政行为违法的可能性越来越低。而且行政诉讼程序还可以为公民、法人和其他组织提供救济：人民法院经过审理认为行政行为违法，可以判决撤销该行政行为或者确认该行政行为违法，同时对造成的损失判决予以赔偿。

二、诉讼不停止执行原则的例外情形

新法进一步完善了诉讼不停止执行原则的例外情形，增加了人民法院认为应当停止执行的情形。

（一）被告认为需要停止执行的

行政行为是行政机关依职权作出的，在某些情况下，例如发现行政行为自身错误或者情势变更不适宜执行的，可以由作出行政行为的行政机关依职权决定停止行政行为的执行。

（二）原告或者利害关系人申请停止执行，人民法院认为该行政行为的执行会造成难以弥补的损失，并且停止执行不损害国家利益、社会公共利益的

为了贯彻行政诉讼保护公民、法人和其他组织的合法权益的宗旨，立法应当赋予原告或者利害关系人申请停止执行的权利。同时，为了平衡原告利益与国家利益、社会公共利益，立法赋予人民法院对原告或者利害关系人申请停止执行进行审查的权力。一是审查被诉行政行为的执行是否会造成难以弥补的损失。例如建筑物和其他设施一旦被拆除，当事人即使提起行政诉讼并胜诉，客观上也不能恢复原状，也难以用赔偿来弥补损失。二是审查停

止执行是否损害国家利益、社会公共利益。关于判断是否对国家利益、社会公共利益有损害，人民法院在进行审查时需与申请人的个人利益共同考虑，存疑的情况下应从立法的基本原则和态度出发进行推定。我国偏重国家利益、社会公共利益的保护，采取诉讼不停止执行原则，因此在对是否有损国家利益、社会公共利益产生怀疑时，应推定对国家利益、社会公共利益造成损害。

（三）人民法院认为该行政行为的执行会给国家利益、社会公共利益造成重大损害的

这次行政诉讼法修改之前，人民法院停止执行的裁定必须根据原告的申请作出。但是某些特殊情况下，原告没有申请或者无法申请，为了保障诉讼的顺利进行，维护国家利益、社会公共利益不遭受重大损害，应当允许法院在必要时依职权裁定停止执行。因此，新法规定人民法院认为行政行为的执行会给国家利益、社会公共利益造成重大损害的，也应依职权裁定停止执行。

（四）法律、法规规定停止执行的

其他法律、法规，也有一些诉讼期间停止执行方面的规定。例如治安管理处罚法第107条规定："被处罚人不服行政拘留处罚决定，申请行政复议、提起行政诉讼的，可以向公安机关提出暂缓执行行政拘留的申请。公安机关认为暂缓执行行政拘留不致发生社会危险的，由被处罚人或者其近亲属提出符合本法第一百零八条规定条件的担保人，或者按每日行政拘留二百元的标准交纳保证金，行政拘留的处罚决定暂缓执行。"

三、当事人对停止执行或者不停止执行的裁定不服的救济

申请停止执行是当事人在行政诉讼中的一项重要的程序权利，能够通过临时性救济避免造成不可弥补的损失，往往关系到胜诉以后能否顺利实现其实体权利。为了保障当事人申请停止执行的权利，新法规定当事人对停止执行或者不停止执行的裁定不服的，可以申请复议一次。

《中华人民共和国治安管理处罚法》第 107 条、第 108 条。

第五十七条 人民法院对起诉行政机关没有依法支付抚恤金、最低生活保障金和工伤、医疗社会保险金的案件，权利义务关系明确、不先予执行将严重影响原告生活的，可以根据原告的申请，裁定先予执行。

当事人对先予执行裁定不服的，可以申请复议一次。复议期间不停止裁定的执行。

● **条文主旨**

本条是关于先予执行的规定。

● **立法背景**

在研究民事诉讼法关于先予执行规定的基础上，本条根据行政诉讼自身的特点，增加规定了行政诉讼法中的先予执行制度。

● **条文解读**

一、先予执行制度

先予执行，又称为先行给付，是指人民法院在生效裁判确定之前裁定有给付义务的人，预先给付对方部分财物或者为一定行为的法律制度。行政诉讼中的先予执行，是指人民法院在审理行政案件过程中，因为原告一方生活急需，在作出判决前，根据原告的申请，裁定被告行政机关给付原告一定数额的款项或者特定物，并立即执行的法律制度。

通常情况下，被告行政机关的给付义务应当由判决加以确定，并在判决发生法律效力后予以执行。但是行政诉讼需要持续一定时间。在这段时间里，个别原告，例如依靠最低生活保障金生活的人，可能因为领不到最低生活保障金而影响到正常的生活和生产。为了使这部分原告在诉讼期间能够维持最起码的生活和生产，解决其燃眉之急，有必要在行政诉讼法中引入先予执行制度，于终审判决前让被告先行给付一定数额的款项或者财物，给予原告临时性救济。

二、先予执行的适用情形

由于先予执行是在尚未作出正式判决之前采取的临时救济措施，如果执行内容与日后判决不一致，且不能顺利执行回转，将会给被告行政机关造成一定的经济损失。因此，行政诉讼法有必要对能够适用先予执行的案件及其适用条件作出较为严格的限定。

关于适用先予执行的案件范围，依据本条规定可分为四类：（1）没有依法支付抚恤金案件。抚恤金是指军人、国家机关工作人员以及其他因公牺牲或伤残人员，由民政部门依法对死者的家属或者伤残者本人发给的费用，是国家对上述因公死亡者的家属或者伤残者本人给予的必要的经济帮助。（2）没有依法支付最低生活保障金案件。《社会救助暂行办法》规定，国家对共同生活的家庭成员人均收入低于当地最低生活保障标准，且符合当地最低生活保障家庭财产状况规定的家庭，给予最低生活保障。最低生活保障金是指家庭人均收入低于当地政府公告的最低生活保障标准的人口请求行政机关给予一定款物帮助的一种社会救助形式。（3）没有依法支付工伤社会保险金案件。工伤社会保险金是指因工作遭受事故伤害或者患职业病的职工请求依法获得医疗救治和经济补偿的社会保险待遇。社会保险法规定，因工伤发生的医疗费用和康复费用、住院伙食补助费等多种费用，按照国家规定从工伤保险基金中支付。（4）没有依法支付医疗社会保险金案件。医疗社会保险金是指参保人员依法请求行政机关支付的医疗救治方面的社会保险待遇。社会保险法规定，符合基本医疗保险药品目录、诊疗项目、医疗服务设施标准以及急诊、抢救的医疗费用，按照国家规定从基本医疗保险基金中支付。

先予执行应当同时满足两个要求：一是明确性要求，权利义务关系明确；二是急迫性要求，不先予执行将严重影响原告生活。先予执行以原告的申请为前提，人民法院根据原告的申请，裁定是否先予执行。

三、先予执行的救济

先予执行的裁定由人民法院根据原告申请作出，可能裁定不先予执行，也可能裁定先予执行，两种情况下当事人权益都有可能受到影响，应当规定当事人有获得救济的权利。根据本条规定，当事人对先予执行裁定不服的，可以申请复议一次。复议期间不停止裁定的执行。

"申请复议一次"，是指向作出先予执行裁定的人民法院申请复议，不是向上一级人民法院申请。先予执行只是临时性救济措施，并不是对当事人权利义务关系的最终判决，由原审人民法院复议更为便利，也不会对当事人权利造成严重影响。为了提高诉讼效率，当事人对先予执行裁定不服申请复议的应以一次为限。

"复议期间不停止裁定的执行"，是关于先予执行裁定与复议关系的规定。先予执行裁定一经作出，立即发生法律效力。关于先予执行的裁定，尤其是法院裁定行政机关先行给付的裁定，是为了避免严重影响原告生活而采取的临时性救济措施。为了让临时性救济措施及早发挥作用，本条特别规定复议期间不停止裁定的执行。

四、申请先予执行的程序

先予执行以当事人的申请为前提。一般情况下，申请人无须就其申请提供担保，这是行政诉讼先予执行程序不同于民事诉讼的特点。对于符合先予执行案件范围和条件的申请，人民法院应当裁定先予执行并立即执行。对于不符合先予执行案件范围和条件的，人民法院应当裁定不先予执行。

☞ 相关规定

《中华人民共和国民事诉讼法》第 106 条、第 107 条、第 108 条。

第五十八条 经人民法院传票传唤，原告无正当理由拒不到庭，或者未经法庭许可中途退庭的，可以按照撤诉处理；被告无正当理由拒不到庭，或者未经法庭许可中途退庭的，可以缺席判决。

条文主旨

本条是关于当事人拒不到庭或中途退庭的法律后果的规定。

立法背景

本条是对原法第48条的修改，增加了对当事人未经法庭许可中途退庭的法律后果的规定。

条文解读

本条主要有两层含义，规定了原告和被告无正当理由拒不到庭或未经法庭许可中途退庭的法律后果：一是对原告来说，经人民法院传票传唤，无正当理由拒不到庭，或者未经法庭许可中途退庭的，可以按照撤诉处理；二是对被告来说，无正当理由拒不到庭的，或者未经法庭许可中途退庭的，可以缺席判决。

一、关于传票传唤

传票传唤是对于人民法院依照法定程序和方式对当事人作出的一种正式传唤。实践中，往往是无法采取电话等方式通知当事人，对于当事人不按要求出庭的，才采用传票传唤。传票传唤的主要要求是：（1）要有传票，而不能是口头、电话等间接传达方式；（2）传票要依法送达；（3）要有送达回证。送达回证要有当事人的签名盖章，以证明其在法定期限内收到传唤。

原法第48条强调了必须进行两次合法传唤，与民事诉讼法规定的一次传唤有所不同。但实践中，两次传唤影响了司法效率。经新法修订后，传票传唤只要一次即可。

二、关于无正当理由拒不到庭

原告或者被告是否属于"无正当理由拒不到庭",应当由人民法院依法认定。原告或者被告如果确实有不能到庭的理由,在接到人民法院的传票后,应当及早向人民法院提出。人民法院经过审查,认为原告或者被告提出的不能到庭的理由正当,确实不能到庭的,可以决定延期审理,并及时将延期审理的情况通知对方当事人。人民法院经过审查,认为原告或者被告提出的不能到庭的理由不正当,可以决定不延期审理,并通知提出申请的原告或者被告。原告或者被告应当按照人民法院确定的日期按时到庭。原告无正当理由拒不到庭的,可以视为放弃自身的诉讼请求,是一种对自己诉讼权利的消极处分,可以按照撤诉处理。被告无正当理由拒不到庭的,也是一种对自己诉讼权利的消极处分,但不能逃避自己应承担的法律责任,人民法院可以缺席判决。

三、关于未经法庭许可中途退庭

当事人参加诉讼,应当遵守法庭纪律、维护法庭尊严,不能未经法庭许可中途退庭。原告未经法庭许可中途退庭的,可以视为放弃自身的诉讼请求,是一种对自己诉讼权利的消极处分,可以按照撤诉处理。被告未经法庭许可中途退庭的,也是一种对自己诉讼权利的消极处分,但不能逃避自己应承担的法律责任,人民法院可以缺席判决。

四、关于按照撤诉处理

"按照撤诉处理"与原法中使用的"视为申请撤诉"并没有本质的不同,都是一种法律的拟制,是原告经传票传唤无正当理由拒不到庭的,或者未经法庭许可中途退庭的法律后果。所谓"按照撤诉处理",是指人民法院裁定准予原告撤诉后,人民法院不再对被诉行政行为进行审查,行政诉讼的一审或二审程序也就因此而宣告结束;并且原告不得以同一事实和理由重新起诉。

五、关于缺席判决

缺席判决是指法院开庭审理时,在当事人缺席的情况下,也

160

可以经过审理作出判决。缺席判决意味着当事人缺席不影响法院继续审理。

在审议过程中，有的意见提出应当进一步加重被告行政机关拒不到庭或者未经法庭许可中途退庭的法律责任，如果被告行政机关拒不到庭或者未经法庭许可中途退庭，应当视为被告行政机关的自认，全面支持原告主张并判决原告胜诉。相对于这种被告承担败诉责任的规定，"缺席判决"的法律后果更为稳妥。考虑我国行政诉讼仍然遵循"以事实为根据，以法律为准绳"的原则，不宜因为行政机关拒不到庭或中途退庭，就判令行政机关承担全面败诉的法律责任。但是，无论从行政机关代表公共利益的角度，还是从行政机关应当维护法治尊严的角度，被告行政机关拒不到庭或者未经法庭许可中途退庭的，都应当规定更严厉的法律责任。新法第66条增加一款规定："人民法院对被告经传票传唤无正当理由拒不到庭，或者未经法庭许可中途退庭的，可以将被告拒不到庭或者中途退庭的情况予以公告，并可以向监察机关或者被告的上一级行政机关提出依法给予其主要负责人或者直接责任人员处分的司法建议。"

● **相关规定**

《中华人民共和国行政诉讼法》第66条；《中华人民共和国民事诉讼法》第143条、第144条。

第五十九条 诉讼参与人或者其他人有下列行为之一的，人民法院可以根据情节轻重，予以训诫、责令具结悔过或者处一万元以下的罚款、十五日以下的拘留；构成犯罪的，依法追究刑事责任：

（一）有义务协助调查、执行的人，对人民法院的协助调查决定、协助执行通知书，无故推拖、拒绝或者妨碍调查、执行的；

（二）伪造、隐藏、毁灭证据或者提供虚假证明材料，妨碍人民法院审理案件的；

（三）指使、贿买、胁迫他人作伪证或者威胁、阻止证人作证的；

（四）隐藏、转移、变卖、毁损已被查封、扣押、冻结的财产的；

（五）以欺骗、胁迫等非法手段使原告撤诉的；

（六）以暴力、威胁或者其他方法阻碍人民法院工作人员执行职务，或者以哄闹、冲击法庭等方法扰乱人民法院工作秩序的；

（七）对人民法院审判人员或者其他工作人员、诉讼参与人、协助调查和执行的人员恐吓、侮辱、诽谤、诬陷、殴打、围攻或者打击报复的。

人民法院对有前款规定的行为之一的单位，可以对其主要负责人或者直接责任人员依照前款规定予以罚款、拘留；构成犯罪的，依法追究刑事责任。

罚款、拘留须经人民法院院长批准。当事人不服的，可以向上一级人民法院申请复议一次。复议期间不停止执行。

🔹 条文主旨

本条是关于人民法院对妨害行政诉讼的行为采取强制措施的规定。

🔹 立法背景

本条在原法第 49 条的基础上增加了几种妨害行政诉讼的行

为，并明确对有妨害行政诉讼行为的单位的主要负责人或者直接责任人员可以予以罚款、拘留。在以往的行政诉讼实践中，对有妨害行政诉讼行为的行政机关或者其他单位，一般只处罚其具体工作人员，而在幕后决策、指挥的单位主要负责人往往逃脱处罚。针对这一问题，借鉴民事诉讼法的规定，新法明确规定，人民法院对有妨害行政诉讼行为的单位，可以对其主要负责人或者直接责任人员依照本条规定予以罚款、拘留。

条文解读

妨害行政诉讼的行为，是指诉讼参与人或者其他人在行政诉讼过程中，故意实施的扰乱行政诉讼秩序、妨害行政诉讼正常进行的各类违法行为。"诉讼参与人"，不同于诉讼参加人。诉讼参加人是指原告、被告、上诉人、被上诉人、第三人、诉讼代理人等以自己的名义或者接受他人委托参加诉讼的人。诉讼参与人则是指在行政诉讼过程中，所有参与诉讼活动的人，除了诉讼参加人，还包括证人、鉴定人、勘验人和翻译人员等。"其他人"，是指并未参与诉讼活动，但关心诉讼活动进行的人，例如在法庭旁听的普通公民、记者等。

对妨害行政诉讼的行为，人民法院应当依照行政诉讼法的规定，采取相应的强制措施，保障行政诉讼的顺利进行。构成妨害行政诉讼的行为，应当同时具备以下三个要件：一是在行政诉讼过程中实施。行政诉讼过程，包括一审程序、二审程序和执行程序。在行政诉讼开始前或者结束后实施的违法行为，例如在起诉前或者执行完毕后扰乱人民法院工作秩序的行为，不属于妨害行政诉讼的行为，应当由公安机关依照治安管理处罚法的规定予以行政处罚；构成犯罪的，可以由检察机关提起公诉，依法追究刑事责任。二是有主观上的故意。过失行为不构成妨害行政诉讼的行为。三是客观上妨害了行政诉讼的正常进行。只有妨害诉讼的意图而未实施的，不构成妨害诉讼的行为。

本条规定了七种妨害行政诉讼的行为：

1. 有义务协助调查、执行的人，对人民法院的协助调查决定、协助执行通知书，无故推拖、拒绝或者妨碍调查、执行的。原法只规定了妨害人民法院执行的行为，即"有义务协助执行的人，对人民法院的协助执行通知书，无故推拖、拒绝或者妨碍执行"，新法增加了妨害人民法院调查的行为。因为根据新法第40条的规定，人民法院有权向有关行政机关以及其他组织、公民调取证据。调查取证是人民法院的法定职权，协助调查取证是有关行政机关以及其他组织、公民的义务。妨害人民法院的调查会使行政诉讼案件事实无法查清，影响案件的审理。妨害人民法院调查、执行都属于妨害行政诉讼的行为。根据本条规定，只有有义务协助调查、执行的人，对人民法院的协助调查决定、协助执行通知书，无故推拖、拒绝或者妨碍调查、执行的，才构成妨害行政诉讼的行为。有义务协助调查的人主要是保存、管理与案件有关的文件、证书、病历、录像等证明材料的单位，以及掌握证据或者了解案情的个人等。有义务协助执行的人主要是掌管、持有、使用执行标的物的单位或者个人，例如被执行人的开户银行。

2. 伪造、隐藏、毁灭证据或者提供虚假证明材料，妨碍人民法院审理案件的。证据指书证、物证、视听资料等证明案件事实的材料。证据对行政诉讼具有至关重要的意义，缺乏关键证据，案件事实就无法查清。证明材料既包括证明案件事实的材料，也包括证明与案件审理有关的事实、身份、资格等情况的材料。伪造、隐藏、毁灭证据或者提供虚假证明材料，妨碍人民法院审理案件，属于典型的妨害行政诉讼行为。

3. 指使、贿买、胁迫他人作伪证或者威胁、阻止证人作证的。即妨害作证，包括两个方面，一是通过指使、贿买、胁迫的方式促使他人作伪证，二是通过威胁、阻止的方式，妨碍证人作证。

4. 隐藏、转移、变卖、毁损已被查封、扣押、冻结的财产

164

的。在执行程序中，公民、法人或者其他组织拒不履行人民法院发生法律效力的判决、裁定的，人民法院有权查封、扣押、冻结其相关财产，以保证判决、裁定的执行。已被人民法院查封、扣押、冻结的财产，任何人不得隐藏、转移、变卖、毁损。

5. 以欺骗、胁迫等非法手段使原告撤诉的。这是此次修改增加的一种行为。实践中，行政机关为达到让原告撤诉的目的，采取欺骗、胁迫等种种非法手段，使得原告在违背真实意思的情况下撤诉。这种行为不仅侵犯了原告的诉讼权利，而且不利于依法解决行政争议。

6. 以暴力、威胁或者其他方法阻碍人民法院工作人员执行职务，或者以哄闹、冲击法庭等方法扰乱人民法院工作秩序的。这类行为的主要目的是阻碍人民法院工作人员执行职务或者扰乱人民法院工作秩序，使行政诉讼无法正常进行。实践中，有的当事人无理取闹，故意制造混乱，阻碍法庭审理，甚至冲击法庭，被称为"闹庭"。"闹庭"等行为严重损害法律的尊严和人民法院的权威，必须予以制止和制裁。

7. 对人民法院审判人员或者其他工作人员、诉讼参与人、协助调查和执行的人员恐吓、侮辱、诽谤、诬陷、殴打、围攻或者打击报复的。这类行为主要是出于阻止调查和执行、打击报复等目的而对人民法院工作人员、协助调查和执行的人员等有关的个人实施侵害。

根据本条规定，人民法院可以根据情节轻重，对有妨害行政诉讼行为的人予以训诫、责令具结悔过或者处一万元以下的罚款、十五日以下的拘留；对有妨害行政诉讼行为的单位，人民法院可以对其主要负责人或者直接责任人员依照本条规定予以罚款、拘留。训诫，是指以口头方式对有妨害行政诉讼行为的人进行批评教育，指出其错误，并责令其不得再犯。训诫是本条规定的最轻的强制措施。责令具结悔过，是指命令有妨害行政诉讼行为的人向人民法院递交悔过书，以书面的方式承认自己的错误，保证不再犯同样错误。罚款，是指命令有妨害行政诉讼行为的人在规定的期限内缴纳一定数额的金钱，属于对行为人财产的剥夺。而拘留，属于对行为人一段时间内人身自由的剥夺，是人民法院对有妨害行政诉讼行为的人采取的最严厉的强制措施。训诫和责令具结悔过适用于妨害行政诉讼情节较轻的行为，而罚款和拘留只适用于情节较重的行为。由于涉及对行为人财产和人身自由的剥夺，人民法院采取罚款和拘留的强制措施，必须慎重。因此，本条规定，罚款、拘留须经人民法院院长批准。当事人不服的，可以向上一级人民法院申请复议一次。

此外，刑法对妨害诉讼构成犯罪的行为也规定了刑事责任。例如刑法第 307 条规定了妨害作证罪和帮助毁灭、伪造证据罪："以暴力、威胁、贿买等方法阻止证人作证或者指使他人作伪证的，处三年以下有期徒刑或者拘役；情节严重的，处三年以上七年以下有期徒刑。帮助当事人毁灭、伪造证据，情节严重的，处三年以下有期徒刑或者拘役。司法工作人员犯前两款罪的，从重处罚。"第 308 条规定了打击报复证人罪："对证人进行打击报复的，处三年以下有期徒刑或者拘役；情节严重的，处三年以上七年以下有期徒刑。"第 309 条规定了扰乱法庭秩序罪："聚众哄闹、冲击法庭，或者殴打司法工作人员，严重扰乱法庭秩序的，处三年以下有期徒刑、拘役、管制或者罚金。"第 314 条规定了非法处置查封、扣押、冻结的财产罪："隐藏、转移、变卖、故意毁损已被司法机关查封、扣押、冻结的财产，情节严重的，处三年以下有期徒刑、拘役或者罚金。"对有妨害行政诉讼行为，构成犯罪的，应当依法追究其刑事责任。

☛ 相关规定

《中华人民共和国行政诉讼法》第 41 条；《中华人民共和国刑法》第 307 条、第 308 条、第 309 条、第 314 条。

166

第六十条　人民法院审理行政案件，不适用调解。但是，行政赔偿、补偿以及行政机关行使法律、法规规定的自由裁量权的案件可以调解。

调解应当遵循自愿、合法原则，不得损害国家利益、社会公共利益和他人合法权益。

条文主旨

本条是关于行政诉讼调解的规定。

立法背景

行政诉讼调解是指当事人在人民法院的主持下，自愿达成协议，解决纠纷的行为。原法明确规定："人民法院审理行政案件，不适用调解。"这样规定的理由主要有：行政机关的行政权力是法律赋予的国家公权，行政机关一般不得自行处分；人民法院审理行政案件应当对行政行为是否合法进行审查，并作出判决。这次修法坚持了这一原则。同时，也考虑到行政诉讼法实施以来，虽然法律规定行政诉讼不适用调解，但是当事人以案外和解方式解决争议的现象却大量存在。案外和解由于没有法院的确认，没有制度的保障，有的行政机关通过欺骗、胁迫等非法手段使原告撤诉，等原告撤诉后，往往不兑现之前的承诺，这样不利于保护当事人的合法权益，不利于有效化解行政争议。针对行政诉讼实践中存在的问题，考虑到行政赔偿、补偿等案件中行政机关具有一定的裁量权，适用调解可以更好地解决行政争议，保护公民、法人和其他组织的合法权益，行政诉讼法修正案草案一审稿增加了行政赔偿和行政机关依法给予补偿的案件可以调解的规定。二审时，有些常委委员、代表、地方和法院提出，为有效化解行政争议，修正案草案规定的调解范围可以适当扩大。经研究，新法增加了行政机关行使法律、法规规定的自由裁量权的案件。

🔊 条文解读

　　根据本条规定，可以适用调解的行政案件有三类：行政赔偿案件、行政补偿案件、行政机关行使法律法规规定的自由裁量权的案件。这三类案件的共同点是行政机关都有一定的裁量权。

　　1. 行政赔偿案件。行政赔偿是指行政机关违法行使职权，侵犯相对人合法权益造成损害时，由国家承担的一种赔偿责任。行政赔偿作为国家赔偿的种类之一，虽然有法定的计算标准，但并不妨碍赔偿义务机关与赔偿请求人之间就赔偿方式等进行协商、调解。早在1997年《最高人民法院关于审理行政赔偿案件若干问题的规定》中就明确，人民法院审理行政赔偿案件在坚持合法、自愿的前提下，可以就赔偿范围、赔偿方式和赔偿数额进行调解。调解成立的，应当制作行政赔偿调解书。2010年，国家赔偿法修改时也增加规定，赔偿义务机关作出赔偿决定，应当充分听取赔偿请求人的意见，并可以与赔偿请求人就赔偿方式、赔偿项目和赔偿数额进行协商。这一规定从法律上明确了行政机关对行政赔偿有一定的裁量权，为行政诉讼中的调解提供了实体法的基础。

　　2. 行政补偿案件。行政补偿是指行政机关在管理公共事务过程中，因合法的行政行为给公民、法人或其他组织的合法权益造成损失时，依法由国家给予的补偿。目前我国宪法和一些法律法规明确规定了行政补偿。例如，宪法第13条第3款规定："国家为了公共利益的需要，可以依照法律规定对公民的私有财产实行征收或者征用并给予补偿。"行政许可法第8条第2款规定："行政许可所依据的法律、法规、规章修改或者废止，或者准予行政许可所依据的客观情况发生重大变化的，为了公共利益的需要，行政机关可以依法变更或者撤回已经生效的行政许可。由此给公民、法人或者其他组织造成财产损失的，行政机关应当依法给予补偿。"一些法律法规还明确行政补偿可以协商订立补偿协议。例如，《国有土地上房屋征收与补偿条例》规定，征收部门与被征收

168

人依照本条例的规定，就补偿方式、补偿金额和支付期限、用于产权调换房屋的地点和面积、搬迁费、临时安置费或者周转用房、停产停业损失、搬迁期限、过渡方式和过渡期限等事项，订立补偿协议。这说明行政机关对行政补偿案件有一定的裁量权。

3. 行政机关行使法律法规规定的自由裁量权的案件。在行政赔偿、补偿以外的其他行政案件中，行政机关也存在行使裁量权的情况。例如，在行政处罚案件中，行政机关可以在相关实体法规定的罚款幅度内选择自己认为是适当的数额作出罚款决定，这属于行政机关的裁量权。当然，行政机关的裁量权也不得滥用，不得徇私舞弊，畸轻畸重。在依法行使裁量权的范围内和人民法院的主持和监督下，行政机关可以与相对人达成调解协议。

同时，根据本条规定，调解应当遵循自愿、合法原则，不得损害国家利益、社会公共利益和他人合法权益。自愿原则包括程序和实体两个方面。在程序方面，当事人有权决定是否调解、有权选择调解开始时间、有权选择调解方式。在实体方面，调解达成的协议内容必须反映双方当事人的真实意思；对有关实体权利进行处分，必须双方自愿，不能强迫。合法原则是指人民法院和双方当事人的调解活动及其协议内容，必须符合法律规定。一是人民法院主持双方当事人进行调解活动，必须按照法律法规规定的程序进行。二是当事人双方达成的协议内容，不得违反法律法规的规定，不得损害国家利益、社会公共利益和他人合法权益。

关于调解的程序，本条未作规定，根据新法第 101 条的规定，应当适用民事诉讼法的规定。具体包括：人民法院应当在事实清楚的基础上，分清是非，进行调解。人民法院进行调解，可以由审判员一人主持，也可以由合议庭主持，并尽可能地就地进行。人民法院进行调解，可以用简便方式通知当事人、证人到庭。人民法院进行调解，可以邀请有关单位和个人协助。被邀请的单位和个人，应当协助人民法院进行调解。调解达成协议，必须双方自愿，不得强迫。调解协议的内容不得违反法律规定。调解达成协议，人民法院应当制作调解书。调解书应当写明诉讼请求、案件的事实和调解结果。调解书由审判人员、书记员署名，加盖人民法院印章，送达双方当事人。调解书经双方当事人签收后，即具有法律效力。能够即时履行的案件等可以不制作调解书，但应当记入笔录，由双方当事人、审判人员、书记员签名或者盖章后，即具有法律效力。调解未达成协议或者调解书送达前一方反悔的，人民法院应当及时判决。

☞ 相关规定

《中华人民共和国行政诉讼法》第 101 条；《中华人民共和国民事诉讼法》第 93 条至第 99 条；《最高人民法院关于审理行政赔偿案件若干问题的规定》第 30 条。

第六十一条 在涉及行政许可、登记、征收、征用和行政机关对民事争议所作的裁决的行政诉讼中，当事人申请一并解决相关民事争议的，人民法院可以一并审理。

在行政诉讼中，人民法院认为行政案件的审理需以民事诉讼的裁判为依据的，可以裁定中止行政诉讼。

☞ 条文主旨

本条是关于民事争议和行政争议交叉问题的规定。

☞ 立法背景

实践中有些行政行为引起的争议，往往伴随着相关的民事争议。这两类争议依照行政诉讼法和民事诉讼法分别立案，分别审理，浪费了司法资源，有的还导致循环诉讼，影响司法效率，不利于保护当事人的合法权益。此次修改一是根据实践中行政争议与相关民事争议一并审理的做法，明确在涉及行政许可、登记、征收、征用和行政机关对民事争议所作的裁决的行政诉讼中，当

170

事人申请一并解决相关民事争议的，人民法院可以一并审理。二是规定在行政诉讼中，人民法院认为行政案件的审理需要以民事诉讼的裁判为依据的，可以裁定中止行政诉讼。在行政诉讼中一并审理民事争议，有利于减轻当事人的诉累，使争议得以迅速解决，当事人的权益得到及时、合法的保护，也有利于节约审判资源，提高审判效率，同时防止行政诉讼和民事诉讼的裁判结果相冲突。

条文解读

在行政诉讼中一并审理民事争议，应当具备一定的条件。首先，行政诉讼成立，符合起诉条件、起诉期限等规定。其次，该行政诉讼是涉及行政许可、登记、征收、征用和行政机关对民事争议所作的裁决的行政诉讼。再次，当事人在行政诉讼过程中申请一并解决民事争议。最后，行政诉讼与民事诉讼之间具有相关性。而行政诉讼与附带的民事诉讼的相关性主要体现在两个诉讼都涉及某一行政行为的合法性问题。

在行政诉讼中一并审理民事争议的制度不同于行政诉讼第三人制度。在行政诉讼中一并审理民事争议的制度是为了诉讼便利的考虑将两个不同性质的诉讼一并审理。一并审理后，仍然存在行政与民事两类诉讼、两个争议，要适用两套程序规则。而行政诉讼第三人制度是为了保护同被诉行政行为有利害关系但没有提起诉讼的公民、法人或者其他组织，或者同案件处理结果有利害关系的人的利益，而让他们通过申请或者由人民法院通知参加到原告和被告之间的诉讼中来，从而参与行政争议的解决过程。第三人有的相当于原告的地位，有的相当于被告的地位，但无论如何，在行政诉讼中第三人与被告或者原告之间的争议，仍然是行政争议，即围绕被诉行政行为是否合法有效的争议。行政诉讼不直接解决第三人与原告之间的民事争议，解决民事争议只能依照民事诉讼程序进行。

根据本条第 1 款的规定，在行政诉讼中一并审理民事争议主要有以下情形：涉及登记的案件。如甲、乙二人为房屋的共有人，甲背着乙将房屋出售给丙，并通过伪造签名、找人冒充等方式将房屋所有权人变更为丙。乙知情后，以房屋所有权变更登记未尽审查义务，侵犯其财产权利为由起诉房地产登记机关，请求变更房屋所有权登记，同时，对甲、丙二人提起民事诉讼。此时，当事人申请一并解决行政争议和民事争议的，人民法院可以一并审理。还如涉及行政机关对民事争议所作的裁决的案件，即行政裁决案件。行政裁决主要适用于对土地、草原、水面、滩涂等自然资源的所有权或者使用权的争议和对专利、商标等知识产权的争议。比较典型的是行政机关对土地权属争议所作的裁决。根据土地管理法的规定，土地所有权和使用权争议，由当事人协商解决；协商不成的，由人民政府处理。当事人对有关人民政府的处理决定不服的，可以自接到处理决定通知之日起三十日内，向人民法院起诉。如甲、乙对宅基地使用权产生争议，乡人民政府作出宅基地使用权归乙的处理决定，甲对处理决定不服，提起行政诉讼，并对乙提起民事诉讼，要求乙归还宅基地使用权。此时，当事人申请一并解决行政争议和民事争议的，人民法院可以一并审理。

根据本条第 2 款的规定，如果在行政诉讼中，人民法院认为行政案件的审理需以民事诉讼的裁判为依据的，可以裁定中止行政诉讼，待民事诉讼作出裁判后，再以民事裁判为依据，继续完成行政诉讼程序。实践中，先行解决基础民事争议的做法有时不利于行政争议和民事争议的解决。例如，民事诉讼中法官不会对登记行为的合法性进行审查，登记证书反而成为民事诉讼中的优势证据。因此，本款规定"可以"民事先行，并未作出强制性要求。

第六十二条　人民法院对行政案件宣告判决或者裁定前，原告申请撤诉的，或者被告改变其所作的行政行为，原告同意并申请撤诉的，是否准许，由人民法院裁定。

☛ **条文主旨**

本条是关于原告撤诉的规定。

☛ **条文解读**

撤诉是在人民法院对案件宣告判决或者裁定前，原告撤回起诉的诉讼行为。根据本条规定，行政诉讼中原告申请撤诉有两种情况：一种是被告未改变其所作的行政行为，但原告认为胜诉无望或者出于其他考虑申请撤诉。另一种是被告改变其所作的行政行为，原告认为诉讼的目的已经达到，所以申请撤诉。

根据本条规定，是否准许原告撤诉，由人民法院裁定。这样规定的理由主要是：（1）避免原告撤诉的随意性，防止浪费司法资源。（2）防止被告以欺骗、胁迫等非法手段使原告撤诉。（3）监督被告依法行使职权。行政诉讼的目的不仅是保护相对人的合法权益，还有监督行政机关依法行政的目的。如果行政机关确实违法行政，不能因为原告撤诉而导致人民法院无法进行监督，使违法行政行为无法被纠正。

根据《最高人民法院关于行政诉讼撤诉若干问题的规定》（法释〔2008〕2号）的规定，人民法院经审查认为被诉具体行政行为违法或者不当，可以在宣告判决或者裁定前，建议被告改变其所作的具体行政行为。被告改变被诉行政行为，原告申请撤诉，符合下列条件的，人民法院应当裁定准许：（1）申请撤诉是当事人真实意思表示；（2）被告改变被诉行政行为，不违反法律、法规的禁止性规定，不超越或者放弃职权，不损害公共利益和他人合法权益；（3）被告已经改变或者决定改变被诉行政行为，并书面告知人民法院；（4）第三人无异议。有下列情形之一的，属于"被告改变其所作的行政行为"：（1）改变被诉行政行为所认定的主要事实和证据；（2）改变被诉行政行为所适用的规范依据且对定性产生影响；（3）撤销、部分撤销或者变更被诉行政行为处理结果。有下列情形之一的，可以视为"被告改变其所作的具体行政行为"：（1）根据原告的请求依法履行法定职责；（2）采取相应的补救、补偿等措施；（3）在行政裁决案件中，书面认可原告与第三人达成的和解。被告改变被诉行政行为，原告申请撤诉，有履行内容且履行完毕的，人民法院可以裁定准许撤诉；不能即时或者一次性履行的，人民法院可以裁定准许撤诉，也可以裁定中止审理。准许撤诉裁定可以载明被告改变被诉行政行为的主要内容及履行情况，并可以根据案件具体情况，在裁定理由中明确被诉行政行为全部或者部分不再执行。

申请撤诉不符合法定条件，或者被告改变被诉行政行为后原告不撤诉的，人民法院应当及时作出裁判。依照民事诉讼法的规定，在原告申请撤诉而人民法院裁定不准许撤诉的情况下，如果原告经传票传唤，无正当理由拒不到庭的，可以缺席判决。

在行政诉讼实践中，原告非正常撤诉的问题比较突出。人民法院在对原告的申请进行审查时，既要尊重原告处分自己诉讼权利的自由，又要考虑原告撤诉是否属于其真实意思，同时还要注意对行政机关损害国家利益、社会公共利益和第三人合法权益的违法行政行为进行必要的监督。对被告以欺骗、胁迫等非法手段使原告撤诉的，要依照新法第59条的规定采取强制措施。

另外，根据新法第58条的规定，经人民法院传票传唤，原告

174

无正当理由拒不到庭，或者未经法庭许可中途退庭的，可以按照撤诉处理。

🖱 **相关规定**

《中华人民共和国行政诉讼法》第 58 条、第 59 条；《最高人民法院关于行政诉讼撤诉若干问题的规定》。

第六十三条 人民法院审理行政案件，以法律和行政法规、地方性法规为依据。地方性法规适用于本行政区域内发生的行政案件。

人民法院审理民族自治地方的行政案件，并以该民族自治地方的自治条例和单行条例为依据。

人民法院审理行政案件，参照规章。

🖱 **条文主旨**

本条是关于行政案件审理依据的规定。

🖱 **立法背景**

本条第 1 款、第 2 款为原法第 52 条，未作修改；第 3 款为原法第 53 条，作了简化修改，主要原因是立法法对规章的制定主体和适用规则已有明确规定，行政诉讼法可不再规定。

🖱 **条文解读**

根据本条规定，人民法院审理行政案件，以法律、行政法规、地方性法规、自治条例和单行条例为依据；同时，参照规章。

1. 法律。法律不仅包括全国人大及其常委会通过的以国家主席令形式公布的规范性文件，例如《中华人民共和国行政许可法》《中华人民共和国行政处罚法》《全国人民代表大会常务委员会关于修改〈中华人民共和国行政诉讼法〉的决定》等；同时也包括不以国家主席令形式公布的有关法律问题的决定，例如《全国人民代表大会常务委员会关于司法鉴定管理问题的决定》《全国人民代表大会常务委员会关于授权国务院在广东省暂时调整部分法律规定的行政审批的决定》等。

2. 行政法规。根据立法法，行政法规是指国务院根据宪法和法律，就执行法律的规定需要制定行政法规的事项和宪法第89条规定的国务院行政管理职权的事项制定的并由总理签署国务院令公布的规范性文件。考虑到立法法施行后我国行政法规的制定程序发生了很大变化，现行有效的行政法规有以下三种类型：一是国务院制定并公布的行政法规。二是立法法施行以前，按照当时有效的行政法规制定程序，经国务院批准、由国务院部门公布的行政法规。但在立法法施行以后，经国务院批准、由国务院部门公布的规范性文件，不再属于行政法规。三是在清理行政法规时由国务院确认的其他行政法规。地方性法规是指各省、自治区、直辖市和较大的市人大及其常委会根据本行政区域的具体情况和实际需要，在不同宪法、法律、行政法规相抵触的前提下制定的规范性文件，同时也包括经济特区所在地的省、市的人民代表大会及其常务委员会根据全国人民代表大会的授权决定，制定的经济特区法规。

3. 自治条例和单行条例。自治条例和单行条例是指自治区、自治州、自治县的人民代表大会依照当地民族的政治、经济和文化的特点制定的规范性文件。自治区的自治条例和单行条例，报全国人民代表大会常务委员会批准后生效。自治州、自治县的自治条例和单行条例，报省、自治区、直辖市的人民代表大会常务委员会批准后生效。自治条例和单行条例可以依照当地民族的特点，对法律和行政法规的规定作出变通规定，但不得违背法律或者行政法规的基本原则，不得对宪法和民族区域自治法的规定以及其他有关法律、行政法规专门就民族自治地方所作的规定作出变通规定。

4. 规章。规章包括部门规章和地方政府规章。部门规章是指国务院各部、各委员会、中国人民银行、审计署和具有行政管理职能的直属机构，根据法律和国务院的行政法规、决定、命令，在本部门的权限范围内制定的规范性文件。部门规章规定的事项应当属于执行法律或者国务院的行政法规、决定、命令的事项。地方政府规章是指省、自治区、直辖市和较大的市的人民政府，根据法律、行政法规和本省、自治区、直辖市的地方性法规，就执行法律、行政法规、地方性法规的规定需要制定规章的事项和属于本行政区域的具体行政管理事项制定的规范性文件。"人民法院审理行政案件，参照规章"，这意味着规章的地位与作为"依据"的法律、法规不同；人民法院在参照规章时，可以对规章的规定是否合法有效进行判断，但对于合法有效的规章应当适用。

此外，根据立法法、行政法规制定程序条例和规章制定程序条例的规定，全国人大常委会的法律解释，国务院或者国务院授权的部门公布的行政法规解释，人民法院也应当作为审理行政案件的法律依据；规章制定机关作出的与规章具有同等效力的规章解释，人民法院审理行政案件时予以参照。

关于人民法院审理行政案件时如何具体适用法律、法规、规章的问题，本条没有作出规定，应当依照立法法的规定进行。根据立法法，法律的效力高于行政法规、地方性法规、规章。行政法规的效力高于地方性法规、规章。地方性法规的效力高于本级和下级地方政府规章。省、自治区的人民政府制定的规章的效力高于本行政区域内的较大的市的人民政府制定的规章。自治条例和单行条例依法对法律、行政法规、地方性法规作变通规定的，在本自治地方适用自治条例和单行条例的规定。经济特区法规根据授权对法律、行政法规、地方性法规作变通规定的，在本经济特区适用经济特区法规的规定。部门规章之间、部门规章与地方政府规章之间具有同等效力，在各自的权限范围内施行。同一机关制定的法律、行政法规、地方性法规、自治条例和单行条例、规章，特别规定与一般规定不一致的，适用特别规定；新的规定与旧的规定不一致的，适用新的规定。法律、行政法规、地方性法规、自治条例和单行条例、规章不溯及既往，但为了更好地保护公民、法人和其他组织的权益而作的特别规定除外。根据立法法，法律之间对同一事项的新的一般规定与旧的特别规定不一致，不能确定如何适用时，由全国人民代表大会常务委员会裁决。行政法规之间对同一事项的新的一般规定与旧的特别规定不一致，不能确定如何适用时，由国务院裁决。地方性法规、规章之间不一致时，由有关机关依照下列规定的权限作出裁决：（1）同一机关制定的新的一般规定与旧的特别规定不一致时，由制定机关裁决；（2）地方性法规与部门规章之间对同一事项的规定不一致，不能确定如何适用时，由国务院提出意见，国务院认为应当适用地方性法规的，应当决定在该地方适用地方性法规的规定；认为应当适用部门规章的，应当提请全国人民代表大会常务委员会裁决；（3）部门规章之间、部门规章与地方政府规章之间对同一事项的规定不一致时，由国务院裁决。根据授权制定的法规与法律规定不一致，不能确定如何适用时，由全国人民代表大会常务委员会裁决。

◖ **相关规定**

《中华人民共和国立法法》第78条至第88条。

第六十四条 人民法院在审理行政案件中，经审查认为本法第五十三条规定的规范性文件不合法的，不作为认定行政行为合法的依据，并向制定机关提出处理建议。

⬤ 条文主旨

本条是关于规范性文件审查和处理建议的规定。

⬤ 立法背景

实践中，有些行政行为侵犯公民、法人或者其他组织的合法权益，是地方政府及其部门制定的规范性文件中越权错位等规定造成的。为从根本上减少违法行政行为，可以由法院在审查行政行为时应公民、法人或者其他组织的申请对规章以外的规范性文件进行附带审查；不合法的，转送有关机关处理。这符合我国宪法和法律有关人大对政府、政府对其部门以及下级政府进行监督的基本原则，也有利于纠正相关规范性文件的违法问题。因此，行政诉讼法修正案草案一审时增加规定：公民、法人或者其他组织认为行政行为所依据的国务院部门和地方人民政府及其部门制定的规章以外的规范性文件不合法，在对行政行为提起诉讼时，可以一并请求对该规范性文件进行审查。人民法院在审理行政案件中，发现上述规范性文件不合法的，不作为认定行政行为合法的依据，并应当转送有权机关依法处理。一审后，有些代表、地方、法院和专家学者提出，修正案草案将规范性文件转送有权机关处理的规定不够明确，建议修改，以便于执行。因此，草案二审时将有权机关明确为规范性文件的"制定机关"。

在行政审判实践中，人民法院经常涉及有关部门为指导法律执行或者实施行政措施而制定的规范性文件。行政机关往往将这些规范性文件作为行政行为的直接依据。2004年最高人民法院《关于审理行政案件适用法律规范问题的座谈会纪要》提出，这些规范性文件不是正式的法律渊源，对人民法院不具有法律规范意义上的约束力。但是，人民法院经审查认为被诉行政行为依据的具体应用解释和其他规范性文件合法、有效并合理、适当的，在认定被诉行政行为合法性时应承认其效力，并在裁判文书中引用；人民法院可以在裁判理由中对具体应用解释和其他规范性文件是否合法、有效、合理或适当进行评述。在行政诉讼法修改过程中，有的意见提出，既然新法第53条规定了对规范性文件的审查，人民法院经审查认为不合法的，就应当判决撤销，或者确认其违法、无效。有的意见则认为，根据宪法，县级以上地方各级人民代表大会常务委员会有权撤销本级人民政府不适当的决定和命令，县级以上地方各级人民政府有权改变或者撤销所属各工作部门和下级人民政府不适当的决定，因此，人民法院不宜直接判决撤销不合法的规范性文件，但可以不作为认定行政行为合法的依据。经研究，新法采用了"不作为依据并提出处理建议"的方案。

☜ 条文解读

新法第53条规定的规范性文件是指国务院部门和地方人民政府及其部门制定的规章以外的规范性文件。人民法院在审理行政案件中，经审查认为规章以外的规范性文件不合法的，不作为认定行政行为合法的依据，并向规范性文件的制定机关提出处理建议。人民法院可以在裁判理由中对规范性文件是否合法进行认定，需要注意，法院认定规范性文件不合法的，可以依法对行政行为作出判决，不需要中止案件的审理。

人民法院可以从以下几个方面审查规章以外的规范性文件是否合法：是否限制或者剥夺公民、法人和其他组织依法享有的权利；是否增加了义务等。

☜ 相关规定

《中华人民共和国行政诉讼法》第53条；最高人民法院《关于审理行政案件适用法律规范问题的座谈会纪要》。

第六十五条 人民法院应当公开发生法律效力的判决书、裁定书，供公众查阅，但涉及国家秘密、商业秘密和个人隐私的内容除外。

条文主旨

本条是关于人民法院应当公开生效裁判文书供公众查阅的规定。

立法背景

本条为新增加内容。在行政诉讼法修改过程中，有的常委会组成人员、地方和社会公众等多方面意见认为，应当增加人民法院主动公开生效裁判文书供公众查阅的内容，以进一步完善审判公开制度，促使人民法院提高审判质量，促进司法公正。综合考虑各方面的意见和建议，结合目前我国司法实践的经验，合理借鉴相关国家和地区在裁判文书公开方面的做法，本次修改增加了人民法院应当公开生效裁判文书供公众查阅的规定。

条文解读

一、人民法院公开生效裁判文书供公众查阅的意义

判决书、裁定书是记录人民法院审理案件的审理活动、裁判理由、裁判依据和裁判结果的载体，直接关系当事人的权利义务。生效裁判文书公开是审判公开制度的重要内容，对于提高审判质量、使当事人息诉服判、促进法治社会建设等具有重要意义。人民法院公开生效裁判文书供公众查阅，一是有利于促进人民法院切实贯彻公开审判原则，实现审判活动公开透明；二是可以使公众知悉裁判文书的内容，促使审判人员增强责任心，审慎处理每一个案件，不断提高办案质量，使当事人和社会公众在每一个案件中都能感受到司法的公平、公正，最大限度地赢得当事人和社会公众对司法的信任和支持；三是通过具体案例以案释法，宣传

普及法律知识，为社会公众学法提供途径，为法学理论研究提供资料来源，促进法治社会建设；四是有利于人民法院之间相互交流、学习和借鉴，有利于统一司法标准，提高司法水平。

二、人民法院公开生效裁判文书供公众查阅规定的具体内容

人民法院应当积极采取相应措施，根据实际情况依法采取多种方式公开裁判文书，方便社会公众查阅，切实保障社会公众查阅生效裁判文书的权利。

人民法院应当公开的裁判文书范围为生效的判决书、裁定书。判决书、裁定书以外的法律文书如起诉状、答辩状、法庭笔录等材料不属于本条规定的应当公开的范围。人民法院已经作出但尚未发生法律效力的判决书、裁定书，因其效力未定也不属于本条规定的应当公开的范围。

判决书、裁定书中涉及国家秘密、商业秘密和个人隐私的内容不能公开，社会公众也不能查阅。国家秘密、商业秘密和个人隐私应当受到保护，人民法院在公开裁判文书时，应当通过技术手段，隐去裁判文书中涉及国家秘密、商业秘密和个人隐私的内容。2009年最高人民法院《关于司法公开的六项规定》中规定，为保护裁判文书所涉及的公民、法人和其他组织的正当权利，可以对拟公开发布的裁判文书中的相关信息进行必要的技术处理。2010年《最高人民法院关于人民法院在互联网公布裁判文书的规定》中规定，人民法院在互联网公布裁判文书，对涉及自然人的家庭住址、通讯方式、身份证号码、银行账号、健康状况等个人信息，以及证人等诉讼参与人个人信息，应当进行相应的技术处理。对涉及商业秘密及其他不宜在互联网公开的内容，应当进行相应的技术处理。

◗ **相关规定**

最高人民法院《关于司法公开的六项规定》；《最高人民法院关于人民法院在互联网公布裁判文书的规定》第7条。

第六十六条 人民法院在审理行政案件中，认为行政机关的主管人员、直接责任人员违法违纪的，应当将有关材料移送监察机关、该行政机关或者其上一级行政机关；认为有犯罪行为的，应当将有关材料移送公安、检察机关。

人民法院对被告经传票传唤无正当理由拒不到庭，或者未经法庭许可中途退庭的，可以将被告拒不到庭或者中途退庭的情况予以公告，并可以向监察机关或者被告的上一级行政机关提出依法给予其主要负责人或者直接责任人员处分的司法建议。

☛ 条文主旨

本条是关于人民法院认为行政机关工作人员存在违法违纪或者犯罪行为以及被告拒不到庭或者未经许可中途退庭的处理的规定。

☛ 立法背景

本条对原法第 56 条作了修改，增加了对被告拒不到庭或者未经许可中途退庭的处理规定。在修改行政诉讼法过程中，有些常委会组成人员提出，经传票传唤无正当理由拒不到庭，或者未经法庭许可中途退庭的行为，扰乱了法庭秩序，不利于案件审理，建议作出更为严格的规定。因此，增加了人民法院可以将被告拒不到庭或者中途退庭的情况予以公告的规定。通过将被告行政机关的行为向社会公告从而接受社会监督的方式，促使其履行出庭义务，遵守法庭秩序。

☛ 条文解读

一、关于人民法院认为行政机关工作人员存在违法违纪或者犯罪行为的处理

行政诉讼的目的之一是监督行政机关依法行使职权，人民法院将在审理行政案件中发现的行政机关主管人员、直接责任人员违法违纪行为或者犯罪行为的有关材料移送有权处理机关，是监督行政机关依法行使职权的重要方式。因此，人民法院除了对引起争议的行政行为进行审理外，发现行政机关主管人员和直接责任人员在行政管理中有违法违纪行为或者犯罪行为的，不能置之不管，而应当依法将有关材料移送有关机关，由有关机关追究行政责任或者刑事责任。

本条规定的行政机关的主管人员是指行政机关的负责人，包括主要负责人和分管负责人。直接责任人员是指直接从事某项工作或者具体实施行政行为的工作人员。有关材料是指能够证明行政机关的主管人员、直接责任人员存在违法违纪行为或者犯罪行为的证据材料。

本条规定的行政机关的主管人员、直接责任人员的违法违纪或者犯罪行为是指行政机关的主管人员、直接责任人员在行政管理中的违法违纪或者犯罪行为，不包括在行政诉讼过程中的违法违纪或者犯罪行为。对于行政机关的主管人员、直接责任人员实施的妨碍诉讼的行为，应当依照新法第59条的规定追究责任；对于行政机关拒绝履行生效裁判的行为，应当依照新法第96条的规定追究责任。

根据行政监察法、公务员法、《行政机关公务员处分条例》的规定，人民法院在审理案件过程中，认为行政机关的主管人员、直接责任人员有下列违法违纪行为的，应当向有关单位移送材料：一是对行政相对人进行殴打、体罚、非法拘禁、非法搜查，或者非法侵入、非法搜查行政相对人住宅的；二是在工作中不履行或者不正确履行职责，给他人造成人身、财产损失的；三是以各种方式乱收费、乱摊派或者擅自向他人征收、征用财物的；四是擅自使用、调换、变卖或者损毁被查封、扣押、冻结、划拨、收缴的财物的；五是非法占用、买卖或者以其他形式非法出让、转让土地使用权；六是贪污、挪用党费、社保基金和救灾、抢险、防

184

汛、优抚、扶贫、移民、救济、防疫款物的；七是利用职务上的便利，索取他人财物，或者非法收受他人财物为他人谋取利益的。

人民法院在审理行政案件中，认为行政机关的主管人员、直接责任人员有违法违纪行为的，应当将有关材料移送监察机关、该行政机关或者其上一级行政机关。这样规定，主要是基于监察机关性质和干部管理权限的考虑，监察机关、本行政机关或者其上一级行政机关有权对行政机关的主管人员、直接责任人员给予政纪处分。比如，根据行政监察法的规定，监察机关对本级人民政府各部门及其国家公务员、本级人民政府及本级人民政府各部门任命的其他人员、下一级人民政府及其领导人员实施监察。监察机关根据检查、调查结果，对于违反行政纪律的行为，依法给予警告、记过、记大过、降级、撤职、开除行政处分。

人民法院在审理行政案件中，认为行政机关的主管人员、直接责任人员有犯罪行为的，应当根据侦查权限，将有关材料分别移送给公安机关、检察机关。根据刑事诉讼法的规定，认为行政机关的主管人员、直接责任人员有一般犯罪行为的，应当将有关材料移送公安机关；认为行政机关的主管人员、直接责任人员有贪污贿赂犯罪，渎职犯罪，利用职权实施的非法拘禁、刑讯逼供、报复陷害、非法搜查等侵犯公民人身权利的犯罪以及侵犯公民民主权利的犯罪行为的，应当将有关材料移送检察机关。

二、关于被告拒不到庭或者未经许可中途退庭的处理

在行政诉讼中，作为被告的行政机关出庭应诉是其履行职责的重要方式。新法第3条规定，被诉行政机关负责人应当出庭应诉。不能出庭的，应当委托行政机关相应的工作人员出庭。行政机关出庭应诉，提供证据证明行政行为的合法性或者证明其已经依法履行了职责，进行抗辩，有利于法院查明事实，作出正确裁判，解决争议。实践中，有的行政机关不尊重法院，经传票传唤拒不到庭，或者未经许可中途退庭，藐视法庭纪律。新法第58条规定，经人民法院传票传唤，被告无正当理由拒不到庭，或者未经法庭许可中途退庭的，可以缺席判决。被告确有不能按时到庭的事由，应当及时向人民法院提出。人民法院经审查，认为被告提出的理由正当，确实不能到庭的，可以决定延期审理。如果行政机关无正当理由拒不出庭，或者未经法庭许可中途退庭，人民法院可以缺席判决，这就增加了行政机关败诉的风险。行政机关一旦败诉，可能使本来合法的行政行为被确认违法或者被撤销甚至被确认无效，导致正常的行政秩序受到破坏，社会公共利益受到损害，甚至可能面临行政赔偿。因此，行政机关无正当理由拒不出庭，或者未经法庭许可中途退庭，本质上属于疏于履行其职责的渎职行为。根据《行政机关公务员处分条例》的规定，行政机关公务员有玩忽职守、贻误工作的行为的，应当给予行政处分。对于行政机关无正当理由拒不出庭，或者未经法庭许可中途退庭的渎职行为，人民法院可以向有行政管理职权和监督职权的监察机关或者被告的上一级行政机关提出司法建议，建议其依法给予被告行政机关的主要负责人或者直接责任人员行政处分。

相关规定

《中华人民共和国行政诉讼法》第 3 条、第 58 条、第 59 条、第 96 条；《中华人民共和国行政监察法》第 16 条；《中华人民共和国刑事诉讼法》第 18 条。

第二节　第一审普通程序

第六十七条　人民法院应当在立案之日起五日内，将起诉状副本发送被告。被告应当在收到起诉状副本之日起十五日内向人民法院提交作出行政行为的证据和所依据的规范性文件，并提出答辩状。人民法院应当在收到答辩状之日起五日内，将答辩状副本发送原告。

186

被告不提出答辩状的，不影响人民法院审理。

条文主旨

本条是关于人民法院发送起诉状副本和被告提供答辩状的规定。

立法背景

本条对原法第43条作了修改，主要有两处。一是将被告提出答辩状的时间由十日延长为十五日；二是将被告提交作出行政行为的有关材料明确为作出行政行为的证据和所依据的规范性文件。

诉讼程序是一个完整链条，在起诉人起诉、法院受理后，下一步程序就是法院将起诉状副本发送被告，由被告递交答辩状和相关证据、依据。这是原被告之间第一次意见交锋，有利于法院了解案件基本情况、双方主张，也有利于当事人双方之间了解对方的主张和理由，是辩论原则和诉讼地位平等的体现。

条文解读

一、法院发送起诉状副本

为了保证案件审理的顺利开展，便于被告及时提出答辩状，法院在决定立案后应当及时将原告起诉状副本发送被告。发送起诉状副本的期限为从立案之日起五日内，这是对法院的要求。本次修改增加了口头起诉的方式，口头起诉的并无起诉状，是由法院将起诉内容记入笔录。如果是口头起诉的，法院也应当将口头起诉告知被告，在五日内将口头起诉笔录的复制本发送被告。

二、被告提出答辩状和证据、依据

答辩状是被告对于原告向法院提出的诉讼请求进行反驳的诉讼文书。提交答辩状是被告一项提出自己主张和反驳理由的权利，同时也是一项义务，以方便法院和原告了解被告的主张。被告在提交答辩状时，还要提交作出行政行为的证据和所依据的规范性

文件。这是行政诉讼法较民事诉讼法所特有的规定。要求提交证据，是与行政诉讼中由被告负举证责任和逾期不举证视为没有证据等证据规则相关联的。尽管行政行为所依据的规范性文件不属于证据范畴，但与被告负举证责任的原理是一致的，被告更接近于规范性文件，同时规范性文件数量很多，由被告提供有利于提高审判效率。本次修改将提交答辩状的时间由十日延长为十五日。在修法过程中，不少意见提出，被告答辩应诉需要行政机关内部的层层审批，答辩时间往往不够。考虑到这一意见符合实际情况，采纳了这一意见。将有关材料具体为证据和规范性文件，法意并无改变，目的使法律规定更明确并具可操作性。

另外，根据民事诉讼法的规定，管辖权异议应当在提交答辩状期间提出。当事人未提出管辖异议，并应诉答辩的，视为受诉法院有管辖权。这一规定，行政诉讼也适用。管辖权异议的提出，原则上应当限于被告和第三人。

三、不提交答辩状的后果

司法实践中，因各种原因，有的被告不按期提供答辩状。本条从保障法院审理和提高司法效率出发，规定被告不提交答辩状的，不影响案件的审理，即并不影响行政诉讼程序下一阶段的进行。修改过程中，有的意见建议删去本款规定，认为本规定不利于规范和制约被诉行政机关不提交答辩状行为，不提交答辩状是对法院的藐视或者视为对原告的诉讼请求无所辩驳，建议明确其承担不利后果。被告不提交答辩状，是违反行政诉讼程序的行为，同时也是放弃了一次反驳的机会。考虑到行政诉讼法对被告违反行政诉讼程序已经规定了较为严格的法律责任，如由被告负举证责任、逾期举证视为没有证据、无故不出庭或者中途退庭时的缺席判决、予以公告和发出给予处分的司法建议等，这些对被告而言是实质性的不利后果，因此暂未对被告不提交答辩状规定相应的法律责任。

188

☞ 相关规定

《中华人民共和国民事诉讼法》第 125 条。

第六十八条　人民法院审理行政案件，由审判员组成合议庭，或者由审判员、陪审员组成合议庭。合议庭的成员，应当是三人以上的单数。

☞ 条文主旨

本条是关于审判组织形式的规定。

☞ 立法背景

原法第 46 条关于合议制的规定，普遍适用于一审、二审程序，是与当时的民事诉讼法不同的特殊规定。但这次行政诉讼法修改之后，一审程序中增加了简易程序，审判组织中增加了独任制，与民事诉讼的审判组织具有较大的相似性。新法对原法第 46 条未作修改，但是整体结构上为求协调一致，将其放入第一审普通程序，为行政诉讼法引入简易程序和独任制留下了解释空间。

☞ 条文解读

人民法院对行政案件进行审理和裁判的组织形式有两种：一种是合议制，一种是独任制。本条规定了人民法院审理行政案件采取的主要形式是合议制，即集体审判制度。合议庭是实现这种集体审判制度的组织形式。

合议制是民主集中制在人民法院审理行政案件时的具体体现。具体要求是人民法院审理行政案件，由审判员组成合议庭，或者由审判员、陪审员组成合议庭。合议庭的成员，应当是三人以上的单数。合议的成员是平等的，评议案件时实行少数服从多数原则。

本条规定了行政案件中实行合议制的组成形式有两种：（1）由审判员组成合议庭，即合议庭人员全部为审判员，不吸收陪审员参加；（2）由审判员、陪审员组成合议庭。陪审员作为合议庭的组成人员，在整个审判过程中与审判员有同等的权利。究竟哪些行政案件由审判员组成合议庭审理，哪些行政案件由陪审员参加合议庭审理，新法未作限制性规定，而是由人民法院根据案件的实际情况确定。实践中，对于某些案件，特别是对技术性、业务性比较强的案件，请有关领域的陪审员参加，对于准确认定案件事实、正确适用法律，说服和教育当事人具有重要意义。

☞ **相关规定**

《中华人民共和国民事诉讼法》第 39 条。

第六十九条 行政行为证据确凿，适用法律、法规正确，符合法定程序的，或者原告申请被告履行法定职责或者给付义务理由不成立的，人民法院判决驳回原告的诉讼请求。

☞ **条文主旨**

本条是关于驳回原告诉讼请求判决的规定。

☞ **立法背景**

本条是新增加的内容。原法第 54 条规定了四类判决形式。有的意见提出，这四类判决形式不能满足司法实践的需求，影响了行政争议的解决效果。有的意见还建议参照国外立法例，实行诉讼类型化，对不同类型的诉讼请求设置相应的诉讼程序和判决形式。考虑到实践需求和设置不同判决形式的必要性，此次修改丰富了判决形式，增加了给付判决、确认违法判决、确认无效判决、履行协议判决，以驳回原告诉讼请求判决取代了维持判决，扩大了撤销判决、变更判决的适用范围。本条就是有关驳回原告诉讼请求判决的判决形式的规定。

● **条文解读**

此次修法，以驳回原告诉讼请求判决取代了维持判决，而《最高人民法院关于执行〈中华人民共和国行政诉讼法〉若干问题的解释》中驳回原告诉讼请求判决是与维持判决并列的，因此本法所称的驳回原告诉讼请求判决应当范围要宽。司法实践中，驳回原告诉讼请求有两种形式，一种是程序上的裁定驳回，另一种是实体上的判决驳回，本条是指后者。

一、关于取消维持判决

本次修改中，对维持判决有取消和保留两种不同意见。取消维持判决主要有以下考虑：一是，法律前后修改的一致性。修法时将立法目的"维护和监督行政机关依法行使行政职权"中的"维护"删去了，相应的维持判决不宜保留。二是，维持判决与法院的中立性、裁决性地位不符，容易让社会产生"官官相护"的误解，不利于行政诉讼作用的发挥。三是，维持判决让原告很难接受，原告本来是不服行政行为而提起诉讼的，最后判决却是维持被诉行政行为，两相比较很不平衡。四是，维持判决与行政行为效力理论不一致，行政行为一经作出具有公定力、确定力等法律效力，法院判决可以否定其效力，但行政行为的效力却不是法院赋予的，也不是法院可以维持的。五是，根据既判力理论，法院作出维持判决后，行政机关就不能改变被诉行政行为，给行政机关自己弥补被诉行政行为合法但不合理的不足或者根据实际情况调整合法的行政行为，带来障碍和负面影响。因此，草案取消了维持判决，驳回原告诉讼请求判决是完全可以涵括维持判决适用情形的。

二、增加驳回原告诉讼请求判决的理由

本次修改中，要求增加驳回原告诉讼请求判决的建议很强烈，认为是对判决方式的必要发展。这一意见被采纳的理由有两个：

一是，驳回原告诉讼请求本来就在广泛使用，不会有大的波动。修法前，驳回原告诉讼请求尽管并未成为独立的判决形式，而是在维持判决中一般会载明维持被诉行政行为，同时驳回原告诉讼请求。二是，维持判决不能涵括一些实际情况，不够用，而驳回原告诉讼请求可适用范围更宽。如不作为案件中，不作为并未违法，不宜用维持判决。还如被诉行政行为合法，但存在不合理问题或者因法律、政策变化需要变更或者废止，也不宜用维持判决。

三、驳回原告诉讼请求判决的适用条件

驳回原告诉讼请求判决，就是原告败诉，由原告承担相应败诉责任。以驳回原告诉讼请求判决取代维持判决，本意不是改变我国行政诉讼是客观诉讼的定位，而是为了解决司法实践中的实际问题而作的修改。作出驳回原告诉讼请求判决，法院仍要坚持对被诉行政行为合法性审查和由被告负举证责任，而不能将审查对象转为原告诉讼请求和提出的证据，更不能以原告诉讼请求和提出的证据不成立就直接判决驳回原告诉讼请求。这也决定了客观判决优先的原则，即法院应当优先适用撤销判决、确认违法判决、确认无效判决等判决。本条规定了驳回原告诉讼请求判决的三类适用情形：一是行政行为合法的，即证据确凿，适用法律、法规正确，符合法定程序，这可以包括多种情形，如行政行为完全合法、合法但不合理、合法但应改变或者废止等。二是原告要求被告履行法定职责但理由不成立的。三是原告要求被告履行给付义务但理由不成立的。

修法过程中，有的意见提出，扩大驳回原告诉讼请求判决的适用范围，规定凡是原告诉讼请求不成立的，就可以判决驳回原告诉讼请求。理论上一直有主观诉讼和客观诉讼之分，判决不宜脱离原告诉讼请求而单就被诉行政行为合法性审查。扩大驳回原告诉讼请求判决的范围，将注意力放在原告诉讼请求是否成立的问题上，显然是主观诉讼的路子，这与我国行政诉讼法侧重客观

诉讼以及合法性审查、被告承担举证责任等基本制度架构不符，违背了我国行政诉讼的功能定位。在现行情况下，扩大驳回原告诉讼请求判决的适用情形，必然会冲击撤销判决、确认违法判决等判决形式，表面上看是回应了原告的关切，实际上不利于原告合法权益的保护。因此，这一意见未被采纳。

有的意见提出，被诉行政行为的合法与违法情形对不上，本条规定存在逻辑矛盾。考虑到判断被诉行政行为合法的三个情形是原法的规定，在司法实践中并没有出现问题，同时对适用法律、法规正确可以作宽泛理解，相对应的不仅包括适用法律、法规错误，还包括职权违法（超越职权）、处理违法（滥用职权、明显不当）。因此，这一意见亦未被采纳。

● 相关规定

《最高人民法院关于执行〈中华人民共和国行政诉讼法〉若干问题的解释》第 57 条。

第七十条 行政行为有下列情形之一的，人民法院判决撤销或者部分撤销，并可以判决被告重新作出行政行为：

（一）主要证据不足的；

（二）适用法律、法规错误的；

（三）违反法定程序的；

（四）超越职权的；

（五）滥用职权的；

（六）明显不当的。

● 条文主旨

本条是关于撤销判决和要求重新作出行政行为判决的规定。

立法背景

本条是原法第 54 条中独立出来的一条，并作了一处重要修改，增加了"明显不当"情形。在修改过程中，对程序违法也作了多次调整，最后采用了折中方案，仍将程序违法作为撤销情形，同时将程序轻微违法，但对原告权利不产生实际影响的情形作为确认违法判决的适用情形。

条文解读

撤销判决是行政诉讼中重要的判决形式，其法律后果是行政机关承担败诉责任，依照判决撤销被诉行政行为。判决被诉行政行为撤销的理由是行政行为违法，本条列举了六类违法情形。被诉行政行为只要存在一类违法情形，就应当判决撤销被诉行政行为。撤销分为全部撤销和部分撤销，行政行为中部分违法的，应当撤销违法部分，保留正确部分。

一、主要证据不足

行政机关作出行政行为，应当认定案件事实并有相应的证据证明。人民法院审理行政案件，遵循以事实为根据，以法律为准绳原则，需要审查被诉行政行为所认定的事实是否属实，证据是否充足。判断证据是否充足，涉及证明标准问题。行政诉讼既要查清事实，又要兼顾行政管理特点和实际情况，其证明标准介于刑事诉讼和民事诉讼之间，比刑事诉讼中排除合理怀疑标准要低，比民事诉讼中优势证据标准要高，有观点将之归纳为"清楚而有说服力"标准。由于行政诉讼情形很多，特别是被诉行政行为多样化，很难有一个统一的证明标准，因此本条保留了原法中"主要证据不足"的表述。主要证据不足，是指行政机关作出的行政行为缺乏事实根据，导致认定的事实错误或者基本事实不清楚。主要证据不足这个判断标准有很大包容性，在遵循基本含义的基础上，需要结合司法实践和行政管理实际情况，作出更为细致的

194

规定，如有关对当事人权益影响较大的处罚、许可等案件，应当遵循更严格的证明标准；有关证券类行政案件，证明标准就没有那么严格了。需要指出的是，这个证明标准与二审审查标准、再审条件是一致的。

有的意见认为，证据确凿与主要证据不足的逻辑不周延，主要证据充足但次要证据有所欠缺的，并不能称之为证据确凿。这涉及对证据确凿的理解，考虑到主要证据包括证明案件基本事实的证据和其他事实的主要证据，行政行为所认定事实的主要证据确实、充分的，就可以认为行政行为的证据确凿。证据确凿是主要证据确实、充分的另一个表述。因此，证据确凿与主要证据不足是可以相对应的。

二、适用法律、法规错误

行政机关作出行政行为，查清事实是第一步，然后是适用法律、法规。法院审查行政行为，需要审查行政机关适用法律、法规是否正确。适用法律、法规错误的，属于违法行政行为，应当予以撤销。实践中，适用法律、法规错误主要有以下几种情形：一是，应当适用甲法，却适用了乙法；二是，应当适用上位法、特别法、新法，却适用了下位法、一般法、旧法；三是，应当适用某一条款，却适用了该法的其他条款；四是，应当适用某一条款，却没有说明所依据的法律或者援引具体法律条文；五是，适用了尚未生效或者已经失效、废止的法律、法规等。当然，本项规定是狭义的，仅指行政行为所依据的法律、法规。广义的适用法律、法规错误，还可以包括超越职权、滥用职权、明显不当等情形。

三、违反法定程序

依法行政包括实体正义和程序正义。行政机关作出行政行为，不仅要结果正确，还要程序合法。行政处罚法、行政许可法、行政强制法等很多法律法规都规定了行政程序，违反了法定程序，就属于行政违法，被诉行政行为应当被撤销。有的意见提出，原法中只要违反法定程序就要撤销被诉行政行为，彰显了程序正义，但规定过于严格，目前实施有难度。在程序正义与行政效率、公共利益之间如何取舍？考虑到程序观念在我国很有必要树立且社会基础较差，因此在行政诉讼法中不能弱化程序地位。同时，有些程序轻微违法，但对原告权利不产生实际影响的，如行政决定书送达迟了几天，也要考虑实际效果和行政成本。因此，本项规定几易其稿，维持了违反法定程序属于撤销情形的原则性规定，同时开了一个小口子，即在程序轻微违法情形下对原告权利不产生实际影响的，判决确认该行政行为违法，一方面对被诉行政行为作出否定性评价，另一方面照顾了实际情况。虽对原告权利不产生实际影响但程序违法非属轻微违法的，或者虽属程序轻微违法但对原告权利产生实际影响的，都适用撤销判决，而非适用确认违法判决。

有的意见提出，违反法定程序标准过低，还要加上违反正当程序。考虑到正当程序是一个学理概念，司法裁量空间过大，对行政机关要求很高，我国依法行政水平正在稳步提高，程序观念本身在逐步树立过程中，立法不宜步子太大，应循序渐进，因此这一意见未被采纳。

四、超越职权

职权法定是依法行政的重要内容。司法实践中，法院审查被诉行政行为，往往第一步就看被告是否有权作出行政行为。超越职权，就是行政职权超过法定职权范围，使得超过部分没有法律依据。这里的超越职权应作广义理解，包括根本没有行政主体资格、超越事务管辖权（甲机关行使了乙机关的职权）、超越地域管辖权（甲地机关行使了乙地机关的职权）、超越级别管辖权（下级机关行使了上级机关的职权）、超越了法律规定的职权（法律规定罚款权但行使了责令停产停业权）等。行政机关必须在其职权范围内行使职权，超越职权所作的行政行为，法院应当判决予以撤销。

196

五、滥用职权

行政机关滥用职权，是指行政机关作出行政行为虽然在其权限范围内，但行政机关不正当行使职权，违反了法律授予这种权力的目的。滥用职权是一种严重主观过错，针对的是行政自由裁量权，表面上合法但实质极不合理，因此归入了不合法的范畴。司法实践中，滥用职权一直未得到很好运用，由于刑法中有滥用职权罪，法院很少以滥用职权为由撤销被诉行政行为。对于滥用职权的内涵一直有争论，有宽窄不同理解，有的学者主张一切对裁量标准的严重违背都纳入滥用职权范围。考虑到我国行政诉讼坚持合法性审查原则，任何颠覆性的扩张理解都有违立法初衷和现有制度框架。

六、明显不当

这是新增加的内容。机械式的合法性审查不能满足实践需求，全面的合理性审查却又偏离诉讼制度定位和实际情况。本次修改既坚持了原则，又在推动实质解决行政争议方面作了努力，对于行政机关行使自由裁量权过程中极端不合理的情形纳入合法性范围，增加规定明显不当的，适用撤销判决。明显不当与滥用职权，都针对行政自由裁量权，但规范角度不同，明显不当是从客观结果角度提出的，滥用职权则是从主观角度提出的。考虑到合法性审查原则的统帅地位，对明显不当不能作过宽理解，界定为被诉行政行为结果的畸轻畸重为宜。

需要指出的是，撤销判决与确认违法判决、确认无效判决、变更判决是一般与例外的关系，有些适用情形有包容关系，一方面不能扩大确认违法判决、确认无效判决、变更判决的适用条件和范围，冲击撤销判决的重要地位，另一方面符合法定条件的，应当优先适用确认违法判决、确认无效判决、变更判决。

要求重新作出行政行为判决是撤销判决的补充，也是司法权与行政权分工，法院不能代替行政机关作出行政行为原理的体现。行政行为被判决撤销后，如有原告的权利或者义务尚需确定等情

197

况，法院应当在判决撤销的同时，判决被告重新作出行政行为。司法实践中，法院往往为保护国家利益、社会公共利益或者当事人合法权益，作出责令重新作出行政行为判决。如行政处罚因违反法定程序被判决撤销但当事人违法行为确需予以处罚的，对当事人民事权益争议的行政裁决被撤销但该民事争议确需解决的，错误登记行为被撤销后依法应当变更登记的，复议机关改变原行政行为被判决撤销的，等等。

第七十一条　人民法院判决被告重新作出行政行为的，被告不得以同一的事实和理由作出与原行政行为基本相同的行政行为。

条文主旨

本条是关于被告依撤销判决重新作出行政行为的规定。

立法背景

为保护国家利益、社会公共利益或者当事人合法权益，法院在有的情况下判决撤销行政行为时，还需要判决行政机关重新作出行政行为。行政机关重新作出行政行为，应当受到法院判决既判力的约束，否则不仅损害司法权威，也不利于行政争议的解决，徒增当事人诉累。同时，由于司法权与行政权的分工，法院不能代替行政机关作出行政行为。

条文解读

如何处理好法院判决既判力和行政机关自我决定的关系，成为行政诉讼所特有的问题。法院判决既判力既体现在被诉行政机关必须重新作出行政行为，不得拒绝作出，还体现在重新作出的行政行为要受到法院撤销判决所认定事实和阐述理由的约束，即不得以同一事实和理由作出与原行政行为基本相同的行政行为。

198

换言之，行政机关重新作出行政行为，不仅要依法作出，还要受判决所载明内容的约束。这里的同一事实，是指被撤销行政行为所认定的事实。同一理由，是指被撤销行政行为的证据和所依据的规范性文件。

理解本条，一方面要尊重行政机关所作的行政行为，同一事实、同一理由是指完全相同的事实和理由。另一方面要明确本条规定只是实体方面的最低要求，除了本条规定还需要遵循法院判决既判力的一般理论，如撤销判决中对原行政行为认定事实明确为不成立或者法律适用错误的，被告应遵循。需要指出的是，不仅法院判决重作的行政行为要受撤销判决的约束，法院未判决重作但行政机关自己重作的行政行为也要受撤销判决的约束。

第七十二条　人民法院经过审理，查明被告不履行法定职责的，判决被告在一定期限内履行。

☛ 条文主旨

本条是关于履行职责判决的规定。

☛ 立法背景

本条是由原法第54条的一项单独成条。行政机关违法作出行政行为，以及消极懈怠不履行法定职责，都是行政违法情形。实践中，行政机关不作为危害很大，特别是随着依法行政的要求越来越高，行政问责的力度越来越大，有的行政机关工作人员当"太平官"，不求有功但求无过的懒政思想有所抬头，需要予以重视，将治理乱作为和不作为放在同样重要的位置。行政机关不履行法定职责，损害公民的合法权益的，应当给予司法救济。随着针对行政不作为案件的增多，履行职责判决成为行政诉讼的一种重要判决方式，据统计，2010年全国法院一审判决责令行政机关履行法定职责的案件达1142件，占以实体判决方式结案的3.8%，相对集中在土地管理、劳动和社会保障、城市规划和拆迁、房屋登记等领域。本次修法重点之一就是对不作为案件的诉讼规则进行了完善和发展，一是明确行政行为概念包括行政不作为；二是在受案范围中明确了不作为情形，保留规定申请行政机关履行保护人身权、财产权等合法权益的法定职责，行政机关拒绝履行或者不予答复，以及申请行政许可，行政机关不予答复的，属于受案范围；三是为方便当事人起诉，保护当事人诉权，明确了不作为诉讼的起诉期限起算点，为行政机关接到申请之日起两个月后，同时还规定了紧急情况下起算点不受前款两个月规定的限制；四是规范了不作为案件的证据规则，原告需要提供其向被告提出申请的证据，但被告依职权主动履行法定职责和原告有正当理由不能提供的除外；五是保留了针对行政不作为的判决形式，即本条的规定，履行职责判决。

📖 条文解读

一、履行职责判决的确立

行政机关作出行政行为属于行政权的范畴。履行职责判决，是由法院判断是否作出行政行为，涉及司法权与行政权的分工问题。日本等国家对履行职责判决非常慎重，日本在 2004 年修改行政诉讼法之前，对行政不作为只规定了确认不作为违法判决，一直不承认履行职责判决。我国 1989 年行政诉讼法制定时，就明确了履行职责判决，赋予了法院要求行政机关作出一定行为的判断权，理念很先进，至今未落后。履行职责判决虽涉及权力界限问题，但有利于行政争议的实质解决。

二、履行职责判决的适用情形

履行职责判决针对的是行政机关不履行法定职责的情形。理解该判决的适用情形，需要注意以下几点：一是不履行包括拒绝履行和拖延履行两种情形。二是不履行的是法定职责，法律法规明确规定的职责，原则上约定职责、后续义务等不属于本判决适用情形，应当作为行政协议争议解决。三是与本法适用范围相对应，法定职责主要是保护职责、对当事人申请不予答复。具体范围，需要在司法实践中予以研究和具体化，要防止对不履行法定职责作过宽或者过窄理解，不能把行政机关裁量范围内的事项以未采取一定措施为由一律划入不作为范围内。

有的人认为，拒绝给予许可行为属于不履行法定职责。在许可领域，行政机关的法定职责是依法审查是否给予许可，而不是必须给予许可。由于拒绝给予许可是行政机关根据法定的许可条件作出不予许可的行政行为，不是对法定职责的消极懈怠行使，而是积极地行使了法定职责，不属于不作为情形。日本对这个问题作了变通规定，要求当事人先提出确认不予许可行为违法诉讼，只有该诉讼胜诉了，才能提起履行职责诉讼。我国可以在撤销判决中予以处理这个问题。

三、履行职责判决的内容

不作为案件中被告败诉的，法院判决被告履行法定职责，要求其作出一定行为。但判到什么程度，需要根据实际情况来作出判断，判决时应当遵循司法权与行政权的分工。司法实践中主要有三种做法：要求被告依法履行职责、要求被告依法履行职责且对履行职责的方式等提出原则要求、明确履行的具体内容。其中明确履行具体内容的判决，法院应当慎重处理，只有在根据法律、法规规定，行政机关履行法定职责是非常清楚的，行政机关没有自由裁量权的情形才可作出。本条未对履行职责判决的内容作进一步规定，法院在具体作出判决时应当既要考虑实质解决行政争议，也要遵循司法权与行政权的分工原则。

法院在判决被告履行法定职责时，应当明确一定的履行期限。具体期限根据案件的具体情况和履行的可能需要的时间来确定。履行期限既不能太短，行政机关难以完成，也不能太长，防止行政机关拖延。一般来说，履行期限应当要短于法律、法规规定的行政机关履行该项职责的期限。

第七十三条　人民法院经过审理，查明被告依法负有给付义务的，判决被告履行给付义务。

本条是关于给付判决的规定。

立法背景

本条是新增加的内容。近年来，随着社会经济发展，政府职能从管制开始向管制、服务并重转变，行政给付等受益性行政行为大量出现。

条文解读

本次修改将受案范围中行政给付案件由支付抚恤金扩大为最低生活保障费、社会保险待遇等事项，对行政给付已经成为行政行为重要类型的现实作出了回应。需要说明的是，在有的诉讼理论上，给付诉讼是一个广义概念，包括了履行法定职责和依法给付金钱财物，甚至还包括要求被告不作出一定行为。本条规定的给付判决，要比给付诉讼窄很多，是专门针对行政给付行为设置的相应判决。

近年来，英美国家中行政给付才可诉。在以前很长一段时间内，英美国家中行政给付行为是不可诉的，理由是行政给付是国家根据政策判断作出的裁量性授益行为，行政给付是国家的恩惠，给付不构成当事人的合法权益。我国在上世纪 80 年代末就规定有关行政给付的可诉性，现行行政诉讼法规定了抚恤金发放行为的可诉性。近年来，《中华人民共和国社会保险法》《城市居民最低生活保障条例》《社会救助暂行办法》分别规定了支付社会保险待遇、最低生活保障待遇、各项社会救助行为的可诉性。因此，本法不仅在受案范围有关行政给付的规定中增加列举了给付情形，还专门规定了给付判决。

给付判决与履行职责判决在适用范围上是不同的，但在判决机理上很类似，都是法院判决行政机关作出一定行为。法院经审查，查明被告依法负有给付义务的，判决被告履行给付义务，具体内容是判决要求被告应当给付，如果要求被告履行给付义务且对给付内容等提出原则要求或者明确给付的具体内容，就会牵涉到司法权与行政权的界限问题，需要从严把握。

◗ **相关规定**

《中华人民共和国行政诉讼法》第 12 条第 1 款第 10 项；《中华人民共和国社会保险法》第 83 条；《城市居民最低生活保障条例》第 15 条；《社会救助暂行办法》第 65 条。

第七十四条 行政行为有下列情形之一的，人民法院判决确认违法，但不撤销行政行为：

（一）行政行为依法应当撤销，但撤销会给国家利益、社会公共利益造成重大损害的；

（二）行政行为程序轻微违法，但对原告权利不产生实际影响的。

行政行为有下列情形之一，不需要撤销或者判决履行的，人民法院判决确认违法：

（一）行政行为违法，但不具有可撤销内容的；

（二）被告改变原违法行政行为，原告仍要求确认原行政行为违法的；

（三）被告不履行或者拖延履行法定职责，判决履行没有意义的。

◗ **条文主旨**

本条是关于确认违法判决的规定。

☞ 立法背景

本条是新增加的条文。司法实践中，为了应对一些被诉行政行为违法但不宜或者不能适用撤销、履行职责等判决的情形，创设了确认违法判决。考虑到确认违法判决符合实际情况，有利于丰富判决形式，增强法律的科学性和可执行性，此次修法增加了确认违法判决。

☞ 条文解读

在修法过程中，对确认违法判决并没有实质性的不同意见。本条规定的确认违法判决分为两款，同为确认违法判决，但效果不同。第1款中的确认违法判决，又称为情况判决，被诉行政行为虽违法，但考虑其他法益，该行政行为仍然有效，不予撤销。第2款的确认违法判决中被诉行政行为虽违法，但客观上不需要撤销，只需宣告该行政行为违法。

在某种意义上，确认违法判决是对违法行政行为的"宽容"和妥协，需要严格适用，不能任意解释。适用确认违法判决需要坚持两个原则，第一，确认违法判决是撤销判决、履行职责判决的补充，不是主要的判决形式；第二，确认违法判决必须符合法定条件，法定条件要严格把握。适用确认违法判决的情形有：

一是，行政行为依法应当撤销，但撤销行政行为会给国家利益、社会公共利益造成重大损害。在这种情形下，法院需要衡量撤销违法行政行为与国家利益、社会公共利益两项法益，如果前者小于后者，撤销违法行政行为会给国家利益、社会公共利益造成重大损害的，不能适用撤销判决，而只能适用确认违法判决，反之，则不能适用确认违法判决。本法未对重大损害作出界定，实践中，如某楼盘的城乡规划许可虽违法，但房屋已经售出，撤销该许可将导致诸多法律关系处于不确定状态，这就是对社会公共利益的重大损害。司法实践中，对重大损害应当严格把握。

二是，行政行为程序轻微违法，但对原告权利不产生实际影响的。行政行为违反法定程序，应当判决撤销。这里的违反法定程序包括程序轻微违法。但是，如果程序轻微违法，但对原告权利不产生实际影响的，如行政决定书晚送了一天，如果判决撤销，只会是重做一遍行政行为，结果不会变，对当事人程序权利也没有大的损害，因此从行政成本和诉讼经济考虑，不宜撤销该行政行为，但仍需对该行政行为予以否定性判决，判决确认其违法。程序轻微违法主要是指行政程序可以补正的一些情形，不影响实体决定的正确性，如告知送达不规范、超过法定期限作出决定。对于什么是程序轻微违法，各国有不同认识，如应当经过听证而未听证的程序违法，日本认为不属于程序轻微违法，而德国则规定为可以补正的程序轻微违法。我国立法和司法判例中将告知申辩权、听证等都作为重要程序，一旦违反，属于重大程序违法应予撤销行政行为。

以上两种确认违法的情形，被诉行政行为被宣告为违法，是被告败诉，应当采取补救措施，承担败诉责任，如赔偿责任、诉讼费承担等。同时，被诉行政行为不予以撤销，其效力仍继续存在。

三是，行政行为违法，但不具有可撤销内容的。这主要是针对违法的事实行为。事实行为实际影响当事人的利益却不为当事人设定权利义务，如殴打行为或者执行行为，不具有可撤销内容。在政府信息公开领域中，被告公开了政府信息，但该信息涉及原告商业秘密、个人隐私且不存在公共利益等法定理由的，属于公开行为违法，这时也只能判决确认公开信息行为违法，并无撤销内容。

四是，被告改变原违法行政行为，原告仍要求确认原行政行为违法的。被告改变原违法行政行为，该行政行为已经不存在了，为了保护当事人合法权益，我国行政诉讼法仍允许当事人起诉，但原告胜诉需要撤销原违法行政行为的，已经无行政行为可撤，只能作出确认违法判决。

五是，被告不履行或者拖延履行法定职责，判决履行没有意义的。在一些要求行政机关履行保护的法定职责案件中，由于原告的请求时效性很强，时过境迁再去履行已无条件或者无任何实际意义，此时就不宜判决履行法定职责。确认违法判决更为适宜。

以上三种确认违法的情形，客观上不宜作出撤销或者履行职责判决，确认违法判决确认了被诉行政行为的违法性，应当由被告承担败诉责任。

修法过程中，有的人提出，有的国家中没有确认违法判决，有关情形适用驳回原告诉讼请求判决，建议采纳该做法。考虑到判决涉及当事人合法权益，社会影响较大，设计判决方式时要兼顾法律逻辑和社会效果，原告本来是对的，法院不仅没有撤销违法行政行为，还要驳回原告诉讼请求，判原告败诉，法理、情理都说不通，也必然难以解决行政争议。因此，这一建议未被采纳。

第七十五条 行政行为有实施主体不具有行政主体资格或者没有依据等重大且明显违法情形，原告申请确认行政行为无效的，人民法院判决确认无效。

● **条文主旨**

本条是关于确认无效判决的规定。

● **立法背景**

本条是新增加的内容。在修改过程中，有关行政机关提出确认无效判决体现了依法行政的发展方向和发展水平，是有必要的，但也表示了担心，认为行政行为无效和确认无效判决对行政机关的要求很高，且在我国都是新事物，为了便于操作，起步更为稳妥，建议明确适用情形，且适用情形不能太宽。为此，本条几易其稿，从原则规定到列项规定，再到列举但不分项规定。

💬 **条文解读**

一、为什么增加本条规定

我国目前还没有行政行为无效的实体规定，在缺乏实体规定的情况下，此次修法增加了确认无效判决，具有较强的前瞻性，这遵循了我国行政立法先程序后实体的发展路子和经验。引入确认无效判决主要有以下考虑：

一是，增强行政诉讼制度的完备性、科学性。行政诉讼是为解决行政争议而建立的程序制度，能不能解决好行政争议，完备、科学的诉讼程序，特别是判决方式，起到很重要的作用。"工欲善其事，必先利其器。"目前，我国行政诉讼法用撤销判决把行政行为无效和一般违法"一勺烩"，混淆了无效和一般违法的界限，已经不适应法律制度精细化要求，也不能满足实践需求。引入确认无效判决有利于我国行政诉讼制度的发展完善。

二是，有利于解决行政争议。此次修法的目的之一是推动实质性解决行政争议。引入确认无效判决，有利于将一些重大且明显违法的无效行政行为纳入行政诉讼审查，发挥行政诉讼的作用，防止将矛盾和争议推向社会。

三是，有利于提高依法行政水平。将行政行为违法细分为一般违法和无效，将一些重大且明显违法的行政行为挑了出来，进行更严格审查，规定了更为不利的法律后果，确实是对行政机关提出了更严要求。只有提出更严要求，才能纠正那些"粗暴"、低水平违法，从长远看有利于提高行政机关依法行政水平。

四是，有利于推动行政法理论和立法的发展。民法通则早在1986年就规定了民事行为的无效和可撤销。行政行为同样也客观上存在无效和一般违法情形，这已有多国立法例，我国地方性法规中也作出了一些规定，但是行政行为无效理论进展迟缓，立法中更是没有真正出现过。在行政诉讼法这样的程序法中规定确认无效判决，慎重提出行政行为无效的初步标准，将会推动行政法理论研究和法律制度的发展。

二、如何理解本条规定

引入确认无效判决很必要，但要避免步子迈得过大而作用适得其反。因此，理解本条规定要注意以下几点：一是确认无效判决的适用情形是很少的，不能成为常规化的判决形式。正确界定行政行为无效情形，只有重大且明显的违法才是无效，重大与明显需同时具备，大陆法系国家基本都用了这个标准。什么是重大且明显，需要解释，一般理解为违法情形很重大，也很明显，使得普通百姓都能合理判断出。具体而言，如行政行为实施者没有行政主体资格，但与行政机关有着紧密联系的，以及行政行为没有任何规范性文件依据。除此之外，如要解释为重大且明显违法，应当特别慎重和严谨，要经过充分论证。二是行政行为无效是自始无效，无需法院作出无效判断后才没有效力。当事人可以不受行政行为约束，不履行行政行为。当事人与行政机关就行政行为是否无效发生争议时，当事人可以请求法院判决确认无效。因此，从法理上讲，确认无效诉讼应当不受起诉期限的限制，能随时提出。这也有不少外国的立法例。如葡萄牙行政程序法第134条规定，任何利害关系人可随时主张行政行为无效，任何行政机关或者法院也可随时宣告行政行为无效。这里未作出明确规定，主要考虑确认无效判决还是一项新制度，需要司法实践积累经验，有关起诉期限先可由司法解释来作出规定。但是，需要指出的是，行政行为无效属于实体法规则，按照实体从旧原则，该无效规定不具有溯及力，只有本次修法颁布施行后发生的行政行为，才适用无效的规定。确认无效判决属于程序规则，尽管程序从新，本次修法颁布施行前发生的行政行为从理论上讲可以提起确认无效判决，但由于缺乏实体规则，为节约司法资源和行政成本，没有必要允许提起确认无效判决。

《中华人民共和国民法通则》第 58 条、第 59 条。

第七十六条　人民法院判决确认违法或者无效的，可以同时判决责令被告采取补救措施；给原告造成损失的，依法判决被告承担赔偿责任。

条文主旨

本条是关于确认违法和无效判决的补充规定。

立法背景

本条是增加的内容，法院在依照行政诉讼法第 74 条作出确认违法判决、第 75 条作出确认无效判决时，应当与本条一起适用。

条文解读

确认违法判决是作为撤销判决的补充而规定的，前提是行政行为违法，但出于国家利益、社会公共利益等重要考量，不作撤销判决，不撤销该违法行政行为，而只是作否定评价，确认该违法行政行为的违法性。确认违法判决是考量各种法益后的妥协之举，法律的天平往国家利益、社会公共利益作了适度倾斜，为了保持必要的平衡，此次修法同时规定确认无效判决尽管不撤销违法行政行为，但行政机关不是万事大吉了，还要承担比撤销判决较轻的法律责任，一是要采取积极的补救措施，二是要承担败诉责任，包括给原告、第三人造成损失的，要承担赔偿责任。

法院根据实际情况，来决定是否判决责令被告采取补救措施，这是法院主动而为的，但也包括在原告要求撤销违法行政行为的

209

诉讼请求范围内。补救措施包括使违法行政行为不失去效力的措施以及消除争议、缓减矛盾的补救措施。如规划许可是违法的，小区绿地建成了车库，该规划许可由于涉及社会公共利益只能判决确认违法，但法院还可以同时要求被告与开发商协商，增加小区绿化面积或者降低车库价格等。还如行政机关公开的信息涉及原告商业秘密、个人隐私且不存在公共利益等法定事由，法院判决确认公开信息行为违法的同时，还可以责令被告采取补救措施，如及时删除公开的信息、收回相关书面材料等。由于确认违法判决中违法行为不撤销，使得原本违法的情形得以存续，损害了当事人合法权益的，经原告提出赔偿请求，法院应当依法判决被告承担赔偿责任、赔偿当事人的损失。

第七十七条 行政处罚明显不当，或者其他行政行为涉及对款额的确定、认定确有错误的，人民法院可以判决变更。

人民法院判决变更，不得加重原告的义务或者减损原告的权益。但利害关系人同为原告，且诉讼请求相反的除外。

☛ 条文主旨

本条是关于变更判决的规定。

☛ 立法背景

本条是由原法第54条的一项单独成条。实质修改有两处，一是扩大了变更判决的适用范围，增加了行政处罚以外的行政行为中对款额的确定或认定确有错误的；二是增加一款规定，明确了诉讼禁止不利变更原则。为了保持条文之间概念一致性，还将"显失公正"改为"明显不当"。

210

◉ 条文解读

一、变更判决的定位

在 1989 年行政诉讼法制定时，是否规定变更判决的争议较大。争议背后是司法权与行政权之间界限问题。法院作出的变更判决，直接改变了被诉行政行为内容，如五百元的处罚决定变更为二百元，这原本应由行政机关根据实际情况作出判断，在变更判决中由法院作出，行政机关只能依照判决重新作出行政处罚决定。反对意见认为法院代替行政机关作出罚款决定，是司法权越界了。支持意见则是从有利于尽快解决争议，防止因行政机关成见重复行政的角度建议确立变更判决，同时认为变更判决还是遵循了司法权与行政权的分工原则，还需要由行政机关重新作出行政处罚决定。时至今日，推动实质解决行政争议作为此次修法的重要内容，反对变更判决的声音已经基本平息，但研究强化变更判决的意见时，仍应对其中司法权与行政权的分工原则给予重视，法治底线仍应坚持。

变更判决是撤销判决的补充形式。变更判决的适用情形要大大少于撤销判决，且能包含在撤销判决的适用情形中，是一种被包含与包含关系。换言之，能作出变更判决的也能作出撤销判决。法院作出变更判决，需要把事实查清，准确适用法律法规。一旦囿于各种客观条件难以对行政行为内容作出判断时，法院作变更判决的基础欠缺，就不宜作出变更判决。因此，本条规定法院是"可以"作出变更判决，而不是一定要作出变更判决。司法实践中，法院对变更权运用得很谨慎，甚至可以说是处于"备而不用"的状态。

二、变更判决的适用范围

这次修法扩大了变更判决的适用范围，两类情形可以适用变更判决。一是行政处罚明显不当。原法是显失公正，改为明显不当并无实质变化。明显不当主要表现为处罚决定的畸轻畸重，由于已属极不合理，故视为违法情形。其他行政行为明显不当的，不能适用变更判决，法院只能作出撤销判决。二是其他行政行为中对款额的确定或认定确有错误的。这主要是指涉及金钱数量的确定和认定的除行政处罚外的其他行政行为。确定是由行政机关作出决定，如支付抚恤金、最低生活保障待遇、社会保险待遇案件中，对抚恤金、最低生活保障费、社会保险金的确定。认定主要是对客观存在事实的肯定，如拖欠税金的案件中，税务机关对企业营业额的认定。

三、诉讼禁止不利变更原则

诉讼禁止不利变更是行政诉讼、行政复议的一项原则，是指法院依法判决变更行政行为，不能增加原告的义务或者减损原告的权益，使原告处于更为不利的境地。其法理是行政诉讼、行政复议都是公民权利救济机制，而不是针对公民的违法责任追究机制。如果允许不利变更，当事人在行使诉权时就会缩手缩脚，不利于行政诉讼制度整体作用的发挥。诉讼禁止不利变更虽是本次修法增加的内容，但在相关司法解释中已有规定。行政复议法实施条例也规定了这一原则。相类似的还有刑事诉讼法，规定了上诉不加刑原则。司法实践中，法院经审理查明原告确有违法行为，被诉行政处罚罚轻、罚少了，可以根据实际情况，驳回原告诉讼请求，或者撤销被诉行政处罚行为，不能直接判决变更。

诉讼禁止不利变更原则也有例外，在利害关系人同为原告，且诉讼请求相反时，不再适用这一原则。如治安案件中，受害人和加害人同时对治安处罚决定提起了诉讼，加害人认为处罚畸重，受害人认为畸轻，法院进行审判时无法适用禁止不利变更原则，因此本法第二款明确规定了不适用禁止不利变更原则的情形。

修法过程中，有的意见建议进一步扩大变更判决的适用情形，所有自由裁量行为显失公正的都可以直接变更。考虑到变更判决涉及司法权与行政权的界限划分，原则上法院不能替代行政机关作出行政行为，也不能替代行政机关决定行政行为内容，这个原则应当坚持，总体上例外情形不宜过多。司法实践中，变更判决运用得较少，实践需求也不强烈。因此，本次修法未采纳这一意见。

第七十八条 被告不依法履行、未按照约定履行或者违法变更、解除本法第十二条第一款第十一项规定的协议的，人民法院判决被告承担继续履行、采取补救措施或者赔偿损失等责任。

被告变更、解除本法第十二条第一款第十一项规定的协议合法，但未依法给予补偿的，人民法院判决给予补偿。

◖ 条文主旨

本条是关于行政协议履行及补偿判决的规定。

◖ 立法背景

本条是新增加的内容。根据各方意见，经深入研究，本次修法将政府特许经营协议、房屋土地征收补偿协议等协议纳入了受案范围。这些协议作为行政管理新方式，运用越来越多，具有明显的行政管理色彩，为了防止行政遁入私法的弊端，以及为了更好地解决行政争议，将因履行、解除、变更这些协议发生的争议纳入行政诉讼解决是必要的。随之而来的问题是，如何审理、判决因行政协议发生的争议。由于坚持了行政诉讼是民告官这一基本定位，审理程序基本可以沿用现有审理程序规则，但其判决主要对是否履约进行认定，难以适用本法中的履行职责判决或者撤销、变更判决，因此有必要增加这一类相应的判决形式，即行政协议履行及补偿判决。

◖ 条文解读

被告不履行行政协议的情形主要有四类：不依法履行、未按照约定履行、违法变更和违法解除。这四类情形涵括了行政机关违约的全部情形，但相互之间有些交叉，如违法解除可能导致行政机关不履行行政协议，违法变更可能导致行政机关未按照约定履行。不依法履行主要是指行政机关拒绝履行行政协议。合同法规定，不履行合同就要承担违约责任。与民事合同不同的是，有些法律规定行政机关为了社会公共利益需要可以不履行行政协议，因此这里规定的是"不依法履行"。未按照约定履行是指行政机关履行了行政协议，但未完全按照行政协议的约定履行，需要承担相应违约责任。违法变更、解除是指行政机关违法单方变更、解除行政协议。如《市政公用事业特许经营管理办法》规定，获得特许经营权的企业在特许经营期间有擅自转让出租特许经营权行为的，主管部门有权解除特许经营协议，取消其特许经营权。如果获得特许经营权的企业没有这些法定情形，主管部门解除协议的，就属于违法解除。因此，法院审查行政协议争议，不仅要审查其合约性，更要审查其合法性。合法性要看有没有相关行政法律法规规章的依据，以及是否符合合同法第54条规定的法定变更、撤销情形。需要指出的是，较低层级的规范性文件能否授权行政机关单方解除、变更协议，这涉及合法与合约的关系，需要在相关实体法中予以研究和规定，由于涉及当事人合法权益，原则上规章以外规范性文件不应作出限制当事人合法权益的规定。

法院经审查查明被告不依法履行、未按照约定履行或者违法变更、解除行政协议的，可以要求被告承担违约责任，根据原告请求和实际情况，作出要求被告继续履行行政协议、采取补救措施或者赔偿损失的判决。

被告变更、解除行政协议合法，但未依法给予补偿的，人民法院判决给予补偿。有些地方政府规章规定，因有关法律、法规、规章修改、废止，或者授予特许经营权所依据的客观情况发生重大变化，为了公共利益的需要，政府可以依法变更或者收回已经授予

214

的特许经营权。由此给特许经营者造成财产损失的，应当依法给予补偿。被告未依法给予补偿的，人民法院可以判决给予补偿。

● 相关规定

《中华人民共和国行政诉讼法》第 12 条第 1 款第 11 项。

第七十九条 复议机关与作出原行政行为的行政机关为共同被告的案件，人民法院应当对复议决定和原行政行为一并作出裁判。

● **条文主旨**

本条是关于对复议决定和原行政行为一并作出裁判的规定。

● **立法背景**

本条是新增加的内容。为了解决复议制度空转的突出问题，更好地发挥行政复议作用，本次修法将行政复议机关作出维持复议决定后，当事人起诉原行政机关的规定改为复议机关与原行政机关为共同被告。为此，在判决部分增加规定一并作出裁判的规定。

● **条文解读**

复议机关与原行政机关作共同被告，相应的诉讼应当为共同诉讼。这是对共同诉讼理论的发展，既不是必要的共同诉讼，这里有两个被诉行为而非同一被诉行为，也不是普通的共同诉讼，这里是两个被告而非同一被告，被诉行政行为也不是相类似的情形。共同诉讼的初衷是将几个相关联的诉讼合并审理，提高效率，节约司法资源，也便于争议解决。维持复议决定与原行政行为虽不是同一行为，也非同类行为，但属于关联度很高的两个行为，维持复议决定强化了原行政行为，又依附于原行政行为的效力状态，因此有必要在一个诉讼中解决。修法前，原来的做法是维持复议决定随着原行政行为的撤销而自然失效，剥夺了复议机关维护自己主张的权利。修法后，维持复议决定与原行政行为在一个诉讼中一并审理，便于争议一次性解决。在复议机关与原行政机关作共同被告的共同诉讼中，法院要分别审查原行政行为和复议决定的合法性，应当在一个判决中对原行政行为和复议决定的合法性一并作出裁判。

相关规定

《中华人民共和国行政诉讼法》第 26 条第 2 款。

第八十条　人民法院对公开审理和不公开审理的案件，一律公开宣告判决。

当庭宣判的，应当在十日内发送判决书；定期宣判的，宣判后立即发给判决书。

宣告判决时，必须告知当事人上诉权利、上诉期限和上诉的人民法院。

条文主旨

本条是关于公开宣告判决的规定。

立法背景

本条是新增加的条文。原法只有 75 条，很多行政诉讼程序都没有规定，参照适用民事诉讼法。本次修法，在考虑采用修正案修法方式的前提下，完善行政诉讼程序也是立法任务之一，由于公开宣判程序很重要，因此增加了本条规定。

条文解读

宣告判决是法庭审理的最后环节，将法庭审理的最终结果以宣判的方式告知当事人。宣告判决应当以公开的方式进行，是公开审判制度的重要内容，体现了司法程序的文明和进步，也体现了国家司法权力的神圣和庄严。无论是公开审理还是不公开审理的案件，都应当公开宣告判决，杜绝任何形式的秘密判决。对于不宜公开的内容，应当尽量不写入判决书。对于必须写入判决书的，公开宣判时要隐去相关内容。

公开宣判可以有两个时点，如果庭审能够查清案件事实，适用法律法规清楚，应当当庭宣判；如果因某种特殊原因，如合议庭需要另行评议、案件需要提交审判委员会讨论等，也可以择日公开宣判。为了提高司法效率和防止行政干预，在考虑案件总体情况后，尽量当庭宣判。当庭宣判的，应当在十日内发送判决书。定期宣判的，宣判后立即发给判决书。这是对法院的要求。

为了便于当事人及时行使上诉权，法院在公开宣告判决时，有义务告知当事人上诉权利、上诉期限和上诉的人民法院。告知当事人如果不服判决的，可以在判决书送达之日起十五日内，向上一级人民法院提起上诉。

第八十一条 人民法院应当在立案之日起六个月内作出第一审判决。有特殊情况需要延长的，由高级人民法院批准，高级人民法院审理第一审案件需要延长的，由最高人民法院批准。

● 条文主旨

本条是关于第一审行政案件审理期限的规定。

● 立法背景

本条作了一处修改，将一审案件审理期限由三个月延长为六个月。修法过程中，有关延长第一审、第二审行政案件审理期限的意见几乎是一边倒的，认为行政案件普遍较为复杂，协调难度也大，三个月的一审审限多数案件做不到，使得审限超期和高院批准延期成为常态，建议与民事诉讼的审限一致起来，延长为六个月。

● 条文解读

考虑到行政诉讼制度的特点，一方面行政案件审理难度不比行政案件小，有些案件还很复杂，司法实践中审限不够问题普遍存在，法律规定应当作出相应调整；另一方面行政诉讼还涉及行政秩序的稳定，行政管理的有效性，以及当事人合法权益的及时维护，审理期限不能拖得太长，应当适当延长。因此，本条修改将三个月的审理期限延长为六个月，同时保留了延长审理期限的批准程序，将批准权交由高级人民法院和最高人民法院，避免任意延长。延长审理期限的规定与民事诉讼法不同，民事诉讼法将批准权授予了本院院长。第一审行政案件的审理期限能延长多久，由批准法院决定。

第三节　简易程序

第八十二条　人民法院审理下列第一审行政案件，认为事实清楚、权利义务关系明确、争议不大的，可以适用简易程序：

（一）被诉行政行为是依法当场作出的；

（二）案件涉及款额二千元以下的；

（三）属于政府信息公开案件的。

除前款规定以外的第一审行政案件，当事人各方同意适用简易程序的，可以适用简易程序。

发回重审、按照审判监督程序再审的案件不适用简易程序。

218

🔵 条文主旨

本条是关于简易程序适用范围的规定。

🔵 立法背景

本条为新增加内容。对于一些事实清楚、法律关系明确、争议不大的案件必须适用普通程序，增加了当事人的诉讼成本，浪费了司法资源。这次修改增加了简易程序，并单列一节。简易程序是指特定的人民法院在审理事实清楚、权利义务关系明确、争议不大的行政案件时适用的一种简便易行的诉讼程序。简易程序是与普通程序相对的程序，在起诉手续、传唤当事人方式、审理程序以及审理期限等方面都作了简化。由于简易程序具有办案手续简便、审理方式灵活、不受普通程序有关规定约束的特点，有利于及时审结案件，降低当事人的诉讼成本，保护当事人的合法权益。对于人民法院来说，通过简易程序解决好一些事实清楚、权利义务关系明确、争议不大的案件，有利于高效配置司法资源，提高行政诉讼的效率。

🔵 条文解读

一、关于简易程序的适用主体

行政案件简易程序的适用主体为基层人民法院和中级人民法院。与民事诉讼简易程序只能适用于基层人民法院和它的派出法庭不同，中级人民法院审理第一审行政案件也可以适用简易程序。这样规定，主要是基于行政案件级别管辖的特殊性。为了减少行政机关对行政案件受理和审判的干预，保证行政案件的公正审理，行政案件的级别管辖往往和作出行政行为的行政机关的级别相联系，如新法第15条规定，对国务院部门或者县级以上地方人民政府所作的行政行为提起诉讼的第一审行政案件，由中级人民法院管辖。因此，中级人民法院管辖的有些第一审行政案件，如县级人民政府实施的不动产登记案件，国务院各部门、县级以上人民政府信息公开案件，也可能是事实清楚、权利义务关系明确、争议不大的案件，可以适用简易程序。由于新法第16条、第17条分别规定，高级人民法院和最高人民法院分别管辖本辖区内或者全国范围内重大、复杂的第一审行政案件，因此，高级人民法院和最高人民法院不能适用简易程序。

二、适用简易程序案件的标准

适用简易程序的行政案件应当符合三个标准：事实清楚、权利义务关系明确、争议不大。所谓事实清楚，是指当事人提供的证据能够比较明确地证明争议事实的真相，人民法院在全面审核当事人的证据后就能查清案件的事实，而不需要进行大量的调查和取证工作。所谓权利义务关系明确，是指当事人之间的权利义务关系简单、清楚，双方争议的矛盾比较明确，行政争议的形成和发展过程也不太复杂。所谓争议不大，是指当事人对他们之间引起行政争议的事实、案件发生的原因、权利义务的归属等问题没有太大的争议。事实清楚、权利义务关系明确、争议不大相互关联，只有三者同时具备，才能说明案件简单，才可以适用简易程序。

三、适用简易程序的案件类型

符合事实清楚、权利义务关系明确、争议不大三个标准的以下三类案件，才可以适用简易程序：

第一类案件是被诉行政行为是依法当场作出的。比如，行政处罚法第33条规定，违法事实确凿并有法定依据，对公民处以五十元以下、对法人或者其他组织处以一千元以下罚款或者警告的行政处罚的，可以当场作出行政处罚决定。治安管理处罚法第100条规定，违反治安管理行为事实清楚，证据确凿，处警告或者二百元以下罚款的，可以当场作出治安管理处罚决定。出境入境管理法第86条规定，对违反出境入境管理行为处五百元以下罚款的，出入境边防检查机关可以当场作出处罚决定。行政许可法第34条规定，申请人提交的申请材料齐全、符合法定形式，行政机关能够当场作出决定的，应当当场作出书面的行政许可决定。当场作出的行政行为往往事实比较清楚，权利义务关系比较明确，不会有太大争议，可以适用简易程序。

第二类案件是案件涉及款额二千元以下的。如争议的罚款数额、抚恤金、最低生活保障金、社会保险金数额在二千元以下的案件，涉及查封、扣押、冻结的财物或者所争议的自然资源价值在二千元以下的案件等。由于这类案件往往对行政相对人的权益影响较小，可以适用简易程序。修正草案规定的该类案件为涉及款额一千元以下的，审议过程中，有的常委会组成人员认为一千元标准过低，建议提高，因此将涉及款额由一千元以下修改为二千元以下。

第三类案件是政府信息公开案件。国务院信息公开条例出台后，就政府信息公开不服提起的行政诉讼案件逐年增加，特别是近年来案件增长迅猛，甚至有被滥用的趋势。在审议过程中，有的常委会组成人员建议扩大简易程序的范围，将属于政府信息公开的案件纳入简易程序的适用范围，以节约司法资源。因此，简易程序的适用范围增加了属于政府信息公开的案件。

除了人民法院依职权可以适用简易程序外，当事人各方同意适用简易程序的，也可以适用简易程序。当事人选择适用简易程序，应当以当事人各方达成合意为前提。这里的当事人各方包括了原告、被告和第三人，只有原被告和第三人都同意适用简易程序的，才可以适用。只有第一审行政案件，当事人各方才可以约定适用简易程序，对于上诉案件、依照审判监督程序再审的案件，当事人不能约定适用简易程序。

四、关于不能适用简易程序的规定

适用简易程序的案件为第一审行政案件，上诉案件不能适用简易程序。根据新法第85条规定，当事人不服人民法院第一审判决的，有权向上一级人民法院提起上诉。当事人不服一审判决，往往认为一审判决认定事实不清，或者适用法律错误。因此，上诉案件一般都不符合事实清楚、权利义务关系明确、争议不大的标准，不能适用简易程序。而且，根据本法第86条规定，人民法院对上诉案件，应当组成合议庭开庭审理，不能由审判员一人独任审理，因此，上诉案件不能适用简易程序。

发回重审的案件不适用简易程序。发回重审的上诉案件，虽然也是按照第一审程序进行审理，但不能适用简易程序。根据新法第89条规定，原判决认定基本事实不清、证据不足的，或者原判决遗漏当事人或者违法缺席判决等严重违反法定程序的，裁定撤销原判决，发回原审人民法院重审。据此可以看出，发回重审的案件往往都是事实不清楚、权利义务关系不明确、争议比较大的案件，因此，不能适用简易程序。

按照审判监督程序再审的案件不适用简易程序。审判监督程序是对确有错误的发生法律效力的判决、裁定或者调解书，依法重新审理的程序。审判监督程序属于纠错程序，具有监督性和补救性的特点，对再审案件的审理应当慎之又慎，从程序、实体等各方面保证案件的正确裁判，因此，不宜采用简易程序。审判实践表明，再审案件往往都是事实不清楚、权利义务关系不明确、争议比较大的案件，不符合适用简易程序案件的标准，不能适用简易程序。对于按照审判监督程序再审的案件应当另行组成合议庭审理，客观上也不可能适用简易程序。需要强调的是，即使发生法律效力的判决、裁定是由第一审法院作出的，由原审人民法院按照第一审程序审理的再审案件，也不能适用简易程序。

● 相关规定

《中华人民共和国行政处罚法》第33条；《中华人民共和国治安管理处罚法》第100条；《中华人民共和国出境入境管理法》第86条；《中华人民共和国行政许可法》第34条。

第八十三条　适用简易程序审理的行政案件，由审判员一人独任审理，并应当在立案之日起四十五日内审结。

🖝 条文主旨

本条是关于适用简易程序的审理方式和审理期限的规定。

🖝 立法背景

本条为新增加内容。与普通程序的审理方式适用合议制不同，简易程序适用独任制；与第一审普通程序案件的审理期限为六个月不同，简易程序案件的审理期限为四十五日。

🖝 条文解读

一、关于审理方式

简易程序主要的特点之一就是审理方式实行独任审判。我国人民法院审理行政案件的组织形式，分为合议制和独任制。制定行政诉讼法时，没有规定简易程序，只有普通程序，按照普通程序审理行政案件，应当采用合议制的审理方式。因此，原法第46条规定，人民法院审理行政案件，由审判员组成合议庭，或者由审判员、陪审员组成合议庭。合议庭的成员，应当是三人以上的单数。但是，适用简易程序审理的行政案件事实清楚、权利义务关系明确、争议不大，无须采用合议制，由一名审判员独任审理，就可以保证案件审判质量，也可以避免司法资源的浪费。需要注意，独任审判是由"审判员"一人独任审判，而不能由陪审员独任审判。

二、关于审理期限

本次修法，将适用普通程序的第一审案件的审理期限由三个月延长至六个月。新法第81条规定，人民法院应当在立案之日起六个月内作出第一审判决。有特殊情况需要延长的，由高级人民法院批准，高级人民法院审理第一审案件需要延长的，由最高人民法院批准。由于适用简易程序审理的行政案件都是事实清楚、权利义务关系明确、争议不大的案件，且可以不受普通程序有关规定的约束，可以在较短的时间内完成审判工作。因此，本条规定适用简易程序审理的行政案件，应当在立案之日起四十五天内审结。

在修改行政诉讼法过程中，有的法院和地方提出，四十五天的审理期限太短，难以完成案件的审结工作。既然适用普通程序的第一审行政案件的审理期限已经由三个月延长至六个月，与民事诉讼一致，那么，适用简易程序的行政案件的审理期限也应和民事诉讼一致，为三个月。考虑到行政诉讼要体现行政效率的特点，不能让行政行为的效力总是处于待定的状态；调研中多数法院认为，适用简易程序审理行政案件，四十五天内结案问题不大；规定较短的审理期限更能减轻当事人的诉讼成本，及时保护公民、法人和其他组织的合法权益；2010年《最高人民法院关于开展行政诉讼简易程序试点工作的通知》中也规定适用简易程序审理的行政案件，应当在立案之日起四十五日内结案，试点法院已经按照该规定操作。因此，综合平衡利弊，总结现有做法，最后将适用简易程序的案件的审理期限规定为立案之日起四十五天。需要强调的是，适用普通程序审理的行政案件，有特殊情况经过批准的，其审理期限可以延长，适用简易程序审理的行政案件，其审理期限是固定的，不能延长。如果在审理过程中发现确有特殊情况不能在四十五日内审结的，应当裁定转为普通程序。

除了审理方式和审理期限与普通程序不同，适用简易程序审理案件还可以在其他一些方面更加灵活简便。比如当事人双方可以同时到人民法院请求解决纠纷，人民法院可以当即审理，也可以另定日期审理；人民法院可以用简便方式传唤当事人和证人、送达诉讼文书、审理案件；人民法院适用简易程序公开审理案件，无须发布公告，不必遵守法庭调查和法庭辩论顺序的限制，可以

224

根据实际情况，灵活掌握审理程序等。但是，适用简易程序审理行政案件，不能违背行政诉讼的基本原则和制度，比如回避、公开审判和两审终审制度，不能限制和损害当事人的诉讼权利，比如剥夺当事人的辩论权，使用本民族语言、文字进行诉讼的权利等。

相关规定

《最高人民法院关于开展行政诉讼简易程序试点工作的通知》第6条。

第八十四条　人民法院在审理过程中，发现案件不宜适用简易程序的，裁定转为普通程序。

条文主旨

本条是关于简易程序转为普通程序的规定。

立法背景

本条为新增加内容。人民法院在适用简易程序审理行政案件的过程中，发现案件不宜适用简易程序的，应当裁定转为普通程序。修正草案没有规定在特定情形下将简易程序转为普通程序。审议过程中，有的常委会组成人员认为，适用简易程序审理的行政案件，在审理过程中，可能出现发生情况变化导致案情复杂的情形，或者出现人民法院在审理过程中发现原来认为事实清楚、权利义务关系明确、争议不大的案件其实案情复杂的情形。对于这类因客观情况变化或者主观认识变化而不宜再适用简易程序的案件，应当转为普通程序，建议增加简易程序转为普通程序的规定。据此，增加了本条规定。

条文解读

人民法院确定对第一审行政案件适用简易程序后，在审理过程中，发现案件存在原来没有发现的不宜适用简易程序的情形，或者出现了不宜再适用简易程序的情形的，应当裁定转为普通程序。

至于什么情形属于不宜适用简易程序需要转为普通程序的情形，从立法调研和试点实践情况来看，主要有以下几种：一是当事人就适用简易程序提出异议，人民法院认为异议成立的；二是当事人改变或者增加诉讼请求，导致案情复杂化的；三是因当事人依法申请人民法院调取证据、申请证人出庭等原因致使案件在四十五天内难以审结的；四是虽然案件较为简单，事实清楚、权利义务关系明确、争议不大，但代表一类案件，可能影响大量相同或者类似案件审理的；五是虽然案件较为简单，事实清楚、权利义务关系明确、争议不大，但关系到原告基本的生产生活，可能引发群体性事件的。如果原来适用简易程序的行政案件出现了上述情形的，人民法院应当裁定转为普通程序。

人民法院在审理过程中，发现案情复杂需要由简易程序转为普通程序的，应当以裁定的形式及时作出决定，并书面通知当事人。

第四节　第二审程序

第八十五条　当事人不服人民法院第一审判决的，有权在判决书送达之日起十五日内向上一级人民法院提起上诉。当事人不服人民法院第一审裁定的，有权在裁定书送达之日起十日内向上一级人民法院提起上诉。逾期不提起上诉的，人民法院的第一审判决或者裁定发生法律效力。

◖ 条文主旨

本条是关于当事人提起上诉的规定。

立法背景

本条为原法第 58 条，未作修改。新法第 7 条规定，人民法院审理行政案件，依法实行两审终审制度。当事人对一审裁判不服的，有权向上一级人民法院提起上诉，启动第二审程序。第二审程序是指上级人民法院根据当事人的上诉，对下级第一审人民法院没有发生法律效力的判决、裁定进行审理的程序。通过二审程序，可以纠正一审判决、裁定的错误，保证人民法院裁判的正确、合法，保护公民、法人和其他组织的合法权益。

第二审程序从当事人提起上诉开始。上诉，是指当事人不服第一审人民法院的判决、裁定而请求上级人民法院对第一审判决、裁定的合法性进行审查，并要求撤销或者改变原判决、裁定的诉讼行为。当事人提起上诉，不仅要求解决原行政争议，还要求上级人民法院对原审人民法院的裁判予以撤销或者改变。

条文解读

一、关于提起上诉的主体

提起上诉的当事人是符合法定条件、享有上诉权的当事人，包括第一审程序中的原告、被告和第三人。第一审程序中的原告和被告，在行政诉讼中具有实体权利义务，享有上诉权，可以提起上诉。当事人一方或者双方为二人以上的必要共同诉讼中的共同诉讼人享有上诉权。必要共同诉讼人中的一人提起诉讼的，其上诉效力及于其他共同诉讼人，即应视为全体共同诉讼人行使上诉权。普通共同诉讼的共同诉讼人各自享有上诉权，可以独立提起上诉，其中一人上诉不对其他人产生上诉效力，只对该提起上诉的人有效。根据本法第 29 条的规定，人民法院判决承担义务或者权益减损的第三人，有权依法提起上诉。因此，在一审裁判中承担了义务或者权益减损的第三人也可以单独提起上诉。在第一审程序中作为上诉人相对方的当事人，为二审中的被上诉人。

当事人只能向第一审人民法院的上一级人民法院提起上诉，而不能越级提起上诉。上诉应当递交上诉状。上诉状可以通过原审人民法院提出，并按照对方当事人或者代表人的人数提出副本。当事人直接向第二审人民法院上诉的，第二审人民法院应当在五日内将上诉状移交原审人民法院。原审人民法院收到上诉状，应当在五日内将上诉状副本送达对方当事人，对方当事人在收到之日起十五日内提出答辩状。人民法院应当在收到答辩状之日起五日内将副本送达上诉人。对方当事人不提出答辩状的，不影响人民法院审理。原审人民法院收到上诉状、答辩状，应当在五日内连同全部案卷和证据，报送第二审人民法院。

二、关于提起上诉的理由

当事人提起上诉的理由为不服人民法院第一审判决或者裁定。提起上诉是法律赋予当事人的一种诉讼权利，只要当事人主观上不服人民法院的第一审裁判，就可以提起上诉，而不需要第一审判决、裁定确实存在认定事实不清、适用法律错误、违反法定程序等错误情形。

三、关于可以提起上诉的裁判文书

当事人可以提起上诉的裁判文书为没有发生法律效力的第一审判决、裁定。在上诉期限内的第一审判决、裁定可以上诉，但最高人民法院作出的第一审判决、裁定是发生法律效力的判决、裁定，不能上诉。对第一审法院没有发生法律效力的不予受理的裁定、对管辖权有异议的裁定和驳回起诉的裁定可以上诉，其他裁定不能上诉。由于调解书经双方当事人签收后，即具有法律效力，因此不能上诉。

四、提起上诉的期限

当事人上诉应当在法定期限内提出。合理确定上诉期限，主要需要考虑两个因素：一是确保当事人诉权的行使，使其有充分的时间考虑提起上诉，以保障其实体权利；二是要有利于提高行政效率，维护公共秩序，尽早确定行政行为的效力和当事人之间的行政法律关系。根据以上两个原则，本法规定，当事人不服人民法院第一审判决的，应当在十五日内提起上诉；不服第一审裁定的，应当在十日内提起上诉。规定对判决的上诉期限为十五天，比对裁定的上诉期限长十天，这是因为，判决是解决行政案件的实体性问题，关系到当事人双方的权利义务，影响较大，裁定是解决程序性问题，不涉及当事人双方实体权利义务，影响较小。提起上诉的期限从判决书、裁定书送达之日起计算。

当事人在上诉期限内不提起上诉的，人民法院的第一审判决或者裁定发生法律效力。当事人如果认为生效的判决或者裁定确有错误的，只能申请再审。需要明确的是，上诉期限应当以每个有上诉权的诉讼参加人各自收到判决书、裁定书之日起分别计算，任何一方均可在自己的上诉期内上诉，只有在所有有上诉权的诉讼参加人的上诉期限都届满而没有提起上诉的情况下，判决和裁定才发生法律效力。在必要的共同诉讼中，共同诉讼人的上诉期限，以最后一个共同诉讼人的上诉期限为全体共同诉讼人的上诉期限。在普通的共同诉讼中，共同诉讼人的上诉期限，以各自的起算日期计算。

● **相关规定**

《中华人民共和国行政诉讼法》第 7 条、第 29 条。

第八十六条 人民法院对上诉案件，应当组成合议庭，开庭审理。经过阅卷、调查和询问当事人，对没有提出新的事实、证据或者理由，合议庭认为不需要开庭审理的，也可以不开庭审理。

● **条文主旨**

本条是关于人民法院对上诉案件应当开庭审理和可以不开庭审理情形的规定。

💬 立法背景

本条对原法第 59 条作了修改。原法第 59 条规定，人民法院对上诉案件，认为事实清楚的，可以实行书面审理。在修改过程中，有的常委会组成人员、人大代表、地方和专家学者认为，对上诉案件实行书面审理，违背了司法公开原则，不利于维护当事人的合法权益，建议人民法院审理上诉案件，原则上都应开庭审理，特殊情况下才不开庭审理。为了更加有效地保护当事人的诉讼权利和实体权利，更好地体现司法公开原则，提高审判活动的透明度，保证司法公正，本次修改行政诉讼法，确立了开庭审理为原则，不开庭审理为例外的制度，规定第二审人民法院对上诉案件，应当组成合议庭，开庭审理；特殊情况不需要开庭审理的，也可以不开庭审理。

💬 条文解读

一、关于开庭审理

第二审人民法院接到上诉状及案卷材料后，应当组成合议庭，对案件进行审查。第二审人民法院审理上诉案件，不论是开庭审理，还是不开庭审理，都必须组成合议庭，不能由审判员一人独任审判。与第一审程序不同，第二审程序的合议庭，应当由审判员组成，不能由审判员和陪审员组成。合议庭的成员，应当为三人以上单数。

公开审判是人民法院审理行政案件的一项原则，第二审人民法院审理上诉案件也应当实行公开审判。开庭审理是公开审判的重要内容，因此，对于涉及事实问题的上诉案件，第二审人民法院都应当开庭审理。通过开庭审理，让当事人充分质证辩论，更有利于查明事实，分清是非，从而体现司法的公平正义，确保行政案件的审判质量，保障当事人的合法权益。

二、关于不开庭审理

人民法院经过审查案卷，调查、询问当事人，对于没有提出新的事实、证据或者理由的上诉案件，在事实核对清楚后，如果合议庭认为案件事实清楚，上诉人的请求和理由明确，上诉人与被上诉人双方提出的事实和证据基本一致，纠纷比较清楚，也可以不开庭审理。这样规定，在确保案件审判质量的前提下，既可以避免当事人往返奔波，也可以节省办案时间，对于及时保护上诉人的合法权益，提高行政效率和办案效率都是有益的。但是，如果当事人上诉时提出了新的事实、证据或者理由的，第二审人民法院必须开庭审理。

根据民事诉讼法的相关规定，第二审人民法院审理上诉案件，可以在本院进行，也可以到案件发生地或者原审人民法院所在地进行。行政诉讼也适用该规定。

相关规定

《中华人民共和国民事诉讼法》第 169 条。

第八十七条　人民法院审理上诉案件，应当对原审人民法院的判决、裁定和被诉行政行为进行全面审查。

条文主旨

本条是关于上诉案件的全面审查规定。

立法背景

本条是新增加的内容。行政诉讼中上诉案件实行全面审查，不仅审查一审裁判的合法性，还要审查被诉行政行为的合法性；不仅审查证据是否充分，还要审查适用法律法规是否正确、是否违反法定程序等。

条文解读

对行政诉讼上诉案件的全面审查，可以从两个角度理解。一是我国的行政诉讼、民事诉讼，上诉都是既审查事实又审查法律适用，不同于有些国家上诉审实行法律审的做法。这主要是为了更好地保护当事人合法权益，提供至少两次诉讼救济机会。二是全面审查是行政诉讼与民事诉讼的重要区别。民事诉讼实行上诉什么审什么的规则，要求法院在上诉请求范围内作出裁判的。民事诉讼法第 168 条规定，第二审人民法院应当对上诉请求的有关事实和适用法律进行审查。

行政诉讼上诉案件实行全面审查，并不违背法院不告不理原则。有的意见认为，行政诉讼上诉案件实行全面审查，违背了法院不告不理原则。法院实行不告不理，是由司法权的中立性、被动性、裁判性特质决定的。不告不理主要体现在诉讼入口，即法院不能主动去审查社会中存在的争议，只有当事人起诉后，才能启动裁判权。在这一点上，行政诉讼完全遵循了不告不理原则。同时，不告不理还可以体现在诉讼的其他环节，在这些程序中不告不理是建立在对当事人处分权的尊重基础上，但是不告不理不是绝对原则，还要考虑具体各项诉讼制度的固有特点。因此，行政诉讼上诉案件实行全面审查，并未违背法院不告不理原则。

行政诉讼需要对上诉案件进行全面审查。行政诉讼脱胎于民事诉讼，之所以分离，因为行政诉讼在立法目的、制度架构方面有别于民事诉讼。我国行政诉讼本质上是客观诉讼，而非如民事诉讼般主观诉讼，除了保护当事人合法权益外，还要监督行政机关依法行政；既要考虑私益，还要考虑公共利益，这点介于刑事诉讼和民事诉讼之间。因此，行政诉讼一经启动后，重点就放在了对行政行为进行合法性审查上，当事人权益保护间接地由行政行为是否被撤销来实现。围绕行政行为合法性审查，一审、二审中法院实行全面审查，而不限于公民的请求范围和请求事项，公民认为行政行为程序违法而法院认定行政行为没有法律依据、公民要求判决变更行政行为而法院判决撤销行政行为等现象也就不足为奇了。

相关规定

《中华人民共和国民事诉讼法》第168条。

第八十八条 人民法院审理上诉案件，应当在收到上诉状之日起三个月内作出终审判决。有特殊情况需要延长的，由高级人民法院批准，高级人民法院审理上诉案件需要延长的，由最高人民法院批准。

☞ **条文主旨**

本条是关于上诉案件审理期限的规定。

☞ **立法背景**

本条对原法第60条作了修改。原法第60条规定，人民法院审理上诉案件，应当在收到上诉状之日起两个月内作出终审判决。在修改过程中，有的常委会组成人员、人民法院和地方提出，两个月的审理期限太短，实践中许多案件难以在法定期限内审结，建议适当延长上诉案件的审理期限。考虑到既要保证行政行为的效率，不能使行政行为的效力长期处于不确定状态，影响行政管理秩序和公共利益，又要保证办案质量，给人民法院合理的审理时间，参照民事诉讼法的规定，将对判决不服提起上诉的二审案件的审理期限由两个月修改为三个月。

☞ **条文解读**

与第一审程序审理期限为六个月相比，第二审程序审理期限相对较短，只有三个月。这样规定，是因为第二审案件的审理是在第一审的基础上进行的，大量审查核实和调查取证工作已经由第一审人民法院进行，因此，适用第二审程序审理上诉案件的工作量一般比第一审案件少。而且，根据本法第86条的规定，经过阅卷、调查和询问当事人，对没有提出新的事实、证据或者理由，合议庭认为不需要开庭审理的上诉案件，可以不开庭审理，径行判决。因此，对上诉案件规定比一审案件短的审理期限是合理的，也是可行的。

但是，有的上诉案件因为案情复杂，或者当事人提出新的事实、证据需要调查核实，工作量较大，有可能不能在三个月内审结。考虑到实践需要，本条规定了审理期限的延长，但必须经过一定的审批程序。有特殊情况需要延长的，由高级人民法院批准，高级人民法院审理上诉案件需要延长的，由最高人民法院批准。

与民事诉讼对判决的上诉案件的审理期限从立案之日起计算不同，行政诉讼对判决的上诉案件的审理期限应当从收到上诉状之日起计算。这样规定，更有利于提高审判效率，更能满足行政管理追求效率的要求，更有利于及时保护上诉人的合法权益。

本条规定的是人民法院审理对判决的上诉案件的审理期限，人民法院对裁定的上诉案件的审理期限，应当适用民事诉讼法的相关规定，即应当在第二审立案之日起三十日内作出终审裁定。第二审人民法院审理对裁定的上诉案件，都是关系到第一审案件的审理能否开始的程序问题，需要及时作出处理决定，同时，审查程序问题也比较简单，因此，将其审理期限规定为三十日，并且不得延长。

相关规定

《中华人民共和国民事诉讼法》第 176 条。

第八十九条 人民法院审理上诉案件，按照下列情形，分别处理：

（一）原判决、裁定认定事实清楚，适用法律、法规正确的，判决或者裁定驳回上诉，维持原判决、裁定；

234

（二）原判决、裁定认定事实错误或者适用法律、法规错误的，依法改判、撤销或者变更；

（三）原判决认定基本事实不清、证据不足的，发回原审人民法院重审，或者查清事实后改判；

（四）原判决遗漏当事人或者违法缺席判决等严重违反法定程序的，裁定撤销原判决，发回原审人民法院重审。

原审人民法院对发回重审的案件作出判决后，当事人提起上诉的，第二审人民法院不得再次发回重审。

人民法院审理上诉案件，需要改变原审判决的，应当同时对被诉行政行为作出判决。

条文主旨

本条是关于对上诉案件进行处理的规定。

立法背景

本条对原法第 61 条作了修改。原法第 61 条规定，人民法院审理上诉案件，按照下列情形，分别处理：（一）原判决认定事实清楚，适用法律、法规正确的，判决驳回上诉，维持原判；（二）原判决认定事实清楚，但是适用法律、法规错误的，依法改判；（三）原判决认定事实不清，证据不足，或者由于违反法定程序可能影响案件正确判决的，裁定撤销原判，发回原审人民法院重审，也可以查清事实后改判。当事人对重审案件的判决、裁定，可以上诉。本次修改行政诉讼法，对该条进行了较大修改。一是增加了对裁定的处理规定。修改前的条文仅对原判决的处理作了规定，对原裁定应当如何处理没有规定。本次修改增加了对原裁定如何处理的规定，使人民法院在处理原裁定时有法可依。二是增加了对原判决、裁定认定事实错误的处理规定，完善了适用法律、法规错误的处理规定。原判决、裁定认定事实错误或者适用法律、法规错误的，依法改判、撤销或者变更。三是完善了对原判决违反法定程序的处理规定。原条文规定由于违反法定程序可能影响案件正确判决的，本次修改规定原判决遗漏当事人或者违法缺席判决等严重违反法定程序的，裁定撤销原判决，发回原审人民法院重审，列举了严重违反法定程序的情形，并且不以可能影响案件正确判决为条件。四是增加了发回重审的次数限制。原审人民法院对发回重审的案件作出判决后，当事人提起上诉的，第二审人民法院不得再次发回重审。五是增加了对被诉行政行为的处理规定。人民法院审理上诉案件，需要改变原审判决的，应当同时对被诉行政行为作出判决。

条文解读

一、关于上诉案件进行处理的具体情形

根据本条第一款的规定，人民法院审理上诉案件，应当根据不同的情形，分别作出不同的处理：

一是以判决、裁定方式驳回上诉，维持原判决、裁定。原判决、裁定认定事实清楚，适用法律、法规正确的，以判决或者裁定的方式驳回上诉，维持原判决、裁定。驳回上诉，以原判决、裁定的正确合法为根据，原判决、裁定正确合法，上诉理由不成立，以判决、裁定方式驳回上诉，维持原判决、裁定的法律效力。第二审人民法院对不服第一审人民法院裁定的上诉案件的处理，一律使用裁定。

二是以判决、裁定方式依法改判、撤销或者变更。原判决、裁定认定事实错误或者适用法律、法规错误的，依法改判、撤销或者变更。改判、撤销或者变更有以下几种情况：第一，认定事实错误；第二，适用法律、法规错误；第三，认定事实错误且适用法律、法规错误。对判决的上诉，认定事实或者适用法律、法规错误的，第二审人民法院以判决方式直接改判；对裁定的上诉，

236

认定事实或者适用法律错误的，第二审人民法院以裁定方式予以撤销或者变更。

三是以裁定方式发回重审或者查清事实后改判。原判决认定基本事实不清、证据不足的，发回原审人民法院重审，或者查清事实后改判。根据本款第二项的规定，原判决认定事实错误，仅存在一般事实不清的情况下，应当依法改判。只有在原判决认定基本事实不清的情况下，第二审人民法院才可以考虑在查清事实后改判和发回重审之间进行选择。基本事实是指案件的关键事实，即可能影响案件最终判决的事实。而且，在原判决认定基本事实不清的情况下，为了节约司法资源、提高司法效率，第二审人民法院如果能够直接查清事实后改判的，应当首先考虑查清事实后改判，只有在由原审人民法院审理更便于查清基本事实的情况下，才考虑将案件发回原审人民法院重审。

四是以裁定方式撤销原判，发回重审。原判决遗漏当事人或者违法缺席判决等严重违反法定程序的，裁定撤销原判决，发回原审人民法院重审。原判决遗漏当事人的情况包括共同诉讼中应当参加诉讼的当事人没有参加诉讼，或者应当参加诉讼的第三人没有参加诉讼等情形。根据本法第58条规定，被告无正当理由经传票传唤拒不到庭或者未经法庭许可中途退庭的，可以缺席判决，否则不能缺席判决。原判决遗漏当事人或者违法缺席判决，使当事人在一审过程中没有参加诉讼，剥夺了当事人的诉讼权利，严重违反了法定程序，也违背了两审终审制度，因此，应当裁定撤销原判决，发回原审人民法院重审。

二、关于发回重审的次数限制

对于发回重审的案件，由于原审人民法院仍按照第一审程序进行审理，因此，所作出的判决、裁定仍是第一审判决、裁定，当事人对重审案件的判决、裁定，可以上诉。

修改前的行政诉讼法只规定当事人对重审案件的判决、裁定，可以上诉，未对第二审人民法院发回重审的次数进行限制。由于法律对发回重审的次数没有规定，导致有的地方一个案件多次发回重审，既增加了当事人的诉讼负担，又影响了审判效率和司法公正的实现。为了能在法定的时间内结案，解决案件久拖不决的问题，提高诉讼效率，及时保障当事人的合法权益，本法第二款规定，原审人民法院对发回重审的案件作出判决后，当事人提起上诉的，第二审人民法院不得再次发回重审。也就是说，发回重审只能一次。对于此类案件，第二审人民法院不得以任何理由再次发回重审，而应当查清事实后改判。

三、关于被诉行政行为的处理

根据新法第87条的规定，人民法院审理上诉案件，应当对原审人民法院的判决、裁定和被诉行政行为进行全面审查。当事人提起上诉，既包括要求撤销或者变更原审判决，也包括要求实质解决行政争议，对被诉行政行为作出处理。人民法院在改变原审判决的同时，应当对被诉行政行为的合法性作出裁判。对被诉行政行为作出判决，有利于避免程序空转，从根本上解决行政争议，维护当事人的合法权益。

◖▬ **相关规定**

《中华人民共和国行政诉讼法》第58条、第87条。

第五节　审判监督程序

第九十条　当事人对已经发生法律效力的判决、裁定，认为确有错误的，可以向上一级人民法院申请再审，但判决、裁定不停止执行。

◖▬ **条文主旨**

本条是关于当事人申请再审的规定。

🐚 立法背景

当事人申请再审在大陆法系国家或地区被称为"再审之诉"。原法第 62 条规定："当事人对已经发生法律效力的判决、裁定，认为确有错误的，可以向原审人民法院或者上一级人民法院提出申诉，但判决、裁定不停止执行。"本次修改，借鉴民事诉讼法的相关规定，将当事人对生效裁判的申诉制度改为申请再审制度，明确再审的标准、期限等，以进一步保护当事人的合法权益。

🐚 条文解读

本条规定了当事人申请再审的前提条件是判决、裁定已经发生法律效力。主要指二审的判决、裁定和当事人超过上诉期而没有上诉的一审判决、裁定。

一、关于当事人申请再审的权利

本法关于当事人申请再审而引起再审程序采取宽进严出的方针。所谓"宽进"，即只要当事人认为判决、裁定有错误即有权申请再审。所谓"严出"，是指对于当事人的申请，受理的人民法院经过审查以后，认为符合法律规定的再审事由，才作出裁定进入再审程序。采取宽进严出，一是把申请再审作为当事人的一项权利。二是维护判决、裁定既判力的权威。发生法律效力的判决、裁定需要具有公定力和确定力。如果生效判决、裁定不具有稳定性，则势必引起社会关系的不稳定和不确定。因此，审判监督程序作为一种纠错程序，在兼顾法律的公平与正义的同时，也要兼顾社会的稳定与效率。

二、关于再审案件的管辖

原法第 62 条规定，当事人认为生效判决、裁定确有错误的，可以向原审人民法院或者上一级人民法院提出申诉。本次修改行政诉讼法，借鉴民事诉讼法第 199 条的规定，对当事人申请再审的管辖法院均为原审法院的上一级法院，即"向上一级人民法院申请再审"。

从大陆法系国家或地区的规定来看，基本上都规定再审案件由原终审法院管辖。例如我国台湾地区"行政诉讼法"第 275 条第 1 款规定："再审之诉专属为判决之原行政法院管辖。"我国之所以将再审案件的管辖法院确定为原终审法院的上一级法院，一是由原终审法院管辖，容易受到地方干预。二是从司法实践看，向原终审法院申请再审，由原终审法院纠正错误，比较困难。因此，为了保护当事人的合法权益，有必要由上一级法院行使对再审案件的管辖权。这也符合上级人民法院监督下级人民法院审判工作的原则。当然，如果是最高人民法院终审的案件，当事人只能向最高人民法院申请再审。

三、关于当事人对裁定申请再审的范围

行政诉讼法没有规定裁定的适用范围，但按照本法第 101 条的规定，原则上应参照适用民事诉讼法第 154 条规定。民事诉讼法第 154 条具体列举了裁定适用的 10 项范围，其中对前 3 项裁定，即对不予受理的裁定、管辖权有异议的裁定、驳回起诉的裁定，可以上诉。需要说明的是，民事诉讼法第 154 条关于裁定的事项并不完全适用于行政诉讼，如撤销或者不予执行仲裁裁决的裁定、不予执行公证机关赋予强制执行效力的债权文书的裁定等。

本条在原法第 62 条的基础上作了文字修改，基本内容没有变。说明我国第一部行政诉讼法自 1990 年 10 月 1 日施行以来就对终审裁定可以再审。对终审裁定再审有一个问题，就是是否对所有的裁定都可以再审。对这个问题社会各方面有一些不同的认识。有些人认为，相对大陆法系其他国家和地区我国已经开了裁定再审的口子，因此对裁定再审的范围不能过宽，应当仅限于涉及当事人实体权利义务的裁定才能再审。另一些人认为，我国行政诉讼法没有明确裁定可以再审的范围，因此只要法院的裁定符合再审事由的，当事人都可以申请再审。

四、关于当事人申请再审的期限

关于当事人申请再审的期限，按照本法第 101 条的规定，应适用民事诉讼法第 205 条的规定。按照民事诉讼法第 205 条的规定，行政诉讼当事人申请再审的，应在判决、裁定发生法律效力后六个月内提出，但在行政诉讼中有下列情形之一的，自知道或者应当知道之日起六个月内提出：第一，有新的证据，足以推翻原判决、裁定的；第二，原判决、裁定认定事实的主要证据是伪造的；第三，据以作出原判决、裁定的法律文书被撤销或者变更的；第四，审判人员在审理该案件时有贪污受贿，徇私舞弊，枉法裁判行为的。

五、关于当事人申请再审的次数

从大陆法系国家或地区行政诉讼法的规定来看，基本都奉行当事人申请再审一次的原则。如我国台湾地区"行政诉讼法"第 274 条之一规定："再审之诉，行政法院认无再审理由，判决驳回后，不得以同一事由对于原确定判决或驳回再审之诉之确定判决，更行提起再审之诉。"规定当事人申请再审一次的原则，其目的是维护既判力的权威，从而维护社会关系的稳定。如果允许当事人多次申请再审，不但浪费司法资源，而且会使终审判决不终，损害既判力的权威。

行政诉讼法没有明确当事人申请再审一次的原则。民事诉讼法 2012 年修改时新增加了一条，即第 209 条规定："有下列情形之一的，当事人可以向人民检察院申请检察建议或者抗诉：（一）人民法院驳回再审申请的；（二）人民法院逾期未对再审申请作出裁定的；（三）再审判决、裁定有明显错误的。人民检察院对当事人的申请应当在三个月内进行审查，作出提出或者不予提出检察建议或者抗诉的决定。当事人不得再次向人民检察院申请检察建议或者抗诉。"对于这一问题行政诉讼法也适用该规定。

民事诉讼法上述规定的目的之一，就是试图建立基于当事人的申请而再审一次的原则。众所周知，世界各国或地区民事诉讼法基本确立了"再审一次"的原则，其目的是维护既判力的权威，从而维护社会关系的稳定。然而在我国，司法实践中一起案件经过多次再审的情况时有发生，导致案件终审不终，法院判决的权威性丧失。为了解决这一问题，修改后的民事诉讼法第 209 条作了上述规定，即当事人再审申请被驳回后，或者再审判决、裁定生效后，当事人对再审判决、裁定仍然不服的，只能向人民检察院寻求救济，人民检察院认为驳回再审申请的裁定或者再审判决、裁定确有错误的，可以向人民法院抗诉。该规定有利于解决因当事人反复申请再审而使案件陷入循环往复再审的局面，无疑具有重大意义。

六、申请再审不停止执行

为了保证人民法院终审判决、裁定的执行力，本条规定当事人申请再审的，不停止判决、裁定的执行。依照民事诉讼法第 204 条规定，人民法院对再审申请的审查期间为三个月。在作出是否进入再审程序的裁定前，不停止该判决、裁定的执行。一旦裁定进入再审程序，按照民事诉讼法第 206 条的规定，由再审的人民法院裁定中止原判决、裁定的执行。

需要说明的是：按照民事诉讼法第 203 条和第 204 条第 1 款规定，行政诉讼当事人申请再审的，应当提交再审申请书等材料。人民法院应当自收到再审申请书之日起五日内将再审申请书副本发送对方当事人。对方当事人应当自收到再审申请书副本之日起十五日内提交书面意见；不提交书面意见的，不影响人民法院审查。人民法院可以要求申请人和对方当事人补充有关材料，询问有关事项。人民法院应当自收到再审申请书之日起三个月内审查，符合本法规定的，裁定再审；不符合本法规定的，裁定驳回申请。

📠 相关规定

《中华人民共和国民事诉讼法》第 154 条、第 199 条、第 203 条、第 204 条、第 205 条、第 206 条、第 209 条；最高人民法院、最高人民检察院《关于对民事审判活动与行政诉讼实行法律监督的若干意见（试行）》第5条。

第九十一条 当事人的申请符合下列情形之一的，人民法院应当再审：

（一）不予立案或者驳回起诉确有错误的；

（二）有新的证据，足以推翻原判决、裁定的；

（三）原判决、裁定认定事实的主要证据不足、未经质证或者系伪造的；

（四）原判决、裁定适用法律、法规确有错误的；

（五）违反法律规定的诉讼程序，可能影响公正审判的；

（六）原判决、裁定遗漏诉讼请求的；

（七）据以作出原判决、裁定的法律文书被撤销或者变更的；

（八）审判人员在审理该案件时有贪污受贿、徇私舞弊、枉法裁判行为的。

条文主旨

本条是关于再审事由的规定。

立法背景

2007年修改民事诉讼时，为了解决"再审难"，进一步维护当事人的合法权益，增加了一条再审事由的规定。2012年修改民事诉讼法时，对该条作了一些修改，即现行民事诉讼法第200条的规定。本次修改行政诉讼法，借鉴民事诉讼法第200条的规定，增加了当事人申请再审事由的规定。再审事由同时也是再审的条件。

申请再审是当事人的一项权利，当事人只要认为生效判决、裁定有错误，就可以申请再审。但法院是否再审，则需要符合一定的条件。因为终审的判决、裁定具有既判力，非经法定的条件和程序不能撤销和改判。依照本条规定，当事人的申请符合下列情形之一的，人民法院应当再审：

一、不予立案或者驳回起诉确有错误的

本次修改行政诉讼法，为了充分保护当事人的诉权，解决"立案难"问题，规定了"不予立案或者驳回起诉确有错误"的再审事由，即人民法院经过审查后认为不予立案或者驳回起诉的终审裁定有错误的，就应当再审。

二、有新的证据，足以推翻原判决、裁定的

所谓新证据主要指在过去诉讼过程中没有发现的证据，或者是当事人在原审诉讼中未提供的证据，而该证据又足以推翻原判决、裁定，因此当事人可以申请再审，同时也是作为人民法院进行再审的条件之一。

三、原判决、裁定认定事实的主要证据不足、未经质证、系伪造的

原判决、裁定认定事实的主要证据不足，是指原判决、裁定认定的基本事实缺乏证据证明。保证案件审理正确的前提是查明案件事实，而查明案件事实需要证据加以证明。在行政诉讼中，被告行政机关对作出的行政行为负举证责任，应当提供作出该行政行为的证据。如果被告不能提供证据，或者所提供的证据不足以证明其行政行为的合法性，就应当承担不利的诉讼后果。但如果法官判决被告胜诉，则该判决就属于缺乏证据证明。因此，"原判决、裁定认定事实的主要证据不足"就足以构成再审的事由和条件。

根据新法第 43 条第 1 款规定，无论是公开审理还是不公开审理的案件，证据必须在法庭上出示，并由当事人互相质证。质证是对证据查证属实的必要手段，证据只有查证属实之后，才能作为认定事实的根据。尽管未经质证的证据也可能是真实的，但法律设立质证规则的目的是从程序上保证查明证据的真实性，违反了程序就有可能导致认定事实的错误。因此，未经质证的证据不能作为认定事实的根据。如果判决、裁定认定事实的主要证据未经质证的，则是进入再审程序的原因之一。

伪造证据的行为属于严重的妨害行政诉讼的行为，理应受到法律的惩罚。本法第43条第2款规定，人民法院应当按照法定程序，全面、客观地审查核实证据。如果审理案件的法官没有全面、客观地审查核实证据，把伪造的证据作为认定事实的根据，则这样的判决、裁定应当进行再审。

四、原判决、裁定适用法律、法规确有错误的

当事人认为原判决、裁定适用法律、法规有错误的，可以申请再审，但原判决、裁定在适用法律、法规方面是否真的存在错误，则需要法院通过审查予以确认。需要指出的是，适用法律错误指的是原判决、裁定适用实体法的错误，例如适用了失效的法律，再例如违反实体法不溯及既往的原则而适用了新法等。

五、违反法律规定的诉讼程序，可能影响公正审判的

新行政诉讼法关于再审事由没有照搬民事诉讼法的相关规定，而是进行了一定概括。参照民事诉讼法第200条的规定，违反法律规定的诉讼程序主要有以下情形：

一是审判组织的组成不合法。例如新法第68条规定，一审普通程序由审判员组成合议庭，或者由审判员、陪审员组成合议庭，合议庭的组成人员必须是三人以上的单数。如果一审普通程序没有组成合议庭而采用独任审判，则该案判决生效后，当事人可以对此判决可以申请再审，人民法院查证属实的，应当再审。

二是依法应当回避的审判人员没有回避。新法第55条明确规定了审判人员应当在哪些情形之下要回避本案的审理工作。在当事人没有提出回避申请的情况下，审判人员应当主动予以回避。例如审判人员是本案当事人的近亲属，对方当事人不知并没有申请该审判人员回避的情况下，该审判人员没有主动回避，而是继续审理了此案。在该案判决生效后，对方当事人获知了此情况，他有权申请对该案进行再审，人民法院查证属实的，应当裁定进行再审。

三是无诉讼行为能力人未经法定代理人代为诉讼。新法第30条规定，没有诉讼行为能力的公民，由其法定代理人代为诉讼。法定代理人代为诉讼是为了维护无诉讼行为能力人如未成年人或者精神病人的合法权益。如果某一案件的当事人是无诉讼行为能力人，法官在未查明的情况下就进行了审理，在该案裁判生效以后，该无诉讼行为能力的当事人的法定代理人有权申请对该案进行再审，人民法院查证属实的，应当裁定对该案进行再审。

四是应当参加诉讼的当事人，因不能归责于本人或者其诉讼代理人的事由，未参加诉讼。新法第26条第4款规定："两个以上行政机关作出同一行政行为的，共同作出行政行为的行政机关是共同被告。"假设原告只起诉了甲行政机关而没有起诉乙行政机关，人民法院应当追加乙行政机关作为共同被告参加诉讼。如果人民法院没有追加乙行政机关为共同被告，就对该案进行了审理并作出了判决，则甲行政机关有权申请对该案进行再审，人民法院经查证属实后，应当进行再审。

五是违反法律规定，剥夺当事人辩论权利。新法第10条规定："当事人在行政诉讼中有权进行辩论。"以下三种情形为剥夺当事人的辩论权利。第一，在案件审理前的准备阶段，被告提出答辩状是被告行使辩论权利的体现。新法第67条规定，人民法院应当在立案之日起五日内将起诉状副本发送被告，被告在收到之日起十五日内向人民法院提交作出行政行为的证据和所依据的规范性文件，并提出答辩状。被告不提出答辩状的，不影响人民法

246

院审理。是否提交答辩状是当事人诉讼权利，但如果法院没有给被告进行书面答辩的权利，则属于剥夺了被告的辩论权利。第二，人民法院在开庭审理阶段没有经过辩论程序，而是在法庭调查之后，径行作出了判决。第三，在开庭审理过程中虽然进行了法庭辩论，但在法庭辩论终结时，没有按照民事诉讼法第141条的规定，由审判长征询当事人的最后意见，即当事人的最后陈述在法庭笔录中没有体现，这属于剥夺了当事人的最后陈述权，也属于剥夺了当事人的辩论权。

六是未经传票传唤，缺席判决。新法第58条规定，经人民法院传票传唤，被告无正当理由拒不到庭的，人民法院可以缺席判决。在第一审普通程序或者在第二审程序中，如果法院没有给被告送达传票，通知被告出庭应诉，在被告未到庭的情况下，法院就作出了缺席判决，这种行为属于严重违反法定程序的行为，所以作为再审的事由之一。

六、原判决、裁定遗漏诉讼请求的

新法第49条规定，当事人提起行政诉讼必须有具体的诉讼请求和事实根据。人民法院根据原告、被告所提供的证据和法院调查收集的证据，判断当事人的诉讼请求是否应得到法院的支持。如果人民法院没有对当事人提出的某项诉讼请求进行法庭调查和法庭辩论，在判决、裁定中遗漏了当事人这一诉讼请求，则属于审判工作的重大失误，当事人有权对这一判决、裁定申请再审，人民法院经查证属实之后，也应当进行再审。

七、据以作出原判决、裁定的法律文书被撤销或者变更

有些行政案件是以另一行政案件或者民事案件的审理结果作为依据而作出的裁判。新法第61条第2款规定："在行政诉讼中，人民法院认为该行政案件的审理需以民事诉讼的裁判为依据的，可以裁定中止行政诉讼。"如果另一行政案件或者民事案件的判决、裁定在以后的再审中被撤销或者变更了，则以它作为依据所作的行政判决、裁定也应当相应地被撤销或者变更。

八、审判人员在审理该案件时有贪污受贿、徇私舞弊、枉法裁判的行为

民事诉讼法第 43 条规定，审判人员应当依法秉公办案。审判人员不得接受当事人及其诉讼代理人请客送礼。审判人员有贪污受贿，徇私舞弊，枉法裁判行为的，应当追究法律责任；构成犯罪的，依法追究刑事责任。行政诉讼法没有规定以上内容，但根据新行政诉讼法第 101 条的规定，应当适用上述规定。因此，当事人认为审判人员在审理该案件时有贪污受贿、徇私舞弊或者枉法裁判行为的，可以申请再审；人民法院在审查过程中查证属实的，特别是该审判人员已经被追究法律责任的情况下，人民法院应当裁定再审。

从大陆法系国家或地区的规定来看，对法官审理案件的职务犯罪行为，均强调法官已经获得有罪判决，或者犯罪的证据已经确凿，当事人才能提起再审之诉。例如我国台湾地区"行政诉讼法"第 273 条规定，参与裁判之法官关于该诉讼违背职务，犯刑事上之罪，在宣告有罪之判决已确定，或其刑事诉讼不能开展或续行非因证据不足者为限，当事人得提起再审之诉。

● 相关规定

《中华人民共和国民事诉讼法》第 43 条、第 141 条、第 200 条。

第九十二条 各级人民法院院长对本院已经发生法律效力的判决、裁定，发现有本法第九十一条规定情形之一，或者发现调解违反自愿原则或者调解书内容违法，认为需要再审的，应当提交审判委员会讨论决定。

最高人民法院对地方各级人民法院已经发生法律效力的判决、裁定，上级人民法院对下级人民法院已经发

生法律效力的判决、裁定，发现有本法第九十一条规定情形之一，或者发现调解违反自愿原则或者调解书内容违法的，有权提审或者指令下级人民法院再审。

条文主旨

本条是对人民法院依职权提起再审的规定。

立法背景

本条的主要内容是原法第 63 条的规定。本次修改，将人民法院依职权再审的条件进一步细化，即符合本法第 91 条规定的再审事由，同时增加对调解书再审的规定。需要注意的是，本条有别于民事诉讼法第 198 条关于人民法院依职权再审的规定。按照民事诉讼法第 198 条规定，人民法院依职权再审的标准或者条件是"发现确有错误"。

条文解读

本条第 1 款是关于作出生效裁判的本法院基于自我监督而对案件进行再审的规定。人民法院审理行政案件必须以事实为根据，以法律为准绳，这是我国行政诉讼法确立的重要原则。但法院的审判人员有可能在事实认定或适用法律方面出现错误。按照有错必纠的原则，各级人民法院应当对本院作出的生效裁判负责。我国人民法院组织法第 13 条第 1 款规定："各级人民法院院长对本院已经发生法律效力的判决和裁定，如果发现在认定事实或者在适用法律上确有错误，必须提交审判委员会处理。"按照人民法院组织法和本条的规定，各级人民法院院长对本院的生效判决、裁定发现符合再审事由的，在本院审判委员会确认并决定后，应当进行再审。

本条第 2 款是基于最高人民法院对地方各级人民法院审判工作的监督，以及上级人民法院对下级人民法院审判工作的监督而引起案件再审的规定。我国宪法第 127 条规定："最高人民法院是最高审判机关。最高人民法院监督地方各级人民法院和专门人民法院的审判工作，上级人民法院监督下级人民法院的审判工作。"监督的主要内容之一就是对下级法院已经发生法律效力的判决、裁定，发现确有错误的，有权提审或者指令下级人民法院再审。

本次修改行政诉讼法，增加了人民法院对行政案件进行调解的规定。新法第 60 条规定，人民法院审理行政案件，不适用调解。但是，行政赔偿、补偿以及行政机关行使法律、法规规定的自由裁量权的案件可以调解。调解应当遵循自愿、合法原则，不得损害国家利益、社会公共利益和他人合法权益。因此，各级人民法院院长对本院的调解发现违反自愿原则或者作出的调解书内容违法，认为需要再审的，应当提交审判委员会讨论决定。最高人民法院对地方各级人民法院作出的调解书，上级人民法院对下级人民法院作出的调解书发现违反自愿原则或者调解书内容违法的，有权提审或者指令下级人民法院再审。

本条规定了发起再审程序的主体之一是人民法院，也可以概括为是人民法院依职权再审。但人民法院依职权再审，主要是当事人没有在判决、裁定、调解书发生法律效力后的六个月内申请再审，当事人又认为判决、裁定、调解书符合再审事由的，就可以向作出生效判决、裁定、调解书的人民法院申诉，也可以向其上级人民法院申诉。按照人民法院组织法第 13 条第 4 款的规定，各级人民法院对于当事人提出的对已经发生法律效力的判决和裁定的申诉，应当认真负责处理。无论是原审法院还是其上级法院，收到当事人的申诉后，如果发现符合再审事由，应当进行再审。

☞ 相关规定

《中华人民共和国宪法》第 127 条；《中华人民共和国人民法院组织法》第 13 条；《中华人民共和国民事诉讼法》第 96 条、第 97 条、第 198 条。

250

第九十三条　最高人民检察院对各级人民法院已经发生法律效力的判决、裁定，上级人民检察院对下级人民法院已经发生法律效力的判决、裁定，发现有本法第九十一条规定情形之一，或者发现调解书损害国家利益、社会公共利益的，应当提出抗诉。

地方各级人民检察院对同级人民法院已经发生法律效力的判决、裁定，发现有本法第九十一条规定情形之一，或者发现调解书损害国家利益、社会公共利益的，可以向同级人民法院提出检察建议，并报上级人民检察院备案；也可以提请上级人民检察院向同级人民法院提出抗诉。

各级人民检察院对审判监督程序以外的其他审判程序中审判人员的违法行为，有权向同级人民法院提出检察建议。

条文主旨

本条是关于人民检察院对生效判决、裁定、调解书提出抗诉或者检察建议的规定。

立法背景

本条借鉴民事诉讼法第 208 条的规定，对原法第 64 条作了修改。细化了抗诉的条件和程序，扩大了抗诉的范围，增加了再审检察建议和其他检察建议。

条文解读

一、抗诉

抗诉是人民检察院对行政诉讼实行法律监督的主要方式。人民检察院组织法第 18 条第 1 款规定："最高人民检察院对于各级人民法院已经发生法律效力的判决和裁定，上级人民检察院对于下级人民法院已经发生法律效力的判决和裁定，如果发现确有错误，应当按照审判监督程序提出抗诉。"

（一）抗诉案件的范围

1. 对生效判决的抗诉。行政诉讼法施行20多年来，人民检察院对已经发生法律效力的行政判决进行抗诉，是行政诉讼检察监督最主要的方式，理论比较成熟，司法实践中存在的问题不多。

2. 对生效裁定的抗诉。对哪些裁定可以抗诉，一直有争议。因为裁定的适用范围比较宽，是否所有的裁定都可以抗诉，行政诉讼法以及民事诉讼法都没有明确。2011年3月最高人民法院和最高人民检察院制定的《关于对民事审判活动与行政诉讼实行法律监督的若干意见（试行）》第5条第2款规定："人民检察院发现人民法院已经发生法律效力的行政判决和不予受理、驳回起诉、管辖权异议等行政裁定，有《中华人民共和国行政诉讼法》第六十四条规定情形的，应当提出抗诉。"该条将可提出抗诉的裁定的范围进行了列举，即"不予受理、驳回起诉、管辖权异议"，因为这三项裁定中的前两项裁定涉及当事人的实体权利，而管辖权异议的裁定对当事人实体权利的影响重大，所以允许当事人对一审法院作出的此三项裁定提起上诉。检察机关还可以对哪些裁定进行抗诉，需要在司法实践中进一步探索。

3. 对调解书的抗诉。本次行政诉讼法修改，增加了调解的规定。为了保证调解合法，本条借鉴民事诉讼法第208条的规定，明确检察机关发现调解书损害国家利益、社会公共利益的，应当提起抗诉。

（二）人民检察院抗诉案件的来源和抗诉事由

人民检察院抗诉案件的来源，主要基于当事人向人民检察院提出的申诉。民事诉讼法第209条规定，当事人就下列情形，可以向人民检察院申请抗诉：一是人民法院驳回再审申请的；二是人民法院逾期未对再审申请作出裁定的；三是再审判决、裁定有

252

明显错误的。人民检察院对当事人的申请应当在三个月内进行审查，作出提出或者不予提出抗诉的决定。另外，如果当事人过了六个月申请再审的期限，但认为生效裁判符合法律规定的再审事由，也可以向人民检察院提出申诉。此外，人民检察院在没有当事人申诉的前提下，从其他渠道发现行政案件的判决、裁定符合再审事由，也可以向人民法院提出抗诉。

本次修改行政诉讼法，增加了当事人申请再审事由的规定。新法第 91 条规定了 8 项当事人申请再审的事由，此 8 项再审事由也是人民检察院的抗诉事由。这样规定，使人民检察院对生效的行政判决、裁定的抗诉标准更加明确，有利于对法院审判活动的监督，从而更好地维护当事人的合法权益。

需要注意的是，对一审后未上诉而生效的案件，人民检察院要严格审查。《关于对民事审判活动与行政诉讼实行法律监督的若干意见（试行）》第 4 条规定："当事人在一审判决、裁定生效前向人民检察院申请抗诉的，人民检察院应当告知其依照法律规定提出上诉。当事人对可以上诉的一审判决、裁定在发生法律效力后提出申诉的，应当说明未提出上诉的理由；没有正当理由的，不予受理。"这样规定，一是强调当事人自己应当穷尽救济的原则；二是在当事人不行使法律提供的救济途径的情况下，作为公权力的检察机关也不能对其提供救济，从而维护既判力的权威。

（三）抗诉的程序

本条第 1 款规定，对生效行政判决、裁定的抗诉原则上实行"上级抗"，即由上级人民检察院对下级人民法院生效的行政判决、裁定向与上级检察院同级的人民法院提出抗诉。地方各级人民检察院发现同级人民法院已经发生法律效力的判决、裁定有本法第91 条规定情形之一的，可以提请上级人民检察院向同级人民法院提出抗诉。需要说明的是：最高人民检察院可以进行"同级抗"，即：最高人民检察院对最高人民法院已经发生法律效力的判决、裁定，发现有本法第91条规定情形之一的，有权向最高人民法院提出抗诉。

（四）人民法院对人民检察院抗诉作出再审裁定的期限

行政诉讼法没有规定法院在收到抗诉书之后多长时间内作出再审的裁定，民事诉讼法第211条规定，人民检察院提出抗诉的案件，接受抗诉的人民法院应当自收到抗诉书之日起三十日内作出再审的裁定。按照本法第101条的规定，民事诉讼法第211条的规定也适用于行政诉讼。

（五）关于检察机关如何对生效的再审判决、裁定提出抗诉

民事诉讼法第209条规定，当事人申请再审被驳回或者法院逾期不予答复，以及当事人对再审生效判决、裁定不服的，可以向人民检察院申请抗诉。同时规定"人民检察院对当事人的申请应当在三个月内进行审查，作出提出或者不予提出检察建议或者抗诉的决定。当事人不得再次向人民检察院申请检察建议或者抗诉"。以上规定不但确立了当事人申请再审一次的原则，也确立了检察院抗诉一次的原则，对维护既判力的权威，解决终审不终的问题，具有重要意义。

二、检察建议

2012年修改的民事诉讼法第208条在2007年修改的民事诉讼法第187条的基础上，增加了"检察建议"的监督方式，其中包括再审检察建议和其他检察建议。本次修改行政诉讼法，借鉴民事诉讼法第208条的规定，也增加了检察建议的监督方式。

（一）再审检察建议

原法第64条只规定了"抗诉"一种检察监督的方式，且抗诉只能"上级抗"而不能"同级抗"。为了促进司法公正，维护社会公平正义，近年来检察机关积极探索行政诉讼检察监督的方式，创造了地方各级人民检察院对同级人民法院已经发生法律效力的判决、裁定、调解书提出检察建议的监督方式。

检察建议有别于抗诉。抗诉必然引起再审，而检察建议不必然

引起再审。《关于对民事审判活动与行政诉讼实行法律监督的若干意见（试行）》第 7 条第 2 款规定："人民法院收到再审检察建议后，应当在三个月内进行审查并将审查结果书面回复人民检察院。人民法院认为需要再审的，应当通知当事人。人民检察院认为人民法院不予再审的决定不当的，应当提请上级人民检察院提出抗诉。"

（二）其他检察建议

为纠正审判人员在审判监督程序以外的其他审判程序中的违法行为，本条第 3 款规定，各级人民检察院有权向同级人民法院提出检察建议。以上规定对维护司法公正具有重要作用。但行政诉讼法以及民事诉讼法没有规定人民法院对"其他检察建议"的回复问题。《关于对民事审判活动与行政诉讼实行法律监督的若干意见（试行）》第 10 条规定："人民检察院提出检察建议的，人民法院应当在一个月内作出处理并将处理情况书面回复人民检察院。人民检察院对人民法院的回复意见有异议的，可以通过上一级人民检察院向上一级人民法院提出。上一级人民法院认为人民检察院的意见正确的，应当监督下级人民法院及时纠正。"以上规定是合理的。如果不明确规定人民法院对检察建议的回复期限，将使检察建议制度落空。

◖ 相关规定

《中华人民共和国人民检察院组织法》第 18 条；《中华人民共和国民事诉讼法》第 208 条、第 209 条、第 211 条；最高人民法院、最高人民检察院《关于对民事审判活动与行政诉讼实行法律监督的若干意见（试行）》第 4 条、第 5 条、第 7 条、第 10 条。

第八章 执 行

第九十四条 当事人必须履行人民法院发生法律效力的判决、裁定、调解书。

条文主旨

本条是对执行人民法院作出的发生法律效力的判决、裁定、调解书的规定。

立法背景

本条的主要内容是原法第 65 条第 1 款的规定，本次修改，增加了当事人必须履行人民法院发生法律效力的调解书的规定。

条文解读

一、对判决的执行

行政诉讼判决，是指人民法院通过法定程序，行使国家审判权，根据所查清的事实，依据法律、法规规定，对行政案件实体问题作出的结论性处理决定。行政诉讼判决是行政诉讼最重要的结案方式，是最终解决行政争议的基本手段。

人民法院将判决的内容依规定的格式制作的法律文书，即判决书。当事人对一审判决没有上诉的，一审判决发生法律效力；当事人对一审判决上诉的，二审判决是发生法律效力的判决。判决发生法律效力后，就具有法律约束力和执行力，当事人应当自觉履行判决确定的义务。一方当事人不履行判决确定的义务的，人民法院可以根据对方当事人的申请，依法强制执行。

二、对裁定的执行

行政诉讼裁定，是指人民法院在行政诉讼过程中解决程序问题所作出的结论性处理决定。民事诉讼法第154条规定了10项裁定，其中"不予受理""对管辖权有异议""驳回起诉"的裁定可以上诉。可以上诉的裁定，在上诉期间不发生法律效力，但二审裁定是发生法律效力的裁定。其他裁定，由一审法院一经作出并送达当事人即发生法律效力。

行政诉讼裁定主要解决程序问题，但某些裁定不乏具有可执行的内容。例如新法第57条规定，人民法院对起诉行政机关没有依法支付抚恤金、最低生活保障金和工伤、医疗社会保险金的案件，权利义务关系明确、不先予执行将严重影响原告生活的，可以根据原告的申请，裁定先予执行。当事人对先予执行裁定不服的，可以申请复议一次，复议期间不停止裁定的执行。因此，行政机关应自觉履行先予执行的裁定。如果行政机关不按照先予执行裁定所确定的期限履行的，人民法院可以根据原告的申请或者依职权强制执行。

三、对调解书的执行

本次修改行政诉讼法，增加了人民法院对行政案件进行调解的规定。新法第60条第1款规定，人民法院审理行政案件，不适用调解。但是，行政赔偿、补偿以及行政机关行使法律、法规规定的自由裁量权的案件可以调解。民事诉讼法第97条规定，调解达成协议，人民法院应当制作调解书。调解书经双方当事人签收后，即具有法律效力。调解书的法律效力是指对双方当事人产生拘束力并具有执行力。当事人应当自觉履行调解书确定的义务。一方当事人不履行调解书确定的义务的，人民法院可以根据对方当事人的申请，依法强制执行。

● **相关规定**

《中华人民共和国民事诉讼法》第97条、第154条。

第九十五条 公民、法人或者其他组织拒绝履行判决、裁定、调解书的，行政机关或者第三人可以向第一审人民法院申请强制执行，或者由行政机关依法强制执行。

◔ **条文主旨**

本条是对申请强制执行和执行管辖的规定。

◔ **立法背景**

本条的主要内容是原法第 65 条第 2 款的规定，本次修改，增加了"调解书"的执行标的，以及第三人向人民法院申请执行的规定。

◔ **条文解读**

一、行政机关向人民法院申请强制执行

作为原告一方的公民、法人或者其他组织应当自觉履行发生法律效力的判决、裁定、调解书所确定的义务。按照新法第 56 条规定，在行政诉讼期间，原则上不停止行政行为的执行，但符合第 56 条法定情形的，人民法院可以裁定停止执行。如果人民法院裁定停止执行，但是经过审理，认为行政行为证据确凿，适用法律、法规正确，符合法定程序，人民法院判决驳回原告的诉讼请求的，在该判决发生法律效力后，被诉的行政行为必须得到履行。如果原告拒绝履行，行政机关可以向人民法院申请强制执行。例如按照旅游法第 97 条规定，旅游主管部门认定某旅行社在经营中进行虚假宣传，误导旅游者，对其作出了罚款四万元的行政处罚决定。该旅行社对行政处罚决定不服，认为自己的行为不构成虚假宣传，于是向人民法院提起行政诉讼，请求撤销行政处罚决定。在法院立案后，该旅行社以经营困难为由，向管辖法院申请停止执行。被告认为停止执行不损害国家利益，同意停止执行，于是人民法

258

院作出了停止执行的裁定。人民法院经过审理认为，原告确实存在虚假宣传，误导旅游者的行为，旅游主管部门对其处罚的证据确凿，适用法律、法规正确，且符合法定程序，判决驳回了原告的诉讼请求。在该判决生效后，该旅行社应当缴纳罚款。如果其拒绝缴纳罚款，旅游主管部门可以向人民法院申请强制执行。

二、第三人向人民法院申请强制执行

例如按照专利法规定的专利实施强制许可制度，取得实施强制许可的单位或者个人应当付给专利权人合理的使用费，其数额由双方协商；双方不能达成协议的，由国务院专利行政部门裁决。专利权人和取得实施强制许可的单位或者个人对国务院专利行政部门关于实施强制许可的使用费的裁决不服的，可以自收到通知之日起三个月内向人民法院起诉。例如，甲作为取得实施强制许可的单位对国务院专利行政部门关于实施强制许可的使用费的裁决不服，认为过高，于是以国务院专利行政部门为被告向人民法院提起行政诉讼，请求撤销或变更该裁决。按照行政诉讼法第29条规定，专利权人乙作为与案件处理结果有利害关系的第三人申请参加了诉讼。法院经过审理，认为国务院专利行政部门关于实施强制许可的使用费的裁决适当，符合交易惯例，于是判决驳回了甲的诉讼请求。在该判决生效后，甲应当向乙支付裁决确认的专利使用费。如果其拒绝支付，作为本案第三人的乙可以向人民法院申请强制执行。

三、由行政机关依法强制执行

由行政机关依法强制执行，是指法律规定具有直接行政强制执行权的行政机关自己执行法院作出的判决、裁定、调解书。例如按照税收征收管理法第40条规定，从事生产、经营的纳税人未按照规定的期限缴纳税款，由税务机关责令限期缴纳，逾期仍未缴纳的，经县以上税务局（分局）局长批准，税务机关可以采取书面通知其开户银行或者其他金融机构从其存款中扣缴税款的强制执行措施。如纳税人对该行政强制执行的决定不服，以税务机关为被告向人民法院提起行政诉讼。在法院立案后，纳税人以经营困难为由，向管辖法院申请停止执行。被告认为停止执行不损害国家利益，同意停止执行，于是人民法院作出了停止执行的裁定。人民法院经过审理认为，原告确实存在未按照规定的期限缴纳税款的行为，税务机关已经按照税收征收管理法和行政强制法的规定对其进行了催告，即责令其限期缴纳，但原告仍未按期缴纳。因此，税务机关对其作出行政强制执行的决定是正确的，判决驳回了原告的诉讼请求。在该判决生效后，税务机关可以依照税收征收管理法的规定由自己强制执行。

四、执行管辖的法院

关于执行管辖的法院，本条规定行政机关或者第三人向第一审人民法院申请强制执行。有些行政案件尽管是二审终审，但对二审法院作出的法律效力的判决、裁定、调解书，按照本条规定，都由一审法院负责强制执行。这样规定的理由是：行政诉讼法对一审行政案件的地域管辖奉行"原告就被告"原则，如果行政机关终审败诉，一审法院与行政机关处于同一行政区域内，便于对行政机关的执行；如果原告败诉，也便于行政机关申请法院强制执行。

第九十六条 行政机关拒绝履行判决、裁定、调解书的，第一审人民法院可以采取下列措施：

（一）对应当归还的罚款或者应当给付的款额，通知银行从该行政机关的账户内划拨；

（二）在规定期限内不履行的，从期满之日起，对该行政机关负责人按日处五十元至一百元的罚款；

（三）将行政机关拒绝履行的情况予以公告；

（四）向监察机关或者该行政机关的上一级行政机关提出司法建议。接受司法建议的机关，根据有关规定进行处理，并将处理情况告知人民法院；

（五）拒不履行判决、裁定、调解书，社会影响恶劣的，可以对该行政机关直接负责的主管人员和其他直接责任人员予以拘留；情节严重，构成犯罪的，依法追究刑事责任。

☛ 条文主旨

本条是对行政机关拒绝履行判决、裁定、调解书时，第一审人民法院可以采取的执行措施的规定。

☛ 立法背景

本条的主要内容是原法第 65 条第 3 款的规定，本次修改，对行政机关拒绝履行判决、裁定、调解书时，规定了更为严厉的执行措施。

☛ 条文解读

行政机关应当自觉履行人民法院作出的发生法律效力的判决、裁定、调解书。行政机关拒绝履行时，第一审人民法院可以采取以下执行措施：

一、对应当归还的罚款或者应当给付的款额，通知银行从该行政机关的账户内划拨。

行政机关对公民、法人或者其他组织作出了罚款的行政处罚决定，按照行政处罚法第 46 条规定，作出罚款决定的行政机关应当与收缴罚款的机构相分离。当事人应当自收到行政处罚决定书之日起十五日内，到指定的银行缴纳罚款。银行应当收受罚款，并将罚款直接上缴国库。因此，如果该处罚决定因为违法而被人民法院撤销，或者因为处罚明显不当而被人民法院判决变更，行政机关应当及时通知财政部门将罚款退回并归还受处罚人。如果行政机关拒绝履行，人民法院有权从行政机关开立的银行账户内

261

划拨。

社会保险法第 83 条第 2 款规定，个人对社会保险经办机构不依法支付社会保险待遇的行为，可以依法提起行政诉讼。行政诉讼法第 73 条规定，人民法院经过审理，查明被告依法负有给付义务的，判决被告履行给付义务。因此，如果人民法院判决社会保险经办机构向原告支付社会保险待遇，而社会保险经办机构拒绝支付，人民法院有权从社会保险经办机构开立的银行账户内划拨。

二、在规定期限内不履行的，从期满之日起，对该行政机关负责人按日处五十元至一百元的罚款。

原法第 65 条规定，如果行政机关"在规定期限内不履行的，从期满之日起，对该行政机关按日处 50 元至 100 元的罚款"。从司法实践来看，该规定对行政机关根本不能起到威慑作用。因此本次修改行政诉讼法，将对行政机关的罚款改为对行政机关负责人的罚款，以期能够促使行政机关自觉履行人民法院的生效裁判。

三、将行政机关拒绝履行的情况予以公告。

该项执行措施为本次修改行政诉讼法所新加。行政机关理应成为守法的模范，其中自觉履行人民法院发生法律效力的判决、裁定、调解书，是守法的重要内容之一。如果其拒绝履行，人民法院将其拒绝履行的情况予以公开，使其名誉受到一定减损，以期达到促使其自觉履行的目的。

四、向该行政机关的上一级行政机关或者监察机关提出司法建议。接受司法建议的机关，根据有关规定进行处理，并将处理情况告知人民法院。

国务院组织法和地方组织法规定的国务院和县级以上地方人民政府的职权之一是依法奖惩国家行政机关工作人员。行政监察法规定，监察机关对监察对象（行政机关及其公务员）在遵守和执行法律、法规中的问题进行监察。监察机关根据检查、调查结果，对违反行政纪律，依法应当给予警告、记过、记大过、降级、撤职、开除处分的，可以作出监察决定或者提出监察建议。监察

262

决定或者监察建议，应当按照国家有关人事管理权限和处理程序的规定办理。因此，如果行政机关拒绝履行人民法院发生法律效力的判决、裁定、调解书，人民法院可以向监察机关或者该行政机关的上一级行政机关提出司法建议，由监察机关或者上一级行政机关按照国家有关人事管理权限和处理程序，对相关的责任人员作出行政处分。

五、拒不履行判决、裁定、调解书，社会影响恶劣的，可以对该行政机关直接负责的主管人员和其他直接责任人员予以拘留；情节严重，构成犯罪的，依法追究刑事责任。

对拒不履行判决、裁定、调解书的行政机关直接负责的主管人员和其他直接责任人员予以拘留，是本次修改行政诉讼法所新加。本项规定的拘留属于司法拘留，从性质上讲属于妨害行政诉讼的强制措施。增加拘留的规定是借鉴了民事诉讼法第111条的规定，其目的是对藐视发生法律效力的判决、裁定、调解书的行政机关直接负责的主管人员和其他直接责任人员以震慑，促使行政机关自觉履行义务。

我国刑法第313条规定："对人民法院的判决、裁定有能力执行而拒不执行，情节严重的，处三年以下有期徒刑、拘役或者罚金。""执行难"也是行政诉讼司法实践中存在的严重问题，特别是行政机关拒不履行发生法律效力的判决、裁定、调解书的行为，将会在社会上造成恶劣的影响，起到非常坏的示范作用。因此对行政机关的这种行为，对其直接负责的主管人员和其他直接责任人员，不仅有必要采取相应的强制措施，如果构成犯罪的，还要追究刑事责任。

● 相关规定

《中华人民共和国行政处罚法》第46条；《中华人民共和国民事诉讼法》第111条；《中华人民共和国行政监察法》第24条、第25条；《中华人民共和国刑法》第313条。

第九十七条 公民、法人或者其他组织对行政行为在法定期限内不提起诉讼又不履行的，行政机关可以申请人民法院强制执行，或者依法强制执行。

条文主旨

本条是对非诉行政执行，以及行政机关依法强制执行的规定。

立法背景

本条为原法第 66 条规定，本次未作修改。

条文解读

一、非诉行政执行

（一）非诉行政执行的概念

行政强制法规定，行政机关的直接强制执行权只能由法律设定。目前我国只有税收征收管理法、海关法等少数法律规定行政机关有直接强制执行权。对于法律没有赋予直接强制执行权的行政机关，行政强制法第 53 条规定："当事人在法定期限内不申请行政复议或者提起行政诉讼，又不履行行政决定的，没有行政强制执行权的行政机关可以自期限届满之日起三个月内，依照本章规定申请人民法院强制执行。"例如，人口与计划生育法第 41 条规定："不符合本法第十八条规定生育子女的公民，应当依法缴纳社会抚养费。未在规定的期限内足额缴纳应当缴纳的社会抚养费的，自欠缴之日起，按照国家有关规定加收滞纳金；仍不缴纳的，由作出征收决定的计划生育行政部门依法向人民法院申请强制执行。"根据人口与计划生育法的上述规定，行政机关只能采取"执行罚"的间接强制执行措施，如果当事人仍不履行义务的，行政机关只能申请人民法院执行。

（二）申请强制执行的条件和期限

行政机关申请人民法院强制执行其作出的行政决定的前提条

件是：公民、法人或者其他组织（当事人）在法定期限内不申请行政复议或者提起行政诉讼，又不履行行政决定，行政机关才能向人民法院申请强制执行。我国行政复议法和行政诉讼法关于申请救济的法定期限分别是：公民、法人或者其他组织申请行政复议的法定期限是六十日，自知道该具体行政行为之日起六十日内提出；公民、法人或者其他组织直接向人民法院提起诉讼的，应当自知道或者应当知道作出行政行为之日起六个月内提出。按照本条规定，如果法律规定当事人可以直接向法院起诉，当事人在六个月内没有提起行政诉讼又不履行行政决定，行政机关可以申请法院强制执行。按照行政强制法第53条规定，行政机关申请人民法院强制执行的期限是从当事人行使行政救济或者司法救济的法定期限届满之日起三个月内提出，超过此期限申请的，人民法院不予执行。

（三）关于人民法院对执行申请的审查

行政机关申请人民法院强制执行其作出的行政决定，人民法院理应对申请进行必要的审查，以体现"监督行政机关依法行使职权"的立法宗旨。根据行政强制法第57条规定，人民法院对非诉行政执行审查的形式主要是书面审查，相当于形式审查。审查的内容主要有：第一，行政机关是否在法定期限内提出的申请。第二，行政机关提交的申请材料是否齐全。第三，行政决定是否具备申请强制执行的条件。人民法院通过对以上内容的书面审查，认为没有问题的，应当自受理之日起七日内作出执行裁定。

人民法院对非诉行政执行申请的审查虽然以书面审查为主，但在书面审查的过程中，发现行政决定有行政强制法第58条规定的"明显缺乏事实根据，或者明显缺乏法律、法规依据，以及其他明显违法并损害被执行人合法权益"的，在作出裁定前可以听取被执行人和行政机关的意见。听取意见后，如果认定行政决定属于上述情况的，应当在三十日内作出不予执行的裁定，并加附理由，在裁定作出后五日内送达行政机关。因此，人民法院对行政机关的执行申请虽以书面审查为主，但也可以主动性地进行实质审查。进行必要实质审查的理由是：我国目前行政执法的状况还不尽如人意，行政执法中的违法情况屡见不鲜。同时，国民的法制观念有待于进一步提高，有些行政行为相对人权利自我保护意识淡漠，没有在法定期限内提起行政救济或者司法救济。如果人民法院对行政机关的执行申请不作必要的实质审查，可能会将错就错，甚至错上加错，有损法律的公正。

当然，行政机关对人民法院不予执行的裁定有异议的，可以自收到裁定之日起十五日内向上一级人民法院申请复议，上一级人民法院应当自收到复议申请之日起三十日内作出是否执行的决定。

二、行政机关依法强制执行

行政强制法第 34 条规定："行政机关依法作出行政决定后，当事人在行政机关决定的期限内不履行义务的，具有行政强制执行权的行政机关依照本章规定强制执行。"例如海关法第 60 条规定，进出口货物的纳税义务人，应当自海关填发税款缴款书之日起十五日内缴纳税款；逾期缴纳的，由海关征收滞纳金。纳税义务人超过三个月仍未缴纳的，经直属海关关长或者其授权的隶属海关关长批准，海关可以书面通知其开户银行或者其他金融机构从其存款中扣缴税款，或者将应税货物依法变卖，以变卖所得抵缴税款。

需要说明的是，具有直接强制执行权的行政机关依法强制执行，无需等到当事人申请行政复议或者提起诉讼的法定期限届满之日才能强制执行。按照行政强制法的规定，当事人没有在行政决定确定的期限内履行义务，行政机关又催告当事人履行义务，而当事人又没有在催告书确定的期限内履行义务的，具有直接强制执行权的行政机关就可以依法强制执行。在强制执行后，当事人没有超过申请行政复议期限或者起诉期限的，仍然有权申请行政复议或者提起行政诉讼。

266

在本法草案二次审议和三次审议过程中，有些常委会组成人员和最高人民法院建议对非诉行政执行规定"裁执分离"制度，即由法院对行政机关的执行申请进行审查并作出执行裁定，由行政机关组织执行。最终通过的本法修改决定没有采纳上述意见。理由是：2011年通过的行政强制法已经对执行体制作出了制度安排，司法实践如果确需建立"裁执分离"制度，也应该通过修改行政强制法来进行。

🔹 **相关规定**

《中华人民共和国行政强制法》第34条、第53条、第57条、第58条。

第九章　涉外行政诉讼

第九十八条　外国人、无国籍人、外国组织在中华人民共和国进行行政诉讼，适用本法。法律另有规定的除外。

条文主旨

本条是关于涉外行政诉讼法律适用的原则性规定。

立法背景

本条为原法第 70 条的规定，本次未作修改。涉外行政诉讼是解决涉外行政管理过程中产生的行政争议的重要途径。随着我国对外开放政策的实施，外国人、无国籍人及外国各类组织来我国旅游、学习和工作的人数逐渐增多，我国行政机关在对这些外国人、外国组织进行各种管理的过程中难免发生争议，进而提起行政诉讼。涉外行政诉讼涉及国家主权，在审理的各个环节涉及国与国的关系，人民法院在审理涉外行政案件时，既要尊重他国主权又要维护我国主权。由于涉外行政诉的这种特殊性，决定了它与普通的国内行政诉讼在适用法律上不可能完全相同，而应有所区别。因此，本条对涉外行政诉讼的法律适用作了特殊的规定，即外国人、无国籍人、外国组织在中华人民共和国进行行政诉讼，适用本法。进行行政诉讼，在程序上适用法院地国家的法律，也是国际上公认的一条准则。

条文解读

我国行政诉讼法中的涉外行政诉讼，是指含有涉外因素的行政诉讼，也就是外国人、无国籍人、外国组织认为我国国家行政机关及其工作人员所作的行政行为侵犯其合法权益，依法向人民法院提起行政诉讼，由人民法院对行政行为进行审查并作出裁判的活动。

根据本条规定，人民法院在审理涉外行政诉讼案件时，在审理程序上首先要适用涉外行政诉讼程序的特别规定，在涉外行政诉讼程序的特别规定中未做规定的，则适用行政诉讼的一般原则。作此特别规定，是由涉外行政诉讼法的特殊性决定的。特殊性主要表现在：（1）主体的涉外性。由于行政诉讼的被告只能是我国国家行政机关或者法律、法规、规章授权的组织，所以只有行政诉讼原告和第三人中至少有一方是外国人、无国籍人或者外国组织，才能形成涉外行政诉讼。（2）行政诉讼发生地点的特定性。包括两种情形：一是行政行为必须发生在我国领域内，由我国的国家行政机关进行处理；二是外国当事人在我国人民法院提起行政诉讼或者参加到在我国法院进行的行政诉讼中。（3）诉讼标的的特殊性。诉讼标的必须是我国行政机关或法律、法规、规章授权的组织及其工作人员所作出的行政行为。

人民法院审理涉外行政案件既要依据法定的程序，又要依据法律关于当事人实体权利和义务的规定。因此，人民法院审理涉外行政案件要适用两个方面的法律：一是实体法，二是程序法。因此，人民法院在审理涉外行政案件时，在适用程序法问题上，原则上应适用我国行政诉讼法的规定和我国其他法律有关涉外行政诉讼的规定。在许多具体问题上如何适用程序法，除了依据行政诉讼法的关于行政诉讼的原则规定外，还需要考虑适用民事诉讼法的有关规定。另外，有关法律还有关于外国人参与行政诉讼的特别规定，根据特别法优于普通法的原则，人民法院应优先适用这些特别规定。如《中华人民共和国外交特权与豁免条例》对外交代表参与的行政诉讼作了特别的规定，外交代表不受人民法院管辖，在行政诉讼程序上享有豁免权，但不得在我国国内为私人利益从事专业或商业活动，有关此类活动的行政诉讼，外交代表不得享有管辖豁免。据此，当人民法院受理和审判外交代表参与的涉外行政诉讼案件时，应优先适用这些特别规定。

☞ 相关规定

《中华人民共和国外交特权与豁免条例》；《中华人民共和国民事诉讼法》。

第九十九条 外国人、无国籍人、外国组织在中华人民共和国进行行政诉讼，同中华人民共和国公民、组织有同等的诉讼权利和义务。

外国法院对中华人民共和国公民、组织的行政诉讼权利加以限制的，人民法院对该国公民、组织的行政诉讼权利，实行对等原则。

☞ 条文主旨

本条是关于涉外民事诉讼同等原则和对等原则的规定。

☞ 立法背景

本条为原法第71条规定，本次未作修改。同等原则和对等原则是涉外行政诉讼特有的原则，也是符合国际通行的做法。人民法院在审理涉外行政诉讼案件时，除适用我国行政诉讼法规定的基本原则外，还应根据涉外案件的特殊性，适用其特有的原则。同等原则和对等原则是国际交往中的一项重要原则。

☞ 条文解读

一、同等原则

诉讼权利同等原则一方面是国际上的"国民待遇原则"在诉讼中的反映。"国民待遇原则"要求本国公民享有的权利，也应同等地赋予本国境内的外国人、无国籍人和外国组织。对外开放以来，越来越多的外国人、外国组织和无国籍人来到我国，给予他们在诉讼上的同等权利，使他们在合法权益受到侵害时有一定的救济途径，有利于国家之间的平等、友好交往，是国际交往中的一项重要规则。另一方面也符合我国现行宪法第 32 条规定："中华人民共和国保护在中国境内的外国人的合法权利和利益。"其中包括了外国人和外国组织在诉讼活动中的合法权利和利益。

本条规定的同等原则是指外国人、无国籍人、外国组织在中华人民共和国进行行政诉讼，同中华人民共和国公民、组织有同等的诉讼权利和义务。这一原则包含两个含义：（1）外国人、无国籍人、外国组织与中国公民、组织按照我国实体法和程序法的规定，有同等的诉讼权利能力和诉讼行为能力；（2）外国人、无国籍人、外国组织在我国人民法院起诉、参加诉讼，享有与中国公民、组织同等的行政诉讼权利，承担相同的行政诉讼义务，不能因其是外国人、无国籍人或者外国组织就有所歧视或有所照顾。

二、对等原则

涉外行政诉讼中的对等原则是指外国法院如果对我国公民和组织的行政诉讼权利加以限制的，我国便采取相应的限制措施，以使我国公民和组织在他国的行政诉讼权利与他国公民和组织在我国的行政诉讼权利对等。

对等原则具有如下含义：（1）该原则适用于在外国对我国公民、组织的行政诉讼权利加以限制的方面，而不适用于权利赋予方面。即使依照该外国法律，我国公民、组织在该国行政诉讼中享有更多的权利，该国也不能因此要求我国对该国公民、组织赋予相同的诉讼权利。因此，对等是对诉讼权利限制的对等。（2）我国公民、组织在外国进行行政诉讼，其诉讼权利与所在国公民、组织相同。即该国对我国公民、组织实行"国民待遇"。如该国在诉讼权利方面给予我国公民、组织的权利低于其给予本国公民、组织的标准，则构成对我国公民组织在该国行政诉讼权利的限制。

该种限制无论是采用立法形式，还是司法诉讼实际限制，因都是对我国公民、组织诉讼权利的限制，所以，我国将根据对等原则，对该国公民、组织在我国的诉讼权利也加以限制。

对等原则是国际关系中的一项基本原则，也是对外交往、对外处理国际事务的一项基本政策，主要是为了各国间相互尊重主权，有利于各国间平等交往。我国在涉外诉讼中实行对等原则，一方面可以维护我国的主权，另一方面也能保护我国的公民、法人和其他组织在国外进行诉讼时的合法权益。

◖ 相关规定

《中华人民共和国宪法》第 32 条；《中华人民共和国民事诉讼法》。

第一百条　外国人、无国籍人、外国组织在中华人民共和国进行行政诉讼，委托律师代理诉讼的，应当委托中华人民共和国律师机构的律师。

◖ 条文主旨

本条是关于委托中国律师代理诉讼的规定。

◖ 立法背景

本条是原法第 73 条的规定，本次未作修改。律师制度是国家司法制度的组成部分，外国律师参加非本国法院的诉讼活动，关系到一个国家的司法主权的问题。司法主权是国家主权的重要组成部分，也是一个独立主权国家实现对国家利益和公民合法权益予以有效保护的重要途径。

◖ 条文解读

外国律师的律师资格是外国法律赋予的，外国律师是外国司法制度的体现者，作为一个主权国家是不能允许外国律师出席本

272

国法庭参加诉讼的，否则就无异于让外国律师介入本国的司法审判权。此外，当事人委托律师代理诉讼的目的在于求得律师提供法律上的帮助，但是一般来说，外国律师对法院地国的法律是不熟悉的，因而委托非法院地国的律师代理诉讼，也往往无助于案件得以顺利地解决。如果要委托律师代理，只能委托中国律师。

根据国务院制定的《外国律师事务所驻华代表机构管理条例》第 15 条规定，代表机构及其代表，只能从事不包括中国法律事务的下列活动：（1）向当事人提供该外国律师事务所律师已获准从事律师执业业务的国家法律的咨询，以及有关国际条约、国际惯例的咨询；（2）接受当事人或者中国律师事务所的委托，办理在该外国律师事务所律师已获准从事律师执业业务的国家的法律事务；（3）代表外国当事人，委托中国律师事务所办理中国法律事务；（4）通过订立合同与中国律师事务所保持长期的委托关系办理法律事务；（5）提供有关中国法律环境影响的信息。代表机构按照与中国律师事务所达成的协议约定，可以直接向受委托的中国律师事务所的律师提出要求。代表机构及其代表不得从事本条第一款、第二款规定以外的其他法律服务活动或者其他营利活动。

本条规定仅在需要委托律师代理诉讼的情况下，必须委托中国律师，并不排斥外国当事人委托其本国公民或者其他国家的公民作为诉讼代理人；也不排斥外国驻华使领馆官员，受本国公民的委托，以个人名义而非官方名义担任该国当事人的诉讼代理人；更不排斥外国当事人委托中国公民作为诉讼代理人。

◗ 相关规定

《外国律师事务所驻华代表机构管理条例》。

第十章　附　　则

第一百零一条　人民法院审理行政案件，关于期间、送达、财产保全、开庭审理、调解、中止诉讼、终结诉讼、简易程序、执行等，以及人民检察院对行政案件受理、审理、裁判、执行的监督，本法没有规定的，适用《中华人民共和国民事诉讼法》的相关规定。

☛ 条文主旨

本条是关于适用民事诉讼法规定的规定。

☛ 立法背景

本条为新增加的内容。草案在全面梳理行政诉讼法与民事诉讼法异同的基础上，曾对适用民事诉讼法作了原则性规定，"人民法院审理行政案件，本法没有规定的，适用《中华人民共和国民事诉讼法》的相关规定。"在草案二次审议时，有的意见认为，行政诉讼法作为三大诉讼法之一，应当有其自身完整的体系和健全的程序，建议将适用的具体条文在行政诉讼法中一一作出规定。考虑到既要明确适用民事诉讼法的具体范围，也要兼顾此次修改为修正案方式的实际情况，最终采用了列举适用的方式。

☛ 条文解读

一、行政诉讼可以适用民事诉讼法，但不能都适用

行政诉讼法脱胎于民事诉讼法，条文篇幅远少于民事诉讼法，很多程序性规定都可以适用民事诉讼法。同时，行政诉讼法也有

不少规定与民事诉讼法不同，而民事诉讼法中不少规定不适用于行政诉讼。经梳理，民事诉讼法共 284 条，其中 197 条行政诉讼法可以适用。修改后的行政诉讼法规定了 54 条，还有 143 条未作规定。未规定的 143 条主要在审理和判决、执行、涉外行政诉讼等 3 章，包括回避、财产保全、调解、审理前的准备程序、开庭审理程序、判决与裁定、第二审程序、审判监督程序、执行程序、涉外行政诉讼等。民事诉讼法中其余的 87 条行政诉讼法不能适用，其中 66 条行政诉讼法完全不适用，修改后的行政诉讼法也未作规定，21 条修改后的行政诉讼法作了与民事诉讼法不同的规定。

二、采用何种模式作出规定

国外行政诉讼法处理此类问题主要有三种立法模式：一是规定一条原则适用，如日本、韩国；二是在各章节后逐条列举准用的民事诉讼法规定，如我国台湾地区；三是既有原则规定，又在具体条文中列明是否适用民事诉讼法的相关规定，如德国、我国澳门特别行政区。在修改过程中，曾考虑过采用在各章节后逐条列举准用民事诉讼法规定的方式，来精确规定适用情形，但由于这样的表述很长，又没有这样的立法先例，因此未采用。考虑到修改后的行政诉讼法未规定的共通条文较多，最后在适当增加有关规定的基础上，在适用民事诉讼法规定的原则规定中进一步具体点明一些具体程序，点出的原则要么是"成块"的共通规定，如期间、送达、财产保全、开庭审理、简易程序、执行等；要么是重要的程序，如中止诉讼、终结诉讼；要么是实践中意见不一致，容易产生争议的内容，如检察监督程序，人民检察院对行政案件受理、审理、裁判、执行的监督。

三、如何理解本条规定

本条规定可以从四个方面来理解，一是本条列举规定的制度，行政诉讼法没有规定的，适用民事诉讼法相关规定。包括期间、送达、财产保全、开庭审理、调解、中止诉讼、终结诉讼、简易程序、执行等制度。当然，民事诉讼法中上述有关规定也不是完全适用行政诉讼法，有些性质上并不能适用行政诉讼的，如民事诉讼法第151条规定，被告死亡，没有遗产，也没有应当承担义务的人的，终结诉讼。由于行政诉讼中被告恒定为行政机关，民事诉讼法关于终结诉讼的这一项情形客观上不能适用行政诉讼。二是本条中有个"等"字。民事诉讼法有规定，但本法没有规定，本条也未列举的诉讼制度，只要符合行政诉讼性质的，也适用于行政诉讼。如民事诉讼法第14章第二审程序中规定了上诉状的内容，这一规定也适用于行政诉讼。三是民事诉讼法中有些诉讼程序制度，本法未规定的，如果不符合行政诉讼性质的，不适用于行政诉讼。如民事诉讼法第34条规定了协议管辖，合同或者其他财产权益纠纷的当事人可以书面协议选择法院管辖。由于行政诉讼法原则上实行原告就被告的地域管辖原则，民事诉讼法的这一条规定不适用。四是行政诉讼中的检察监督程序，检察院对案件受理、审理、裁判、执行各环节的检察监督，本法没有规定的，都适用民事诉讼法相关规定。如民事诉讼法第209条规定当事人向人民检察院申请检察建议或者抗诉的程序和期限，以及第210条规定的调查核实权、第212条规定的制作抗诉书、第213条通知检察院派员出席法庭等。当然，有个别性质上无法适用于行政诉讼的民事诉讼法规定，如民事诉讼法第202条中当事人对已经发生法律效力的解除婚姻关系的判决、调解书，不得申请再审。除此之外，都适用。

◗ 相关规定

《中华人民共和国民事诉讼法》第34条、第151条、第202条、第210条、第212条、第213条、第14章。

第一百零二条 人民法院审理行政案件，应当收取诉讼费用。诉讼费用由败诉方承担，双方都有责任的由双方分担。收取诉讼费用的具体办法另行规定。

☞ 条文主旨

本条是关于诉讼费用的规定。

☞ 条文解读

本条是原法第 74 条的规定，本次未作修改。诉讼费用是指当事人进行行政诉讼时，依照法律规定应向人民法院交纳和支付的一定数量的费用。诉讼费用是现代各国诉讼法中的一项不可或缺的制度，与诉讼权利一样，关系到诉讼者的利益。我国行政诉讼收费制度的确立经历了一个漫长的过程，是伴随着民事诉讼收费制度的解决而解决的。

本条规定人民法院审理行政案件，应当收取诉讼费用。根据国务院 2006 年 12 月 8 日颁布的《诉讼费用交纳办法》第 6 条规定，当事人应当向人民法院交纳的诉讼费用包括：

1. 案件受理费。是指原告起诉，法院受理该案件时，由原告向法院交纳的费用。下列案件不交纳案件受理费：（1）依照民事诉讼法规定的特别程序审理的案件；（2）裁定不予受理、驳回起诉、驳回上诉的案件；（3）对不予受理、驳回起诉和管辖权有异议裁定不服，上诉的案件；（4）行政赔偿案件。第 9 条规定，根据民事诉讼法和行政诉讼法规定的审判监督程序审理的案件，当事人不交纳案件受理费。但是，下列情形除外：（1）当事人有新的证据，足以推翻原判决、裁定，向人民法院申请再审，人民法院经审查决定再审的案件；（2）当事人对人民法院第一审判决或者裁定未提出上诉，第一审判决，裁定或者调解书发生法律效力后又申请再审，人民法院经审查决定再审的案件。

2. 其他诉讼费用，指人民法院在审理行政案件过程中实际支出的，应当由当事人支付的费用。根据《诉讼费用交纳办法》第 6 条规定，除了案件受理费还主要包括：（1）申请费；（2）证人、鉴定人、翻译人员、理算人员在人民法院指定日期出庭发生的交通费、住宿费、生活费和误工补贴；（3）人民法院认为应当由当事人负担的其他费用。

关于诉讼费用的负担方式。本条规定，诉讼费用由败诉方承担，双方都有责任的由双方分担。表明我国行政诉讼费用主要有两种负担方式。一种是败诉方承担。败诉方承担是诉讼费用负担的一条基本原则。在各国诉讼立法中，大都采用这一原则。这是因为纠纷是由败诉方不履行义务或其他违法行为引起的，理应由他负担案件诉讼费用。败诉人承担诉讼费用也算是一种经济制裁，有助于加强法制观念，有利于维护社会主义法制。败诉方承担诉讼费用有下列几种具体情形：（1）案件审理终结时，判定应由当事人某一方承担责任的，案件受理费由败诉的当事人承担。（2）共同诉讼当事人败诉，共同承担案件受理费，由人民法院根据他们各自对诉讼标的利害关系，决定各自应负担的金额。（3）行政案件的被告改变或者撤销具体行政行为，原告申请撤诉，人民法院裁定准许的，案件受理费由被告负担。另一种是双方承担。双方承担是指双方当事人都有责任，在诉讼中部分胜诉、部分败诉，由人民法院根据双方当事人各自的责任大小，确定各自分担的适当比例，双方各自分别承担相应的诉讼费用。例如，人民法院判决部分撤销的行政诉讼中，原告和被告都有责任，按照"责罚对应"的原则，双方都应承担诉讼费用，从中接受教训。由双方当事人共同承担。当事人部分败诉的，承担部分诉讼费用。诉讼费用分担原则，有助于分清双方当事人的责任，合理公正地解决纠纷。

人民法院收取诉讼费用，应当严格遵守国家的财政制度，接受财政和审计部门的监督。同时，应当将收取的案件受理费，上交各级财政部门。需要说明的是，本条只对诉讼费用作了原则性规定，对诉讼费用的范围、标准、计算方法、负担原则等，还需要以单行法另做规定。

相关规定

《诉讼费用交纳办法》。

第一百零三条　本法自1990年10月1日起施行。

条文主旨

本条是关于本法施行日期的规定。

条文解读

法律通过以后，就产生了法律的效力问题。正确理解法律的生效时间，是运用法律不可缺少的条件。立法法第51条规定："法律应当明确规定施行日期。"

法律从何时开始生效，一般根据该项法律的性质和实际需要来决定。目前，法律中关于生效日期的规定，主要有以下三种情况：

1. 在法律条文中明确规定"本法自×年×月×日起施行"，直接规定具体的生效日期。一般会为法律的实施留出一定的宣传和准备的时间，这也是目前使用最多的方式。

2. 法律条文没有直接规定具体的生效日期，而是规定"本法自公布之日起施行"。根据立法法的规定，全国人民代表大会通过的法律、常务委员会通过的法律，由国家主席签署主席令予以公布，签署公布法律的主席令载明该法律的制定机关、通过和施行日期。目前，一般都是于全国人大或者全国人大常委会通过法律的当天由国家主席发布命令公布法律，如1989年10月31日第七届全国人民代表大会常务委员会第六次会议通过的集会游行示威法第36条规定："本法自公布之日起施行。"同日，中华人民共和国主席令第二十号公布施行。采用这种方式，多是由于情势急需，或者公布后不立即施行将有碍施行的情况，在目前的立法实践中这种方式采用不多。

3. 规定一个法律的生效日期取决于另一个法律的制定和实施时间，即法律的施行时间以另一法律的施行为条件。这种方式在立法实践中非常少见，属于一种特殊情况。1986 年 12 月 2 日第六届全国人民代表大会常务委员会第十八次会议通过的《中华人民共和国企业破产法（试行）》第 43 条规定："本法自全民所有制工业企业法实施满三个月之日起试行。"而《中华人民共和国全民所有制工业企业法》在《中华人民共和国企业破产法（试行）》通过时还尚未制定出来。这样的法律实施日期，在十一届三中全会以后，我国法制建设刚刚恢复时期多一些，到了 20 世纪 80 年代后期以及进入 20 世纪 90 年代以后，这样的情况就不多了。

法律中明确规定的法律生效时间，一般会涉及法律有无溯及力的问题。所谓法律的溯及力，即是法律溯及既往的效力。简言之就是新的法律施行后，对它生效前发生的事件和行为是否适用的问题。如果适用，就是具有溯及力；如果不适用就是不具有溯及力。如果具有溯及力的，法律要明确规定适用原则。关于溯及力的原则一般采用"从旧兼从轻"原则，即新的法律施行以前的行为，该行为实施时的法律不认为是违法的，适用当时的法律；当时的法律认为是违法的，依照当时的法律给予处罚，但是新的法律不认为是违法，或者处罚较轻的，则适用新法。一般的法律没有溯及力，这种不溯及既往的原则已成为各国立法所遵守的通例。本法也是采用这一原则。

关于法律的实施日期，可能会有这样的疑问：为什么有的法修改后，法律的施行日期以第一次制定的时间为施行日期，有的法律修改后，施行日期就是修改后确定的日期？这与修改法律的形式有密切联系。目前，修改法律主要有两种形式，相对应的生效日期也有两种形式：一种是对法律进行修订，即对法律全文作出全面修改，重新予以规定。全面修订大体相当于重新制定一部法律，这样法律的施行日期也就重新作出规定。另一种是对法律的部分条文通过修改决定的方式予以修改，不对法律全文作修改，未修改的部分继续实行。属于对法律作修改决定的，这个修改决定将法律修改的部分逐条列出，没有修改的条款就保持原有的规定。这样关于法律的施行的日期就都不会变。简单讲，根据修改决定重新公布法律的施行日期就保持了原法律的施行日期，只是规定修改决定的生效日期，对于原法修改的部分执行修改决定的生效日期，未修改的部分执行原来的法律规定的生效日期。2014年11月1日第十二届全国人大常委会第十一次会议审议通过了《全国人民代表大会常务委员会关于修改〈中华人民共和国行政诉讼法〉的决定》规定："本决定自2015年5月1日起施行"。根据这一规定，经修改后的行政诉讼法，内容未作改动的，生效日期为1990年10月1日，经过修改的条文，生效时间为2015年5月1日。

相关规定

《中华人民共和国立法法》。

附录

中华人民共和国行政诉讼法

（1989 年 4 月 4 日第七届全国人民代表大会第二次会议
通过　根据 2014 年 11 月 1 日第十二届全国人民代表大会常
务委员会第十一次会议《关于修改〈中华人民共和国行政
诉讼法〉的决定》修正）

第一章　总　　则

第一条　为保证人民法院公正、及时审理行政案件，解决行政争
议，保护公民、法人和其他组织的合法权益，监督行政机关依法行使
职权，根据宪法，制定本法。

第二条　公民、法人或者其他组织认为行政机关和行政机关工作
人员的行政行为侵犯其合法权益，有权依照本法向人民法院提起诉
讼。

前款所称行政行为，包括法律、法规、规章授权的组织作出的行
政行为。

第三条　人民法院应当保障公民、法人和其他组织的起诉权利，
对应当受理的行政案件依法受理。

行政机关及其工作人员不得干预、阻碍人民法院受理行政案件。

被诉行政机关负责人应当出庭应诉。不能出庭的，应当委托行政
机关相应的工作人员出庭。

第四条　人民法院依法对行政案件独立行使审判权，不受行政机
关、社会团体和个人的干涉。

人民法院设行政审判庭，审理行政案件。

第五条 人民法院审理行政案件，以事实为根据，以法律为准绳。

第六条 人民法院审理行政案件，对行政行为是否合法进行审查。

第七条 人民法院审理行政案件，依法实行合议、回避、公开审判和两审终审制度。

第八条 当事人在行政诉讼中的法律地位平等。

第九条 各民族公民都有用本民族语言、文字进行行政诉讼的权利。

在少数民族聚居或者多民族共同居住的地区，人民法院应当用当地民族通用的语言、文字进行审理和发布法律文书。

人民法院应当对不通晓当地民族通用的语言、文字的诉讼参与人提供翻译。

第十条 当事人在行政诉讼中有权进行辩论。

第十一条 人民检察院有权对行政诉讼实行法律监督。

第二章 受案范围

第十二条 人民法院受理公民、法人或者其他组织提起的下列诉讼：

（一）对行政拘留、暂扣或者吊销许可证和执照、责令停产停业、没收违法所得、没收非法财物、罚款、警告等行政处罚不服的；

（二）对限制人身自由或者对财产的查封、扣押、冻结等行政强制措施和行政强制执行不服的；

（三）申请行政许可，行政机关拒绝或者在法定期限内不予答复，或者对行政机关作出的有关行政许可的其他决定不服的；

（四）对行政机关作出的关于确认土地、矿藏、水流、森林、山岭、草原、荒地、滩涂、海域等自然资源的所有权或者使用权的决定不服的；

（五）对征收、征用决定及其补偿决定不服的；

（六）申请行政机关履行保护人身权、财产权等合法权益的法定职责，行政机关拒绝履行或者不予答复的；

（七）认为行政机关侵犯其经营自主权或者农村土地承包经营权、农村土地经营权的；

（八）认为行政机关滥用行政权力排除或者限制竞争的；

（九）认为行政机关违法集资、摊派费用或者违法要求履行其他义务的；

（十）认为行政机关没有依法支付抚恤金、最低生活保障待遇或者社会保险待遇的；

（十一）认为行政机关不依法履行、未按照约定履行或者违法变更、解除政府特许经营协议、土地房屋征收补偿协议等协议的；

（十二）认为行政机关侵犯其他人身权、财产权等合法权益的。

除前款规定外，人民法院受理法律、法规规定可以提起诉讼的其他行政案件。

第十三条 人民法院不受理公民、法人或者其他组织对下列事项提起的诉讼：

（一）国防、外交等国家行为；

（二）行政法规、规章或者行政机关制定、发布的具有普遍约束力的决定、命令；

（三）行政机关对行政机关工作人员的奖惩、任免等决定；

（四）法律规定由行政机关最终裁决的行政行为。

第三章 管 辖

第十四条 基层人民法院管辖第一审行政案件。

第十五条　中级人民法院管辖下列第一审行政案件：

（一）对国务院部门或者县级以上地方人民政府所作的行政行为提起诉讼的案件；

（二）海关处理的案件；

（三）本辖区内重大、复杂的案件；

（四）其他法律规定由中级人民法院管辖的案件。

第十六条　高级人民法院管辖本辖区内重大、复杂的第一审行政案件。

第十七条　最高人民法院管辖全国范围内重大、复杂的第一审行政案件。

第十八条　行政案件由最初作出行政行为的行政机关所在地人民法院管辖。经复议的案件，也可以由复议机关所在地人民法院管辖。

经最高人民法院批准，高级人民法院可以根据审判工作的实际情况，确定若干人民法院跨行政区域管辖行政案件。

第十九条　对限制人身自由的行政强制措施不服提起的诉讼，由被告所在地或者原告所在地人民法院管辖。

第二十条　因不动产提起的行政诉讼，由不动产所在地人民法院管辖。

第二十一条　两个以上人民法院都有管辖权的案件，原告可以选择其中一个人民法院提起诉讼。原告向两个以上有管辖权的人民法院提起诉讼的，由最先立案的人民法院管辖。

第二十二条　人民法院发现受理的案件不属于本院管辖的，应当移送有管辖权的人民法院，受移送的人民法院应当受理。受移送的人民法院认为受移送的案件按照规定不属于本院管辖的，应当报请上级人民法院指定管辖，不得再自行移送。

第二十三条　有管辖权的人民法院由于特殊原因不能行使管辖权的，由上级人民法院指定管辖。

人民法院对管辖权发生争议，由争议双方协商解决。协商不成的，报它们的共同上级人民法院指定管辖。

第二十四条 上级人民法院有权审理下级人民法院管辖的第一审行政案件。

下级人民法院对其管辖的第一审行政案件，认为需要由上级人民法院审理或者指定管辖的，可以报请上级人民法院决定。

第四章 诉讼参加人

第二十五条 行政行为的相对人以及其他与行政行为有利害关系的公民、法人或者其他组织，有权提起诉讼。

有权提起诉讼的公民死亡，其近亲属可以提起诉讼。

有权提起诉讼的法人或者其他组织终止，承受其权利的法人或者其他组织可以提起诉讼。

第二十六条 公民、法人或者其他组织直接向人民法院提起诉讼的，作出行政行为的行政机关是被告。

经复议的案件，复议机关决定维持原行政行为的，作出原行政行为的行政机关和复议机关是共同被告；复议机关改变原行政行为的，复议机关是被告。

复议机关在法定期限内未作出复议决定，公民、法人或者其他组织起诉原行政行为的，作出原行政行为的行政机关是被告；起诉复议机关不作为的，复议机关是被告。

两个以上行政机关作出同一行政行为的，共同作出行政行为的行政机关是共同被告。

行政机关委托的组织所作的行政行为，委托的行政机关是被告。

行政机关被撤销或者职权变更的，继续行使其职权的行政机关是被告。

第二十七条　当事人一方或者双方为二人以上，因同一行政行为发生的行政案件，或者因同类行政行为发生的行政案件、人民法院认为可以合并审理并经当事人同意的，为共同诉讼。

第二十八条　当事人一方人数众多的共同诉讼，可以由当事人推选代表人进行诉讼。代表人的诉讼行为对其所代表的当事人发生效力，但代表人变更、放弃诉讼请求或者承认对方当事人的诉讼请求，应当经被代表的当事人同意。

第二十九条　公民、法人或者其他组织同被诉行政行为有利害关系但没有提起诉讼，或者同案件处理结果有利害关系的，可以作为第三人申请参加诉讼，或者由人民法院通知参加诉讼。

人民法院判决第三人承担义务或者减损第三人权益的，第三人有权依法提起上诉。

第三十条　没有诉讼行为能力的公民，由其法定代理人代为诉讼。法定代理人互相推诿代理责任的，由人民法院指定其中一人代为诉讼。

第三十一条　当事人、法定代理人，可以委托一至二人作为诉讼代理人。

下列人员可以被委托为诉讼代理人：

（一）律师、基层法律服务工作者；

（二）当事人的近亲属或者工作人员；

（三）当事人所在社区、单位以及有关社会团体推荐的公民。

第三十二条　代理诉讼的律师，有权按照规定查阅、复制本案有关材料，有权向有关组织和公民调查，收集与本案有关的证据。对涉及国家秘密、商业秘密和个人隐私的材料，应当依照法律规定保密。

当事人和其他诉讼代理人有权按照规定查阅、复制本案庭审材料，但涉及国家秘密、商业秘密和个人隐私的内容除外。

第五章　证　　据

第三十三条　证据包括：

（一）书证；

（二）物证；

（三）视听资料；

（四）电子数据；

（五）证人证言；

（六）当事人的陈述；

（七）鉴定意见；

（八）勘验笔录、现场笔录。

以上证据经法庭审查属实，才能作为认定案件事实的根据。

第三十四条　被告对作出的行政行为负有举证责任，应当提供作出该行政行为的证据和所依据的规范性文件。

被告不提供或者无正当理由逾期提供证据，视为没有相应证据。但是，被诉行政行为涉及第三人合法权益，第三人提供证据的除外。

第三十五条　在诉讼过程中，被告及其诉讼代理人不得自行向原告、第三人和证人收集证据。

第三十六条　被告在作出行政行为时已经收集了证据，但因不可抗力等正当事由不能提供的，经人民法院准许，可以延期提供。

原告或者第三人提出了其在行政处理程序中没有提出的理由或者证据的，经人民法院准许，被告可以补充证据。

第三十七条　原告可以提供证明行政行为违法的证据。原告提供的证据不成立的，不免除被告的举证责任。

第三十八条　在起诉被告不履行法定职责的案件中，原告应当提供其向被告提出申请的证据。但有下列情形之一的除外：

（一）被告应当依职权主动履行法定职责的；

（二）原告因正当理由不能提供证据的。

在行政赔偿、补偿的案件中，原告应当对行政行为造成的损害提供证据。因被告的原因导致原告无法举证的，由被告承担举证责任。

第三十九条　人民法院有权要求当事人提供或者补充证据。

第四十条　人民法院有权向有关行政机关以及其他组织、公民调取证据。但是，不得为证明行政行为的合法性调取被告作出行政行为时未收集的证据。

第四十一条　与本案有关的下列证据，原告或者第三人不能自行收集的，可以申请人民法院调取：

（一）由国家机关保存而须由人民法院调取的证据；

（二）涉及国家秘密、商业秘密和个人隐私的证据；

（三）确因客观原因不能自行收集的其他证据。

第四十二条　在证据可能灭失或者以后难以取得的情况下，诉讼参加人可以向人民法院申请保全证据，人民法院也可以主动采取保全措施。

第四十三条　证据应当在法庭上出示，并由当事人互相质证。对涉及国家秘密、商业秘密和个人隐私的证据，不得在公开开庭时出示。

人民法院应当按照法定程序，全面、客观地审查核实证据。对未采纳的证据应当在裁判文书中说明理由。

以非法手段取得的证据，不得作为认定案件事实的根据。

第六章　起诉和受理

第四十四条　对属于人民法院受案范围的行政案件，公民、法人或者其他组织可以先向行政机关申请复议，对复议决定不服的，再向人民法院提起诉讼；也可以直接向人民法院提起诉讼。

法律、法规规定应当先向行政机关申请复议，对复议决定不服再向人民法院提起诉讼的，依照法律、法规的规定。

第四十五条 公民、法人或者其他组织不服复议决定的，可以在收到复议决定书之日起十五日内向人民法院提起诉讼。复议机关逾期不作决定的，申请人可以在复议期满之日起十五日内向人民法院提起诉讼。法律另有规定的除外。

第四十六条 公民、法人或者其他组织直接向人民法院提起诉讼的，应当自知道或者应当知道作出行政行为之日起六个月内提出。法律另有规定的除外。

因不动产提起诉讼的案件自行政行为作出之日起超过二十年，其他案件自行政行为作出之日起超过五年提起诉讼的，人民法院不予受理。

第四十七条 公民、法人或者其他组织申请行政机关履行保护其人身权、财产权等合法权益的法定职责，行政机关在接到申请之日起两个月内不履行的，公民、法人或者其他组织可以向人民法院提起诉讼。法律、法规对行政机关履行职责的期限另有规定的，从其规定。

公民、法人或者其他组织在紧急情况下请求行政机关履行保护其人身权、财产权等合法权益的法定职责，行政机关不履行的，提起诉讼不受前款规定期限的限制。

第四十八条 公民、法人或者其他组织因不可抗力或者其他不属于其自身的原因耽误起诉期限的，被耽误的时间不计算在起诉期限内。

公民、法人或者其他组织因前款规定以外的其他特殊情况耽误起诉期限的，在障碍消除后十日内，可以申请延长期限，是否准许由人民法院决定。

第四十九条 提起诉讼应当符合下列条件：

（一）原告是符合本法第二十五条规定的公民、法人或者其他组织；

（二）有明确的被告；

（三）有具体的诉讼请求和事实根据；

（四）属于人民法院受案范围和受诉人民法院管辖。

第五十条 起诉应当向人民法院递交起诉状，并按照被告人数提出副本。

书写起诉状确有困难的，可以口头起诉，由人民法院记入笔录，出具注明日期的书面凭证，并告知对方当事人。

第五十一条 人民法院在接到起诉状时对符合本法规定的起诉条件的，应当登记立案。

对当场不能判定是否符合本法规定的起诉条件的，应当接收起诉状，出具注明收到日期的书面凭证，并在七日内决定是否立案。不符合起诉条件的，作出不予立案的裁定。裁定书应当载明不予立案的理由。原告对裁定不服的，可以提起上诉。

起诉状内容欠缺或者有其他错误的，应当给予指导和释明，并一次性告知当事人需要补正的内容。不得未经指导和释明即以起诉不符合条件为由不接收起诉状。

对于不接收起诉状、接收起诉状后不出具书面凭证，以及不一次性告知当事人需要补正的起诉状内容的，当事人可以向上级人民法院投诉，上级人民法院应当责令改正，并对直接负责的主管人员和其他直接责任人员依法给予处分。

第五十二条 人民法院既不立案，又不作出不予立案裁定的，当事人可以向上一级人民法院起诉。上一级人民法院认为符合起诉条件的，应当立案、审理，也可以指定其他下级人民法院立案、审理。

第五十三条 公民、法人或者其他组织认为行政行为所依据的国务院部门和地方人民政府及其部门制定的规范性文件不合法，在对行政行为提起诉讼时，可以一并请求对该规范性文件进行审查。

前款规定的规范性文件不含规章。

第七章　审理和判决

第一节　一般规定

第五十四条　人民法院公开审理行政案件，但涉及国家秘密、个人隐私和法律另有规定的除外。

涉及商业秘密的案件，当事人申请不公开审理的，可以不公开审理。

第五十五条　当事人认为审判人员与本案有利害关系或者有其他关系可能影响公正审判，有权申请审判人员回避。

审判人员认为自己与本案有利害关系或者有其他关系，应当申请回避。

前两款规定，适用于书记员、翻译人员、鉴定人、勘验人。

院长担任审判长时的回避，由审判委员会决定；审判人员的回避，由院长决定；其他人员的回避，由审判长决定。当事人对决定不服的，可以申请复议一次。

第五十六条　诉讼期间，不停止行政行为的执行。但有下列情形之一的，裁定停止执行：

（一）被告认为需要停止执行的；

（二）原告或者利害关系人申请停止执行，人民法院认为该行政行为的执行会造成难以弥补的损失，并且停止执行不损害国家利益、社会公共利益的；

（三）人民法院认为该行政行为的执行会给国家利益、社会公共利益造成重大损害的；

（四）法律、法规规定停止执行的。

当事人对停止执行或者不停止执行的裁定不服的，可以申请复议一次。

第五十七条 人民法院对起诉行政机关没有依法支付抚恤金、最低生活保障金和工伤、医疗社会保险金的案件，权利义务关系明确、不先予执行将严重影响原告生活的，可以根据原告的申请，裁定先予执行。

当事人对先予执行裁定不服的，可以申请复议一次。复议期间不停止裁定的执行。

第五十八条 经人民法院传票传唤，原告无正当理由拒不到庭，或者未经法庭许可中途退庭的，可以按照撤诉处理；被告无正当理由拒不到庭，或者未经法庭许可中途退庭的，可以缺席判决。

第五十九条 诉讼参与人或者其他人有下列行为之一的，人民法院可以根据情节轻重，予以训诫、责令具结悔过或者处一万元以下的罚款、十五日以下的拘留；构成犯罪的，依法追究刑事责任：

（一）有义务协助调查、执行的人，对人民法院的协助调查决定、协助执行通知书，无故推拖、拒绝或者妨碍调查、执行的；

（二）伪造、隐藏、毁灭证据或者提供虚假证明材料，妨碍人民法院审理案件的；

（三）指使、贿买、胁迫他人作伪证或者威胁、阻止证人作证的；

（四）隐藏、转移、变卖、毁损已被查封、扣押、冻结的财产的；

（五）以欺骗、胁迫等非法手段使原告撤诉的；

（六）以暴力、威胁或者其他方法阻碍人民法院工作人员执行职务，或者以哄闹、冲击法庭等方法扰乱人民法院工作秩序的；

（七）对人民法院审判人员或者其他工作人员、诉讼参与人、协助调查和执行的人员恐吓、侮辱、诽谤、诬陷、殴打、围攻或者打击报复的。

人民法院对有前款规定的行为之一的单位，可以对其主要负责人或者直接责任人员依照前款规定予以罚款、拘留；构成犯罪的，依法追究刑事责任。

罚款、拘留须经人民法院院长批准。当事人不服的，可以向上一级人民法院申请复议一次。复议期间不停止执行。

第六十条　人民法院审理行政案件，不适用调解。但是，行政赔偿、补偿以及行政机关行使法律、法规规定的自由裁量权的案件可以调解。

调解应当遵循自愿、合法原则，不得损害国家利益、社会公共利益和他人合法权益。

第六十一条　在涉及行政许可、登记、征收、征用和行政机关对民事争议所作的裁决的行政诉讼中，当事人申请一并解决相关民事争议的，人民法院可以一并审理。

在行政诉讼中，人民法院认为行政案件的审理需以民事诉讼的裁判为依据的，可以裁定中止行政诉讼。

第六十二条　人民法院对行政案件宣告判决或者裁定前，原告申请撤诉的，或者被告改变其所作的行政行为，原告同意并申请撤诉的，是否准许，由人民法院裁定。

第六十三条　人民法院审理行政案件，以法律和行政法规、地方性法规为依据。地方性法规适用于本行政区域内发生的行政案件。

人民法院审理民族自治地方的行政案件，并以该民族自治地方的自治条例和单行条例为依据。

人民法院审理行政案件，参照规章。

第六十四条　人民法院在审理行政案件中，经审查认为本法第五十三条规定的规范性文件不合法的，不作为认定行政行为合法的依据，并向制定机关提出处理建议。

第六十五条　人民法院应当公开发生法律效力的判决书、裁定书，供公众查阅，但涉及国家秘密、商业秘密和个人隐私的内容除外。

第六十六条　人民法院在审理行政案件中，认为行政机关的主管人员、直接责任人员违法违纪的，应当将有关材料移送监察机关、该行政机关或者其上一级行政机关；认为有犯罪行为的，应当将有关材料移送公安、检察机关。

人民法院对被告经传票传唤无正当理由拒不到庭，或者未经法庭许可中途退庭的，可以将被告拒不到庭或者中途退庭的情况予以公告，并可以向监察机关或者被告的上一级行政机关提出依法给予其主要负责人或者直接责任人员处分的司法建议。

第二节　第一审普通程序

第六十七条　人民法院应当在立案之日起五日内，将起诉状副本发送被告。被告应当在收到起诉状副本之日起十五日内向人民法院提交作出行政行为的证据和所依据的规范性文件，并提出答辩状。人民法院应当在收到答辩状之日起五日内，将答辩状副本发送原告。

被告不提出答辩状的，不影响人民法院审理。

第六十八条　人民法院审理行政案件，由审判员组成合议庭，或者由审判员、陪审员组成合议庭。合议庭的成员，应当是三人以上的单数。

第六十九条　行政行为证据确凿，适用法律、法规正确，符合法定程序的，或者原告申请被告履行法定职责或者给付义务理由不成立的，人民法院判决驳回原告的诉讼请求。

第七十条　行政行为有下列情形之一的，人民法院判决撤销或者部分撤销，并可以判决被告重新作出行政行为：

（一）主要证据不足的；

（二）适用法律、法规错误的；

（三）违反法定程序的；

（四）超越职权的；

（五）滥用职权的；

（六）明显不当的。

第七十一条 人民法院判决被告重新作出行政行为的，被告不得以同一的事实和理由作出与原行政行为基本相同的行政行为。

第七十二条 人民法院经过审理，查明被告不履行法定职责的，判决被告在一定期限内履行。

第七十三条 人民法院经过审理，查明被告依法负有给付义务的，判决被告履行给付义务。

第七十四条 行政行为有下列情形之一的，人民法院判决确认违法，但不撤销行政行为：

（一）行政行为依法应当撤销，但撤销会给国家利益、社会公共利益造成重大损害的；

（二）行政行为程序轻微违法，但对原告权利不产生实际影响的。

行政行为有下列情形之一，不需要撤销或者判决履行的，人民法院判决确认违法：

（一）行政行为违法，但不具有可撤销内容的；

（二）被告改变原违法行政行为，原告仍要求确认原行政行为违法的；

（三）被告不履行或者拖延履行法定职责，判决履行没有意义的。

第七十五条 行政行为有实施主体不具有行政主体资格或者没有依据等重大且明显违法情形，原告申请确认行政行为无效的，人民法院判决确认无效。

第七十六条　人民法院判决确认违法或者无效的，可以同时判决责令被告采取补救措施；给原告造成损失的，依法判决被告承担赔偿责任。

第七十七条　行政处罚明显不当，或者其他行政行为涉及对款额的确定、认定确有错误的，人民法院可以判决变更。

人民法院判决变更，不得加重原告的义务或者减损原告的权益。但利害关系人同为原告，且诉讼请求相反的除外。

第七十八条　被告不依法履行、未按照约定履行或者违法变更、解除本法第十二条第一款第十一项规定的协议的，人民法院判决被告承担继续履行、采取补救措施或者赔偿损失等责任。

被告变更、解除本法第十二条第一款第十一项规定的协议合法，但未依法给予补偿的，人民法院判决给予补偿。

第七十九条　复议机关与作出原行政行为的行政机关为共同被告的案件，人民法院应当对复议决定和原行政行为一并作出裁判。

第八十条　人民法院对公开审理和不公开审理的案件，一律公开宣告判决。

当庭宣判的，应当在十日内发送判决书；定期宣判的，宣判后立即发给判决书。

宣告判决时，必须告知当事人上诉权利、上诉期限和上诉的人民法院。

第八十一条　人民法院应当在立案之日起六个月内作出第一审判决。有特殊情况需要延长的，由高级人民法院批准，高级人民法院审理第一审案件需要延长的，由最高人民法院批准。

第三节　简 易 程 序

第八十二条　人民法院审理下列第一审行政案件，认为事实清楚、权利义务关系明确、争议不大的，可以适用简易程序：

（一）被诉行政行为是依法当场作出的；

（二）案件涉及款额二千元以下的；

（三）属于政府信息公开案件的。

除前款规定以外的第一审行政案件，当事人各方同意适用简易程序的，可以适用简易程序。

发回重审、按照审判监督程序再审的案件不适用简易程序。

第八十三条 适用简易程序审理的行政案件，由审判员一人独任审理，并应当在立案之日起四十五日内审结。

第八十四条 人民法院在审理过程中，发现案件不宜适用简易程序的，裁定转为普通程序。

第四节 第二审程序

第八十五条 当事人不服人民法院第一审判决的，有权在判决书送达之日起十五日内向上一级人民法院提起上诉。当事人不服人民法院第一审裁定的，有权在裁定书送达之日起十日内向上一级人民法院提起上诉。逾期不提起上诉的，人民法院的第一审判决或者裁定发生法律效力。

第八十六条 人民法院对上诉案件，应当组成合议庭，开庭审理。经过阅卷、调查和询问当事人，对没有提出新的事实、证据或者理由，合议庭认为不需要开庭审理的，也可以不开庭审理。

第八十七条 人民法院审理上诉案件，应当对原审人民法院的判决、裁定和被诉行政行为进行全面审查。

第八十八条 人民法院审理上诉案件，应当在收到上诉状之日起三个月内作出终审判决。有特殊情况需要延长的，由高级人民法院批准，高级人民法院审理上诉案件需要延长的，由最高人民法院批准。

第八十九条　人民法院审理上诉案件，按照下列情形，分别处理：

（一）原判决、裁定认定事实清楚，适用法律、法规正确的，判决或者裁定驳回上诉，维持原判决、裁定；

（二）原判决、裁定认定事实错误或者适用法律、法规错误的，依法改判、撤销或者变更；

（三）原判决认定基本事实不清、证据不足的，发回原审人民法院重审，或者查清事实后改判；

（四）原判决遗漏当事人或者违法缺席判决等严重违反法定程序的，裁定撤销原判决，发回原审人民法院重审。

原审人民法院对发回重审的案件作出判决后，当事人提起上诉的，第二审人民法院不得再次发回重审。

人民法院审理上诉案件，需要改变原审判决的，应当同时对被诉行政行为作出判决。

第五节　审判监督程序

第九十条　当事人对已经发生法律效力的判决、裁定，认为确有错误的，可以向上一级人民法院申请再审，但判决、裁定不停止执行。

第九十一条　当事人的申请符合下列情形之一的，人民法院应当再审：

（一）不予立案或者驳回起诉确有错误的；

（二）有新的证据，足以推翻原判决、裁定的；

（三）原判决、裁定认定事实的主要证据不足、未经质证或者系伪造的；

（四）原判决、裁定适用法律、法规确有错误的；

（五）违反法律规定的诉讼程序，可能影响公正审判的；

（六）原判决、裁定遗漏诉讼请求的；

（七）据以作出原判决、裁定的法律文书被撤销或者变更的；

（八）审判人员在审理该案件时有贪污受贿、徇私舞弊、枉法裁判行为的。

第九十二条 各级人民法院院长对本院已经发生法律效力的判决、裁定，发现有本法第九十一条规定情形之一，或者发现调解违反自愿原则或者调解书内容违法，认为需要再审的，应当提交审判委员会讨论决定。

最高人民法院对地方各级人民法院已经发生法律效力的判决、裁定，上级人民法院对下级人民法院已经发生法律效力的判决、裁定，发现有本法第九十一条规定情形之一，或者发现调解违反自愿原则或者调解书内容违法的，有权提审或者指令下级人民法院再审。

第九十三条 最高人民检察院对各级人民法院已经发生法律效力的判决、裁定，上级人民检察院对下级人民法院已经发生法律效力的判决、裁定，发现有本法第九十一条规定情形之一，或者发现调解书损害国家利益、社会公共利益的，应当提出抗诉。

地方各级人民检察院对同级人民法院已经发生法律效力的判决、裁定，发现有本法第九十一条规定情形之一，或者发现调解书损害国家利益、社会公共利益的，可以向同级人民法院提出检察建议，并报上级人民检察院备案；也可以提请上级人民检察院向同级人民法院提出抗诉。

各级人民检察院对审判监督程序以外的其他审判程序中审判人员的违法行为，有权向同级人民法院提出检察建议。

第八章 执 行

第九十四条 当事人必须履行人民法院发生法律效力的判决、裁定、调解书。

第九十五条 公民、法人或者其他组织拒绝履行判决、裁定、调解书的，行政机关或者第三人可以向第一审人民法院申请强制执行，或者由行政机关依法强制执行。

第九十六条 行政机关拒绝履行判决、裁定、调解书的，第一审人民法院可以采取下列措施：

（一）对应当归还的罚款或者应当给付的款额，通知银行从该行政机关的账户内划拨；

（二）在规定期限内不履行的，从期满之日起，对该行政机关负责人按日处五十元至一百元的罚款；

（三）将行政机关拒绝履行的情况予以公告；

（四）向监察机关或者该行政机关的上一级行政机关提出司法建议。接受司法建议的机关，根据有关规定进行处理，并将处理情况告知人民法院；

（五）拒不履行判决、裁定、调解书，社会影响恶劣的，可以对该行政机关直接负责的主管人员和其他直接责任人员予以拘留；情节严重，构成犯罪的，依法追究刑事责任。

第九十七条 公民、法人或者其他组织对行政行为在法定期限内不提起诉讼又不履行的，行政机关可以申请人民法院强制执行，或者依法强制执行。

第九章　涉外行政诉讼

第九十八条 外国人、无国籍人、外国组织在中华人民共和国进行行政诉讼，适用本法。法律另有规定的除外。

第九十九条 外国人、无国籍人、外国组织在中华人民共和国进行行政诉讼，同中华人民共和国公民、组织有同等的诉讼权利和义务。

外国法院对中华人民共和国公民、组织的行政诉讼权利加以限制的，人民法院对该国公民、组织的行政诉讼权利，实行对等原则。

第一百条 外国人、无国籍人、外国组织在中华人民共和国进行行政诉讼，委托律师代理诉讼的，应当委托中华人民共和国律师机构的律师。

第十章 附　　则

第一百零一条 人民法院审理行政案件，关于期间、送达、财产保全、开庭审理、调解、中止诉讼、终结诉讼、简易程序、执行等，以及人民检察院对行政案件受理、审理、裁判、执行的监督，本法没有规定的，适用《中华人民共和国民事诉讼法》的相关规定。

第一百零二条 人民法院审理行政案件，应当收取诉讼费用。诉讼费用由败诉方承担，双方都有责任的由双方分担。收取诉讼费用的具体办法另行规定。

第一百零三条 本法自 1990 年 10 月 1 日起施行。

全国人民代表大会常务委员会
关于修改《中华人民共和国
行政诉讼法》的决定

（2014 年 11 月 1 日第十二届全国人民代表大会常务委员会第十一次会议通过）

第十二届全国人民代表大会常务委员会第十一次会议决定对《中华人民共和国行政诉讼法》作如下修改：

一、将第一条修改为："为保证人民法院公正、及时审理行政案件，解决行政争议，保护公民、法人和其他组织的合法权益，监督行政机关依法行使职权，根据宪法，制定本法。"

二、第二条增加一款，作为第二款："前款所称行政行为，包括法律、法规、规章授权的组织作出的行政行为。"

三、增加一条，作为第三条："人民法院应当保障公民、法人和其他组织的起诉权利，对应当受理的行政案件依法受理。

"行政机关及其工作人员不得干预、阻碍人民法院受理行政案件。

"被诉行政机关负责人应当出庭应诉。不能出庭的，应当委托行政机关相应的工作人员出庭。"

四、将第十一条改为第十二条，将第一款修改为："人民法院受理公民、法人或者其他组织提起的下列诉讼：

"（一）对行政拘留、暂扣或者吊销许可证和执照、责令停产停业、没收违法所得、没收非法财物、罚款、警告等行政处罚不服的；

"（二）对限制人身自由或者对财产的查封、扣押、冻结等行政强制措施和行政强制执行不服的；

"（三）申请行政许可，行政机关拒绝或者在法定期限内不予答复，或者对行政机关作出的有关行政许可的其他决定不服的；

"（四）对行政机关作出的关于确认土地、矿藏、水流、森林、山岭、草原、荒地、滩涂、海域等自然资源的所有权或者使用权的决定不服的；

"（五）对征收、征用决定及其补偿决定不服的；

"（六）申请行政机关履行保护人身权、财产权等合法权益的法定职责，行政机关拒绝履行或者不予答复的；

"（七）认为行政机关侵犯其经营自主权或者农村土地承包经营权、农村土地经营权的；

"（八）认为行政机关滥用行政权力排除或者限制竞争的；

"（九）认为行政机关违法集资、摊派费用或者违法要求履行其他义务的；

"（十）认为行政机关没有依法支付抚恤金、最低生活保障待遇或者社会保险待遇的；

"（十一）认为行政机关不依法履行、未按照约定履行或者违法变更、解除政府特许经营协议、土地房屋征收补偿协议等协议的；

"（十二）认为行政机关侵犯其他人身权、财产权等合法权益的。"

五、将第十四条改为第十五条，修改为："中级人民法院管辖下列第一审行政案件：

"（一）对国务院部门或者县级以上地方人民政府所作的行政行为提起诉讼的案件；

"（二）海关处理的案件；

"（三）本辖区内重大、复杂的案件；

"（四）其他法律规定由中级人民法院管辖的案件。"

六、将第十七条改为第十八条，修改为："行政案件由最初作出行政行为的行政机关所在地人民法院管辖。经复议的案件，也可以由复议机关所在地人民法院管辖。

"经最高人民法院批准，高级人民法院可以根据审判工作的实际情况，确定若干人民法院跨行政区域管辖行政案件。"

七、将第二十条改为第二十一条，修改为："两个以上人民法院都有管辖权的案件，原告可以选择其中一个人民法院提起诉讼。原告向两个以上有管辖权的人民法院提起诉讼的，由最先立案的人民法院管辖。"

八、将第二十一条改为第二十二条，修改为："人民法院发现受理的案件不属于本院管辖的，应当移送有管辖权的人民法院，受移送的人民法院应当受理。受移送的人民法院认为受移送的案件按照规定不属于本院管辖的，应当报请上级人民法院指定管辖，不得再自行移送。"

九、将第二十三条改为第二十四条，修改为："上级人民法院有权审理下级人民法院管辖的第一审行政案件。

"下级人民法院对其管辖的第一审行政案件，认为需要由上级人民法院审理或者指定管辖的，可以报请上级人民法院决定。"

十、将第二十四条改为第二十五条，将第一款修改为："行政行为的相对人以及其他与行政行为有利害关系的公民、法人或者其他组织，有权提起诉讼。"

十一、将第二十五条改为第二十六条，将第二款修改为："经复议的案件，复议机关决定维持原行政行为的，作出原行政行为的行政机关和复议机关是共同被告；复议机关改变原行政行为的，复议机关是被告。"

增加一款，作为第三款："复议机关在法定期限内未作出复议决定，公民、法人或者其他组织起诉原行政行为的，作出原行政行为的行政机关是被告；起诉复议机关不作为的，复议机关是被告。"

将第四款改为第五款，修改为："行政机关委托的组织所作的行政行为，委托的行政机关是被告。"

将第五款改为第六款，修改为："行政机关被撤销或者职权变更的，继续行使其职权的行政机关是被告。"

十二、将第二十六条改为第二十七条，修改为："当事人一方或者双方为二人以上，因同一行政行为发生的行政案件，或者因同类行政行为发生的行政案件、人民法院认为可以合并审理并经当事人同意的，为共同诉讼。"

十三、增加一条，作为第二十八条："当事人一方人数众多的共同诉讼，可以由当事人推选代表人进行诉讼。代表人的诉讼行为对其所代表的当事人发生效力，但代表人变更、放弃诉讼请求或者承认对方当事人的诉讼请求，应当经被代表的当事人同意。"

十四、将第二十七条改为第二十九条，修改为："公民、法人或者其他组织同被诉行政行为有利害关系但没有提起诉讼，或者同案件处理结果有利害关系的，可以作为第三人申请参加诉讼，或者由人民法院通知参加诉讼。

"人民法院判决第三人承担义务或者减损第三人权益的，第三人有权依法提起上诉。"

十五、将第二十九条改为第三十一条，修改为："当事人、法定代理人，可以委托一至二人作为诉讼代理人。

"下列人员可以被委托为诉讼代理人：

"（一）律师、基层法律服务工作者；

"（二）当事人的近亲属或者工作人员；

"（三）当事人所在社区、单位以及有关社会团体推荐的公民。"

十六、将第三十条改为第三十二条，修改为："代理诉讼的律师，有权按照规定查阅、复制本案有关材料，有权向有关组织和公民调查，收集与本案有关的证据。对涉及国家秘密、商业秘密和个人隐私的材料，应当依照法律规定保密。

"当事人和其他诉讼代理人有权按照规定查阅、复制本案庭审材料，但涉及国家秘密、商业秘密和个人隐私的内容除外。"

十七、将第三十一条改为第三十三条，修改为："证据包括：

"（一）书证；

"（二）物证；

"（三）视听资料；

"（四）电子数据；

"（五）证人证言；

"（六）当事人的陈述；

"（七）鉴定意见；

"（八）勘验笔录、现场笔录。

"以上证据经法庭审查属实，才能作为认定案件事实的根据。"

十八、将第三十二条改为第三十四条，增加一款，作为第二款："被告不提供或者无正当理由逾期提供证据，视为没有相应证据。但是，被诉行政行为涉及第三人合法权益，第三人提供证据的除外。"

十九、将第三十三条改为第三十五条，修改为："在诉讼过程中，被告及其诉讼代理人不得自行向原告、第三人和证人收集证据。"

二十、增加三条，作为第三十六条、第三十七条、第三十八条：

"第三十六条　被告在作出行政行为时已经收集了证据，但因不可抗力等正当事由不能提供的，经人民法院准许，可以延期提供。

"原告或者第三人提出了其在行政处理程序中没有提出的理由或者证据的，经人民法院准许，被告可以补充证据。

"第三十七条　原告可以提供证明行政行为违法的证据。原告提供的证据不成立的，不免除被告的举证责任。

"第三十八条　在起诉被告不履行法定职责的案件中，原告应当提供其向被告提出申请的证据。但有下列情形之一的除外：

"（一）被告应当依职权主动履行法定职责的；

"（二）原告因正当理由不能提供证据的。

"在行政赔偿、补偿的案件中，原告应当对行政行为造成的损害提供证据。因被告的原因导致原告无法举证的，由被告承担举证责任。"

二十一、将第三十四条改为两条，作为第三十九条、第四十条，修改为：

"第三十九条　人民法院有权要求当事人提供或者补充证据。

"第四十条　人民法院有权向有关行政机关以及其他组织、公民调取证据。但是，不得为证明行政行为的合法性调取被告作出行政行为时未收集的证据。"

二十二、增加一条，作为第四十一条："与本案有关的下列证据，原告或者第三人不能自行收集的，可以申请人民法院调取：

"（一）由国家机关保存而须由人民法院调取的证据；

"（二）涉及国家秘密、商业秘密和个人隐私的证据；

"（三）确因客观原因不能自行收集的其他证据。"

二十三、增加一条，作为第四十三条："证据应当在法庭上出示，并由当事人互相质证。对涉及国家秘密、商业秘密和个人隐私的证据，不得在公开开庭时出示。

"人民法院应当按照法定程序，全面、客观地审查核实证据。对未采纳的证据应当在裁判文书中说明理由。

"以非法手段取得的证据，不得作为认定案件事实的根据。"

二十四、将第三十七条改为第四十四条，修改为："对属于人民法院受案范围的行政案件，公民、法人或者其他组织可以先向行政机关申请复议，对复议决定不服的，再向人民法院提起诉讼；也可以直接向人民法院提起诉讼。

"法律、法规规定应当先向行政机关申请复议，对复议决定不服再向人民法院提起诉讼的，依照法律、法规的规定。"

二十五、将第三十八条改为第四十五条，修改为："公民、法人或者其他组织不服复议决定的，可以在收到复议决定书之日起十五日内向人民法院提起诉讼。复议机关逾期不作决定的，申请人可以在复议期满之日起十五日内向人民法院提起诉讼。法律另有规定的除外。"

二十六、将第三十九条改为第四十六条，修改为："公民、法人或者其他组织直接向人民法院提起诉讼的，应当自知道或者应当知道作出行政行为之日起六个月内提出。法律另有规定的除外。

"因不动产提起诉讼的案件自行政行为作出之日起超过二十年，其他案件自行政行为作出之日起超过五年提起诉讼的，人民法院不予受理。"

二十七、增加一条，作为第四十七条："公民、法人或者其他组织申请行政机关履行保护其人身权、财产权等合法权益的法定职责，行政机关在接到申请之日起两个月内不履行的，公民、法人或者其他组织可以向人民法院提起诉讼。法律、法规对行政机关履行职责的期限另有规定的，从其规定。

"公民、法人或者其他组织在紧急情况下请求行政机关履行保护其人身权、财产权等合法权益的法定职责，行政机关不履行的，提起诉讼不受前款规定期限的限制。"

二十八、将第四十条改为第四十八条，修改为："公民、法人或者其他组织因不可抗力或者其他不属于其自身的原因耽误起诉期限的，被耽误的时间不计算在起诉期限内。

"公民、法人或者其他组织因前款规定以外的其他特殊情况耽误起诉期限的，在障碍消除后十日内，可以申请延长期限，是否准许由人民法院决定。"

二十九、将第四十一条改为第四十九条，将第一项修改为："（一）原告是符合本法第二十五条规定的公民、法人或者其他组织；"

三十、增加一条，作为第五十条："起诉应当向人民法院递交起诉状，并按照被告人数提出副本。

"书写起诉状确有困难的，可以口头起诉，由人民法院记入笔录，出具注明日期的书面凭证，并告知对方当事人。"

三十一、将第四十二条改为两条，作为第五十一条、第五十二条，修改为：

"第五十一条　人民法院在接到起诉状时对符合本法规定的起诉条件的，应当登记立案。

"对当场不能判定是否符合本法规定的起诉条件的，应当接收起诉状，出具注明收到日期的书面凭证，并在七日内决定是否立案。不符合起诉条件的，作出不予立案的裁定。裁定书应当载明不予立案的理由。原告对裁定不服的，可以提起上诉。

"起诉状内容欠缺或者有其他错误的，应当给予指导和释明，并一次性告知当事人需要补正的内容。不得未经指导和释明即以起诉不符合条件为由不接收起诉状。

"对于不接收起诉状、接收起诉状后不出具书面凭证，以及不一次性告知当事人需要补正的起诉状内容的，当事人可以向上级人民法院投诉，上级人民法院应当责令改正，并对直接负责的主管人员和其他直接责任人员依法给予处分。

"第五十二条　人民法院既不立案，又不作出不予立案裁定的，当事人可以向上一级人民法院起诉。上一级人民法院认为符合起诉条件的，应当立案、审理，也可以指定其他下级人民法院立案、审理。"

三十二、增加一条，作为第五十三条："公民、法人或者其他组织认为行政行为所依据的国务院部门和地方人民政府及其部门制定的规范性文件不合法，在对行政行为提起诉讼时，可以一并请求对该规范性文件进行审查。

"前款规定的规范性文件不含规章。"

三十三、将第七章分为五节，增加节名，规定："第一节　一般规定"，内容为第五十四条至第六十六条；"第二节　第一审普通程序"，内容为第六十七条至第八十一条；"第三节　简易程序"，内容为第八十二条至第八十四条；"第四节　第二审程序"，内容为第八十五条至第八十九条；"第五节　审判监督程序"，内容为第九十条至第九十三条。

三十四、将第四十三条改为第六十七条，将第一款修改为："人民法院应当在立案之日起五日内，将起诉状副本发送被告。被告应当在收到起诉状副本之日起十五日内向人民法院提交作出行政行为的证据和所依据的规范性文件，并提出答辩状。人民法院应当在收到答辩状之日起五日内，将答辩状副本发送原告。"

三十五、将第四十四条改为第五十六条，修改为："诉讼期间，不停止行政行为的执行。但有下列情形之一的，裁定停止执行：

"（一）被告认为需要停止执行的；

"（二）原告或者利害关系人申请停止执行，人民法院认为该行政行为的执行会造成难以弥补的损失，并且停止执行不损害国家利益、社会公共利益的；

"（三）人民法院认为该行政行为的执行会给国家利益、社会公共利益造成重大损害的；

"（四）法律、法规规定停止执行的。

"当事人对停止执行或者不停止执行的裁定不服的，可以申请复议一次。"

三十六、将第四十五条改为第五十四条，增加一款，作为第二款："涉及商业秘密的案件，当事人申请不公开审理的，可以不公开审理。"

三十七、将第四十七条改为第五十五条，将第四款修改为："院长担任审判长时的回避，由审判委员会决定；审判人员的回避，由院长决定；其他人员的回避，由审判长决定。当事人对决定不服的，可以申请复议一次。"

三十八、增加一条，作为第五十七条："人民法院对起诉行政机关没有依法支付抚恤金、最低生活保障金和工伤、医疗社会保险金的案件，权利义务关系明确、不先予执行将严重影响原告生活的，可以根据原告的申请，裁定先予执行。

"当事人对先予执行裁定不服的，可以申请复议一次。复议期间不停止裁定的执行。"

三十九、将第四十八条改为第五十八条，修改为："经人民法院传票传唤，原告无正当理由拒不到庭，或者未经法庭许可中途退庭的，可以按照撤诉处理；被告无正当理由拒不到庭，或者未经法庭许可中途退庭的，可以缺席判决。"

四十、将第四十九条改为第五十九条，修改为："诉讼参与人或者其他人有下列行为之一的，人民法院可以根据情节轻重，予以训诫、责令具结悔过或者处一万元以下的罚款、十五日以下的拘留；构成犯罪的，依法追究刑事责任：

"（一）有义务协助调查、执行的人，对人民法院的协助调查决定、协助执行通知书，无故推拖、拒绝或者妨碍调查、执行的；

"（二）伪造、隐藏、毁灭证据或者提供虚假证明材料，妨碍人民法院审理案件的；

"（三）指使、贿买、胁迫他人作伪证或者威胁、阻止证人作证的；

"（四）隐藏、转移、变卖、毁损已被查封、扣押、冻结的财产的；

"（五）以欺骗、胁迫等非法手段使原告撤诉的；

"（六）以暴力、威胁或者其他方法阻碍人民法院工作人员执行职务，或者以哄闹、冲击法庭等方法扰乱人民法院工作秩序的；

"（七）对人民法院审判人员或者其他工作人员、诉讼参与人、协助调查和执行的人员恐吓、侮辱、诽谤、诬陷、殴打、围攻或者打击报复的。

"人民法院对有前款规定的行为之一的单位，可以对其主要负责人或者直接责任人员依照前款规定予以罚款、拘留；构成犯罪的，依法追究刑事责任。

"罚款、拘留须经人民法院院长批准。当事人不服的，可以向上一级人民法院申请复议一次。复议期间不停止执行。"

四十一、将第五十条改为第六十条，修改为："人民法院审理行政案件，不适用调解。但是，行政赔偿、补偿以及行政机关行使法律、法规规定的自由裁量权的案件可以调解。

"调解应当遵循自愿、合法原则，不得损害国家利益、社会公共利益和他人合法权益。"

四十二、增加一条，作为第六十一条："在涉及行政许可、登记、征收、征用和行政机关对民事争议所作的裁决的行政诉讼中，当事人申请一并解决相关民事争议的，人民法院可以一并审理。

"在行政诉讼中，人民法院认为行政案件的审理需以民事诉讼的裁判为依据的，可以裁定中止行政诉讼。"

四十三、将第五十三条改为第六十三条第三款，修改为："人民法院审理行政案件，参照规章。"

四十四、增加两条，作为第六十四条、第六十五条：

"第六十四条　人民法院在审理行政案件中，经审查认为本法第五十三条规定的规范性文件不合法的，不作为认定行政行为合法的依据，并向制定机关提出处理建议。

"第六十五条　人民法院应当公开发生法律效力的判决书、裁定书，供公众查阅，但涉及国家秘密、商业秘密和个人隐私的内容除外。"

四十五、将第五十四条改为四条，作为第六十九条、第七十条、第七十二条、第七十七条，修改为：

"第六十九条　行政行为证据确凿，适用法律、法规正确，符合法定程序的，或者原告申请被告履行法定职责或者给付义务理由不成立的，人民法院判决驳回原告的诉讼请求。

"第七十条　行政行为有下列情形之一的，人民法院判决撤销或者部分撤销，并可以判决被告重新作出行政行为：

"（一）主要证据不足的；

"（二）适用法律、法规错误的；

"（三）违反法定程序的；

"（四）超越职权的；

"（五）滥用职权的；

"（六）明显不当的。

"第七十二条　人民法院经过审理，查明被告不履行法定职责的，判决被告在一定期限内履行。

"第七十七条　行政处罚明显不当，或者其他行政行为涉及对款额的确定、认定确有错误的，人民法院可以判决变更。

"人民法院判决变更，不得加重原告的义务或者减损原告的权益。但利害关系人同为原告，且诉讼请求相反的除外。"

四十六、增加七条，作为第七十三条、第七十四条、第七十五条、第七十六条、第七十八条、第七十九条、第八十条：

"第七十三条　人民法院经过审理，查明被告依法负有给付义务的，判决被告履行给付义务。

"第七十四条　行政行为有下列情形之一的，人民法院判决确认违法，但不撤销行政行为：

"（一）行政行为依法应当撤销，但撤销会给国家利益、社会公共利益造成重大损害的；

"（二）行政行为程序轻微违法，但对原告权利不产生实际影响的。

"行政行为有下列情形之一，不需要撤销或者判决履行的，人民法院判决确认违法：

"（一）行政行为违法，但不具有可撤销内容的；

"（二）被告改变原违法行政行为，原告仍要求确认原行政行为违法的；

313

"（三）被告不履行或者拖延履行法定职责，判决履行没有意义的。

"第七十五条　行政行为有实施主体不具有行政主体资格或者没有依据等重大且明显违法情形，原告申请确认行政行为无效的，人民法院判决确认无效。

"第七十六条　人民法院判决确认违法或者无效的，可以同时判决责令被告采取补救措施；给原告造成损失的，依法判决被告承担赔偿责任。

"第七十八条　被告不依法履行、未按照约定履行或者违法变更、解除本法第十二条第一款第十一项规定的协议的，人民法院判决被告承担继续履行、采取补救措施或者赔偿损失等责任。

"被告变更、解除本法第十二条第一款第十一项规定的协议合法，但未依法给予补偿的，人民法院判决给予补偿。

"第七十九条　复议机关与作出原行政行为的行政机关为共同被告的案件，人民法院应当对复议决定和原行政行为一并作出裁判。

"第八十条　人民法院对公开审理和不公开审理的案件，一律公开宣告判决。

"当庭宣判的，应当在十日内发送判决书；定期宣判的，宣判后立即发给判决书。

"宣告判决时，必须告知当事人上诉权利、上诉期限和上诉的人民法院。"

四十七、将第五十六条改为第六十六条，修改为："人民法院在审理行政案件中，认为行政机关的主管人员、直接责任人员违法违纪的，应当将有关材料移送监察机关、该行政机关或者其上一级行政机关；认为有犯罪行为的，应当将有关材料移送公安、检察机关。

"人民法院对被告经传票传唤无正当理由拒不到庭，或者未经法庭许可中途退庭的，可以将被告拒不到庭或者中途退庭的情况予以公告，并可以向监察机关或者被告的上一级行政机关提出依法给予其主要负责人或者直接责任人员处分的司法建议。"

314

四十八、将第五十七条改为第八十一条，修改为："人民法院应当在立案之日起六个月内作出第一审判决。有特殊情况需要延长的，由高级人民法院批准，高级人民法院审理第一审案件需要延长的，由最高人民法院批准。"

四十九、增加三条，作为第八十二条、第八十三条、第八十四条：

"第八十二条　人民法院审理下列第一审行政案件，认为事实清楚、权利义务关系明确、争议不大的，可以适用简易程序：

"（一）被诉行政行为是依法当场作出的；

"（二）案件涉及款额二千元以下的；

"（三）属于政府信息公开案件的。

"除前款规定以外的第一审行政案件，当事人各方同意适用简易程序的，可以适用简易程序。

"发回重审、按照审判监督程序再审的案件不适用简易程序。

"第八十三条　适用简易程序审理的行政案件，由审判员一人独任审理，并应当在立案之日起四十五日内审结。

"第八十四条　人民法院在审理过程中，发现案件不宜适用简易程序的，裁定转为普通程序。"

五十、将第五十九条改为第八十六条，修改为："人民法院对上诉案件，应当组成合议庭，开庭审理。经过阅卷、调查和询问当事人，对没有提出新的事实、证据或者理由，合议庭认为不需要开庭审理的，也可以不开庭审理。"

五十一、增加一条，作为第八十七条："人民法院审理上诉案件，应当对原审人民法院的判决、裁定和被诉行政行为进行全面审查。"

五十二、将第六十条改为第八十八条，修改为："人民法院审理上诉案件，应当在收到上诉状之日起三个月内作出终审判决。有特殊情况需要延长的，由高级人民法院批准，高级人民法院审理上诉案件需要延长的，由最高人民法院批准。"

五十三、将第六十一条改为第八十九条，修改为："人民法院审理上诉案件，按照下列情形，分别处理：

"（一）原判决、裁定认定事实清楚，适用法律、法规正确的，判决或者裁定驳回上诉，维持原判决、裁定；

"（二）原判决、裁定认定事实错误或者适用法律、法规错误的，依法改判、撤销或者变更；

"（三）原判决认定基本事实不清、证据不足的，发回原审人民法院重审，或者查清事实后改判；

"（四）原判决遗漏当事人或者违法缺席判决等严重违反法定程序的，裁定撤销原判决，发回原审人民法院重审。

"原审人民法院对发回重审的案件作出判决后，当事人提起上诉的，第二审人民法院不得再次发回重审。

"人民法院审理上诉案件，需要改变原审判决的，应当同时对被诉行政行为作出判决。"

五十四、将第六十二条改为第九十条，修改为："当事人对已经发生法律效力的判决、裁定，认为确有错误的，可以向上一级人民法院申请再审，但判决、裁定不停止执行。"

五十五、增加一条，作为第九十一条："当事人的申请符合下列情形之一的，人民法院应当再审：

"（一）不予立案或者驳回起诉确有错误的；

"（二）有新的证据，足以推翻原判决、裁定的；

"（三）原判决、裁定认定事实的主要证据不足、未经质证或者系伪造的；

"（四）原判决、裁定适用法律、法规确有错误的；

"（五）违反法律规定的诉讼程序，可能影响公正审判的；

"（六）原判决、裁定遗漏诉讼请求的；

"（七）据以作出原判决、裁定的法律文书被撤销或者变更的；

"（八）审判人员在审理该案件时有贪污受贿、徇私舞弊、枉法裁判行为的。"

五十六、将第六十三条改为第九十二条，修改为："各级人民法院院长对本院已经发生法律效力的判决、裁定，发现有本法第九十一条规定情形之一，或者发现调解违反自愿原则或者调解书内容违法，认为需要再审的，应当提交审判委员会讨论决定。

"最高人民法院对地方各级人民法院已经发生法律效力的判决、裁定，上级人民法院对下级人民法院已经发生法律效力的判决、裁定，发现有本法第九十一条规定情形之一，或者发现调解违反自愿原则或者调解书内容违法的，有权提审或者指令下级人民法院再审。"

五十七、将第六十四条改为第九十三条，修改为："最高人民检察院对各级人民法院已经发生法律效力的判决、裁定，上级人民检察院对下级人民法院已经发生法律效力的判决、裁定，发现有本法第九十一条规定情形之一，或者发现调解书损害国家利益、社会公共利益的，应当提出抗诉。

"地方各级人民检察院对同级人民法院已经发生法律效力的判决、裁定，发现有本法第九十一条规定情形之一，或者发现调解书损害国家利益、社会公共利益的，可以向同级人民法院提出检察建议，并报上级人民检察院备案；也可以提请上级人民检察院向同级人民法院提出抗诉。

"各级人民检察院对审判监督程序以外的其他审判程序中审判人员的违法行为，有权向同级人民法院提出检察建议。"

五十八、将第六十五条改为三条，作为第九十四条、第九十五条、第九十六条，修改为：

"第九十四条 当事人必须履行人民法院发生法律效力的判决、裁定、调解书。

"第九十五条 公民、法人或者其他组织拒绝履行判决、裁定、调解书的，行政机关或者第三人可以向第一审人民法院申请强制执行，或者由行政机关依法强制执行。

"第九十六条 行政机关拒绝履行判决、裁定、调解书的，第一审人民法院可以采取下列措施：

"（一）对应当归还的罚款或者应当给付的款额，通知银行从该行政机关的账户内划拨；

"（二）在规定期限内不履行的，从期满之日起，对该行政机关负责人按日处五十元至一百元的罚款；

"（三）将行政机关拒绝履行的情况予以公告；

"（四）向监察机关或者该行政机关的上一级行政机关提出司法建议。接受司法建议的机关，根据有关规定进行处理，并将处理情况告知人民法院；

"（五）拒不履行判决、裁定、调解书，社会影响恶劣的，可以对该行政机关直接负责的主管人员和其他直接责任人员予以拘留；情节严重，构成犯罪的，依法追究刑事责任。"

五十九、增加一条，作为第一百零一条："人民法院审理行政案件，关于期间、送达、财产保全、开庭审理、调解、中止诉讼、终结诉讼、简易程序、执行等，以及人民检察院对行政案件受理、审理、裁判、执行的监督，本法没有规定的，适用《中华人民共和国民事诉讼法》的相关规定。"

六十、将本法相关条文中的"具体行政行为"修改为"行政行为"。

六十一、将第四十六条改为第六十八条，第五十五条改为第七十一条。删去第三十五条、第九章的章名、第六十七条、第六十八条、第六十九条、第七十二条。

本决定自 2015 年 5 月 1 日起施行。

《中华人民共和国行政诉讼法》根据本决定作相应修改，重新公布。

全国人民代表大会常务委员会委员长会议关于提请审议《中华人民共和国行政诉讼法修正案（草案）》的议案

全国人民代表大会常务委员会：

为了保证人民法院依法审理行政案件，保护公民、法人和其他组织的合法权益，监督行政机关依法行使职权，进一步完善我国行政诉讼制度，全国人大常委会法制工作委员会会同有关方面，在认真总结实践经验、深入调查研究的基础上，拟订了《中华人民共和国行政诉讼法修正案（草案）》。这个草案已经全国人大常委会委员长会议讨论同意，现提请全国人大常委会审议。

全国人民代表大会常务委员会委员长会议

2013 年 12 月 16 日

关于《中华人民共和国行政诉讼法修正案（草案）》的说明

——2013 年 12 月 23 日在第十二届全国人民
代表大会常务委员会第六次会议上

全国人大常委会法制工作委员会副主任　信春鹰

委员长、各位副委员长、秘书长、各位委员：

我受委员长会议的委托，作关于《中华人民共和国行政诉讼法修正案（草案）》的说明。

行政诉讼法于 1989 年由第七届全国人大第二次会议通过，1990 年 10 月 1 日起实施。这部被称为"民告官"的法律规定了行政诉讼程序的基本规则，实施以来，在解决行政争议，推进依法行政，保护公民、法人和其他组织的合法权益等方面，发挥了重要作用。同时，随着社会主义民主法制建设的深入推进，行政诉讼制度与社会经济发展不协调、不适应的问题也日渐突出。人民群众对行政诉讼中存在的"立案难、审理难、执行难"等突出问题反映强烈。为解决这些突出问题，适应依法治国、依法执政、依法行政共同推进，法治国家、法治政府、法治社会一体建设的新要求，有必要对行政诉讼法予以修改完善。

近年来，许多全国人大代表和有关方面陆续提出修改行政诉讼法的意见和建议。法制工作委员会从 2009 年开始着手行政诉讼法的修改调研工作，先后到山东、湖南等多地进行调研，听取基层人民法院、地方政府部门的意见和建议。采取旁听案件审理、阅卷、派人到行政审判一线蹲点等多种方式了解行政诉讼实践的情况。多次召开国务院部门、学者和律师座谈会，听取意见。今年 11 月又分两次召开 17 个省、自治区、直辖市人大法制机构、政府法制部门、人民法院和人民检察院参加的座谈会。按照党的十八届三中全会精神和各方面的意见，修改工作把握以下几点：一是维护行政诉讼制度的权威性，针对现实中的突出问题，强调依法保障公民、法人和其他组织的诉讼权利；二是坚持我国行政诉讼制度的基本原则，维护行政权依法行使和公民、法人和其他组织寻求司法救济渠道畅通的平衡，保障人民法院依法独立行使审判权；三是坚持从实际出发，循序渐进，逐步完善；四是总结行政审判实践的经验，把经实践证明的有益经验上升为法律。经与最高人民法院、国务院法制办公室等方面沟通协商、反复研究，在充分论证并取得基本共识的基础上，形成了行政诉讼法修正案（草案）。现就主要问题说明如下：

一、关于保障当事人的诉讼权利

行政诉讼面临的"三难"，最突出的是立案难。公民、法人或者其他组织与政府机关及其工作人员产生纠纷，行政机关不愿当被告，法院不愿受理，导致许多应当通过诉讼解决的纠纷进入信访渠道，在有些地方形成了"信访不信法"的局面。为通畅行政诉讼的人口，建议从五个方面完善对当事人的诉权保护：

1. 明确人民法院和行政机关应当保障当事人的起诉权利。增加规定：人民法院应当保障公民、法人或者其他组织的起诉权利，对应当受理的行政案件依法受理。行政机关不得干预、阻碍人民法院受理行政案件。被诉行政机关应当依法应诉。（修正案草案第三条）

2. 扩大受案范围。将行政机关侵犯公民、法人或者其他组织依法享有的土地、矿藏、水流、森林、山岭、草原、荒地、滩涂、海域等自然资源的所有权或者使用权，行政机关侵犯农村土地承包经营权，行政机关违法集资、征收征用财产、摊派费用，行政机关没有依法支付最低生活保障待遇或者社会保险待遇等纳入受案范围。（修正案草案第四条）

3. 明确可以口头起诉，方便当事人行使诉权。增加规定：起诉应当向人民法院递交起诉状，并按照被告人数提出副本。书写起诉状确有困难的，可以口头起诉，由人民法院记入笔录，出具注明日期的

书面凭证，并告知对方当事人。（修正案草案第二十五条）

4. 强化受理程序约束。增加规定：一是人民法院应当在接到起诉状时当场予以登记，并出具注明日期的书面凭证。起诉状内容欠缺或者有其他错误的，应当给予指导和释明，并一次性告知当事人补正。不得未经指导和释明即以起诉不符合条件为由不受理。二是起诉符合条件的，人民法院应当在接到起诉状或者口头起诉之日起七日内立案，并通知当事人；不符合起诉条件的，应当在七日内作出裁定书，不予受理。裁定书应当载明不予受理的理由。原告对裁定不服的，可以提起上诉。三是人民法院在七日内既不立案，又不作出裁定书的，当事人可以向上一级人民法院起诉。上一级人民法院认为符合起诉条件的，应当立案、审理，也可以指定其他下级人民法院立案、审理。（修正案草案第二十五条、第二十七条）

5. 明确人民法院的相应责任。增加规定：对于不接收起诉状、接收起诉状后不出具书面凭证，以及不一次性告知当事人补正起诉状内容的，当事人可以向上级人民法院投诉，上级人民法院应当责令改正，并对直接负责的主管人员和其他直接责任人员依法给予处分。（修正案草案第二十五条）

二、关于对规范性文件的附带审查

实践中，有些具体行政行为侵犯公民、法人或者其他组织的合法权益，是地方政府及其部门制定的规范性文件中越权错位等规定造成的。为从根本上减少违法具体行政行为，可以由法院在审查具体行政行为时应公民、法人或者其他组织的申请对规章以下的规范性文件进行附带审查，不合法的，转送有权机关处理。这符合我国宪法和法律有关人大对政府、政府对其部门以及下级政府进行监督的基本原则，也有利于纠正相关规范性文件的违法问题。建议增加规定：一是公民、法人或者其他组织认为具体行政行为所依据的国务院部门和地方人民政府及其部门制定的规章以外的规范性文件不合法，在对具体行政行为提起诉讼时，可以一并请求对该规范性文件进行审查。二是人民法院在审理行政案件中，发现上述规范性文件不合法的，不作为认

定具体行政行为合法的依据，并应当转送有权机关依法处理。（修正案草案第五条）

三、关于完善管辖制度

现行行政诉讼法规定，基层人民法院管辖第一审行政案件。为了解决行政案件审理难问题，减少地方政府对行政审判的干预，在总结现行做法的基础上，根据党的十八届三中全会关于探索建立与行政区划适当分离的司法管辖制度的精神，建议增加规定：一是高级人民法院可以确定若干基层人民法院跨行政区域管辖第一审行政案件。二是对县级以上地方人民政府所作的具体行政行为提起诉讼的案件，由中级人民法院管辖。（修正案草案第六条、第七条）

四、关于完善诉讼参加人制度

1. 明确原告资格。现行行政诉讼法关于原告资格的规定比较原则。实践中，有的将行政诉讼原告仅理解为具体行政行为的相对人，排除了其他利害关系人。建议明确：具体行政行为的相对人以及其他与具体行政行为有利害关系的公民、法人或者其他组织，有权作为原告提起诉讼。（修正案草案第十条）

2. 进一步明确被告资格。根据实践需要，建议增加规定：一是复议机关在法定期限内未作出复议决定，公民、法人或者其他组织起诉原具体行政行为的，作出原具体行政行为的行政机关是被告；起诉复议机关不作为的，复议机关是被告。二是行政机关职权变更的，继续行使其职权的行政机关是被告。（修正案草案第十一条）

3. 增加诉讼代表人制度。现行行政诉讼法规定了共同诉讼，但未规定诉讼代表人制度。为了提高司法效率，建议参照民事诉讼法，增加规定：当事人一方人数众多的共同诉讼，可以由当事人推选代表人进行诉讼。代表人的诉讼行为对其所代表的当事人发生效力，但代表人变更、放弃诉讼请求，必须经被代表的当事人同意。（修正案草案第十二条）

4. 细化第三人制度。现行行政诉讼法有关第三人的规定较为原则。实践中，行政诉讼涉及第三方利益的情形逐渐增多，完善第三人制度有利于解决行政争议。建议规定：公民、法人或者其他组织同被诉具体行政行为有利害关系但没有提起诉讼，或者同案件处理结果有利害关系的，可以作为第三人申请参加诉讼，或者由人民法院通知参加诉讼。人民法院判决承担义务的第三人，有权依法提起上诉。（修正案草案第十三条）

五、关于完善证据制度

现行行政诉讼法有关证据的规定较为简单，建议总结现行做法，作如下补充修改：

1. 明确被告逾期不举证的后果。针对被告不举证或者拖延举证的情况，增加规定：被告不提供或者无正当理由逾期提供证据，视为没有相应证据。但是，被诉具体行政行为涉及第三人合法权益，第三人提供证据或者人民法院依法调取证据的除外。（修正案草案第十七条）

2. 完善被告的举证制度。现行行政诉讼法规定在诉讼过程中，被告不得自行向原告和证人收集证据。为了查明事实，增加规定：在两种情形下，经人民法院准许，被告可以补充证据，一是被告在作出具体行政行为时已经收集了证据，但因不可抗力等正当事由不能提供的；二是原告或者第三人提出了其在行政处理程序中没有提出的理由或者证据的。（修正案草案第十九条）

3. 明确原告的举证责任。现行行政诉讼法没有规定原告的举证责任。但在有些情况下，如果原告不举证，就难以查清事实，作出正确的裁判。因此，需要原告承担一定的举证责任，增加规定：在起诉被告未履行法定职责的案件中，原告应当提供其向被告提出申请的证据。在行政赔偿和行政机关依法给予补偿的案件中，原告应当对具体行政行为造成的损害提供证据。因被告的原因导致原告无法举证的，由被告承担举证责任。（修正案草案第十九条）

4. 完善人民法院调取证据制度。为了规范人民法院依申请调取证据行为，增加规定：与本案有关的下列证据，原告或者第三人不能自行收集的，可以申请人民法院调取，一是由国家机关保存而须由人

324

民法院调取的证据；二是涉及国家秘密、商业秘密和个人隐私的证据；三是确因客观原因不能自行收集的其他证据。（修正案草案第二十一条）

5. 明确证据的适用规则。为了规范证据使用，增强判决的公正性和说服力，增加规定：证据应当在法庭上出示，并由当事人互相质证。对涉及国家秘密、商业秘密和个人隐私的证据，不得在公开开庭时出示。人民法院应当按照法定程序，全面、客观地审查核实证据。对未采纳的证据应当说明理由。以非法手段取得的证据，不得作为认定案件事实的根据。（修正案草案第二十二条）

六、关于完善民事争议和行政争议交叉的处理机制

有些具体行政行为引起的争议，往往伴随着相关的民事争议。这两类争议依照行政诉讼法和民事诉讼法分别立案，分别审理，浪费了司法资源，有的还导致循环诉讼，影响司法效率，不利于保护当事人的合法权益。根据实践中行政争议与相关民事争议一并审理的做法，建议增加规定：一是在行政诉讼中，当事人申请一并解决因具体行政行为影响民事权利义务关系引起的民事争议的，人民法院可以一并审理。人民法院决定一并审理的，当事人不得对该民事争议再提起民事诉讼。二是当事人对行政机关就民事争议所作的裁决不服提起行政诉讼的，人民法院依申请可以对民事争议一并审理。三是在行政诉讼中，人民法院认为该行政案件审理需以民事诉讼的裁判为依据的，裁定中止行政诉讼。（修正案草案第三十六条）

七、关于完善判决形式

现行行政诉讼法规定了维持判决、撤销判决、履行判决和变更判决等四类判决形式。这些判决形式已不能完全适应审判实际需要，应予修改完善。建议作如下补充修改：

1. 以判决驳回原告诉讼请求代替维持判决。根据审判实际需要，规定：具体行政行为证据确凿，适用法律、法规正确，符合法定程序的，或者原告要求被告履行职责理由不成立的，人民法院判决驳回原告的诉讼请求。（修正案草案第三十八条）

2. 增加给付判决。根据审判实际需要，规定：人民法院经过审理，查明被告依法负有给付义务的，判决被告履行给付义务。（修正案草案第三十八条）

3. 增加确认违法或者无效判决。根据审判实际需要，规定：在六种情形下，人民法院判决确认具体行政行为违法或者无效，一是具体行政行为应当依法被判决撤销，但撤销该具体行政行为将会给国家利益、社会公共利益造成重大损害的；二是具体行政行为应当依法被判决撤销，但不具有可撤销内容的；三是具体行政行为程序违法，但未对原告权利产生实际影响的；四是被告不履行或者拖延履行法定职责应当判决履行，但判决履行已没有意义的；五是被告撤销或者变更原违法具体行政行为，原告不撤诉，仍要求对原具体行政行为的违法性作出确认的；六是原告提出具体行政行为无效，理由成立的。同时规定，人民法院判决确认具体行政行为违法或者无效，可以同时判决责令被告采取补救措施，给原告造成损失的，依法判决被告承担赔偿责任。（修正案草案第三十八条）

4. 扩大变更判决范围。根据审判实际需要，规定：行政处罚显失公正，或者其他具体行政行为涉及对款额的确定或者认定确有错误的，人民法院可以判决变更。人民法院判决变更，不得加重原告的义务或者减少原告的利益。但利害关系人同为原告，且诉讼请求相反的除外。（修正案草案第三十八条）

八、关于增加简易程序

现行行政诉讼法未规定简易程序。增加简易程序，有利于提高审判效率，降低诉讼成本。总结现行做法，建议增加规定：人民法院审理事实清楚、权利义务关系明确、争议不大的第一审行政案件，可以适用简易程序，一是被诉具体行政行为是依法当场作出的；二是案件涉及款额一千元以下的；三是当事人各方同意适用简易程序的。发回重审、按照审判监督程序再审的案件不适用简易程序。同时规定，适用简易程序审理的行政案件，由审判员一人独任审理，并应当在立案之日起四十五日内审结。（修正案草案第四十条）

九、关于加强人民检察院对行政诉讼的监督

现行行政诉讼法规定，人民检察院有权对行政诉讼实行法律监督。对已经发生法律效力的判决、裁定，发现违反法律、法规规定的，有权提出抗诉。新修改的民事诉讼法细化了检察机关对民事诉讼的监督，建议参照民事诉讼法，增加规定：一是最高人民检察院对各级人民法院已经发生法律效力的判决、裁定，上级人民检察院对下级人民法院已经发生法律效力的判决、裁定，发现存在再审法定情形的，应当提出抗诉。二是地方各级人民检察院对同级人民法院已经发生法律效力的判决、裁定，发现存在再审法定情形的，可以向同级人民法院提出检察建议，并报上级人民检察院备案；也可以提请上级人民检察院向同级人民法院提出抗诉。三是地方各级人民检察院对审判监督程序以外的其他审判程序中审判人员的违法行为，有权向同级人民法院提出检察建议。（修正案草案第四十七条）

十、关于进一步明确行政机关不执行法院判决的责任

当前，行政机关不执行法院判决的问题仍较为突出。为增强法律规定的可执行性，建议增加规定：一是将行政机关拒绝履行判决、裁定、调解书的情况予以公告。二是拒不履行判决、裁定、调解书，社会影响恶劣的，可以对该行政机关直接负责的主管人员和其他直接责任人员予以拘留。（修正案草案第四十八条）

此外，修正案草案对先予执行、审判公开、再审条件等问题也作了补充完善。有关方面还提出了其他一些问题和修改意见，这些问题可以在提请常委会会议审议后继续深入研究。

修正案草案和以上说明是否妥当，请审议。

全国人民代表大会法律委员会关于《中华人民共和国行政诉讼法修正案（草案）》修改情况的汇报

全国人民代表大会常务委员会：

常委会第六次会议对行政诉讼法修正案（草案）进行了初次审议。会后，法制工作委员会将草案印发地方人大常委会和国务院部门、部分高等院校、科研机构征求意见。中国人大网全文公布草案，征求社会公众意见。法律委员会、内务司法委员会和法制工作委员会联合召开座谈会，听取全国人大代表以及最高人民法院、最高人民检察院、国务院有关部门、律师界、企业界和专家学者的意见。法律委员会、法制工作委员会还召开部分省、自治区、直辖市人大常委会和政府法制机构、人民法院、人民检察院参加的座谈会，听取意见，到北京、浙江、江苏、吉林等地进行专题调研。各方面普遍认为，草案认真总结多年来的行政审判经验，着力解决"立案难、审理难、执行难"等实践中存在的突出问题，从保障当事人诉讼权利以及完善管辖、诉讼参与人、诉讼程序等方面进行了修改，总体赞成草案的修改内容，同时，也提出了一些修改意见。法律委员会、法制工作委员会就草案中的主要问题与最高人民法院、最高人民检察院、国务院法制办公室交换意见，共同研究。法律委员会于7月31日召开会议，根据常委会组成人员的审议意见和各方面意见，对草案进行了逐条审议。最高人民法院、最高人民检察院和国务院法制办公室有关负责同志列席了会议。8月18日，法律委员会召开会议，再次进行审议。现将行政诉讼法修正案（草案）主要问题的修改情况汇报如下：

一、现行行政诉讼法第二条规定："公民、法人或者其他组织认为行政机关和行政机关工作人员的具体行政行为侵犯其合法权益，有权依照本法向人民法院提起诉讼。"当时立法中用"具体行政行为"的概念，针对的是"抽象行政行为"，主要考虑是限定可诉范围。审议修改过程中，有些常委委员、地方、专家学者和最高人民法院提出，现行行政诉讼法第十一条、第十二条对可诉范围已作了明确列举，哪些案件应当受理，哪些案件不受理，界限是清楚的，可以根据实践的发展不再从概念上作出区分，建议将"具体行政行为"修改为"行政行为"。法律委员会经研究，建议将现行行政诉讼法中的"具体行政行为"统一修改为"行政行为"。

二、有些常委委员、地方、法院和社会公众提出，行政诉讼是"民告官"的制度，应当对行政机关负责人出庭应诉提出要求。行政机关负责人出庭应诉，不仅有利于解决行政争议，也有利于增强行政机关负责人依法行政的意识，应当总结近年来一些地方推动行政机关负责人出庭应诉的好的做法，对行政机关负责人出庭应诉作出可行的规定。法律委员会经研究，建议增加规定："被诉行政机关负责人应当出庭应诉。不能出庭的，也可以委托相应的工作人员出庭。"（修正案草案二次审议稿第三条）

三、现行行政诉讼法第二十五条第二款对行政复议机关作为行政诉讼被告作了如下规定："经复议的案件，复议机关决定维持原具体行政行为的，作出原具体行政行为的行政机关是被告；复议机关改变原具体行政行为的，复议机关是被告。"有些常委委员、代表、地方、法院和专家学者提出，实践中复议机关为了不当被告，维持原行政行为的现象比较普遍，导致行政复议制度未能很好发挥作用，建议对原有制度作有针对性的改革，明确复议机关维持原行政行为的，与原行政机关作为共同被告。法律委员会经研究，建议将这一规定修改为："经复议的案件，复议机关决定维持原行政行为的，作出原行政行为的行政机关和复议机关是共同被告；复议机关改变原行政行为的，复议机关是被告。"（修正案草案二次审议稿第十二条）

四、现行行政诉讼法第三十九条规定："公民、法人或者其他组织直接向人民法院提起诉讼的,应当在知道作出具体行政行为之日起三个月内提出。法律另有规定的除外。"有些常委委员、代表、地方、法院和社会公众提出,行政诉讼的起诉期限只有三个月,当事人很容易因超过起诉期限而失去请求人民法院救济的权利,应当适当延长起诉期限。法律委员会经研究,建议将这一条修改为:"公民、法人或者其他组织直接向人民法院提起诉讼的,应当在知道或者应当知道作出行政行为之日起六个月内提出。法律另有规定的除外。""因不动产提起诉讼的案件从行政行为作出之日起超过二十年,其他案件从行政行为作出之日起超过五年提起诉讼的,人民法院不予受理。"(修正案草案二次审议稿第二十七条)

五、修正案草案第三十五条规定:"人民法院审理行政案件,不适用调解。但是,行政赔偿和行政机关依法给予补偿的案件除外。"有些常委委员、代表、地方和法院提出,为有效化解行政争议,修正案草案规定的调解范围可以适当扩大。法律委员会经研究,建议将这一条修改为:"人民法院审理行政案件,不适用调解。但是,行政赔偿、行政机关依法给予补偿以及行政机关行使法律、法规规定的自由裁量权的案件除外。"(修正案草案二次审议稿第四十二条)

六、修正案草案第五条中规定,人民法院在审理行政案件中,发现规章以外的规范性文件不合法的,不作为认定具体行政行为合法的依据,并应当转送有权机关依法处理。有些代表、地方、法院和专家学者提出,修正案草案将规范性文件转送有权机关处理的规定不够明确,建议修改,以便于执行。法律委员会经研究,建议将这一规定修改为:"人民法院在审理行政案件中,发现本法第五十四条规定的规范性文件不合法的,不作为认定行政行为合法的依据,并应当向制定机关提出处理建议。"(修正案草案二次审议稿第四十五条)

七、有些地方、法院、专家学者和社会公众提出,现行行政诉讼法规定人民法院只能对具体行政行为是否合法进行审查,对于行政机关明显不合理的行政行为,没有规定人民法院可以判决撤销,不利于解决行政争议。法律委员会经研究,建议在现行行政诉讼法第五十四

条规定的人民法院可以判决撤销的行政行为情形中，增加一项"明显不当的"情形。（修正案草案二次审议稿第四十六条）

八、现行行政诉讼法第五十七条、第六十条规定第一审案件和上诉案件的审理期限分别为三个月和两个月。有些常委委员、代表、地方和法院提出，行政诉讼的审理期限过短，实践中许多案件难以在法定期限内审结，建议根据行政审判的实际情况，适当延长第一审案件和上诉案件的审理期限。法律委员会经研究，建议将第一审案件和上诉案件的审理期限分别修改为六个月和三个月。（修正案草案二次审议稿第四十八条、第五十二条）

九、修正案草案第四十条规定了简易程序。有些常委委员、地方提出，为提高审判效率，应当扩大简易程序的适用范围，同时应当增加规定简易程序向普通程序的转化机制。法律委员会经研究，建议在简易程序适用范围中增加"属于政府信息公开案件的"情形；同时增加规定："人民法院在审理过程中，发现案件不宜适用简易程序的，裁定转为普通程序。"（修正案草案二次审议稿第四十九条）

此外，还对修正案草案作了一些文字修改。

还有一个问题需要汇报。一些常委委员、代表、地方、法院、专家学者和社会公众建议进一步扩大行政诉讼的受案范围。另一种意见认为，当前行政诉讼制度实施中的突出问题不是受案范围规定过窄，而是现有受案范围内的争议由于种种原因不能进入诉讼解决。法律委员会经研究认为，修正案草案已经根据实践的发展扩大了受案范围，而且根据现行行政诉讼法的规定，受案范围除该法明确列举的外，人民法院还受理法律、法规规定可以提起诉讼的其他行政案件，受案范围还会随着实体法的发展相应扩大，建议可不对受案范围作大的调整。

有些常委会组成人员和有关方面对现行行政诉讼法还提出了其他一些修改意见和建议，对这些问题还可以根据常委会组成人员的审议意见和各方面的意见，进一步深入研究。

修正案草案二次审议稿已按上述意见作了修改，法律委员会建议提请本次常委会会议继续审议。

　　修正案草案二次审议稿和以上汇报是否妥当，请审议。

全国人民代表大会法律委员会

2014 年 8 月 25 日

全国人民代表大会法律委员会关于《中华人民共和国行政诉讼法修正案（草案）》审议结果的报告

全国人民代表大会常务委员会：

　　常委会第十次会议对行政诉讼法修正案草案进行了二次审议。会后，法制工作委员会在中国人大网站上公布修正案草案二次审议稿，再次向社会公开征求意见。法律委员会、法制工作委员会就草案中的主要问题与最高人民法院、最高人民检察院、国务院法制办公室等方面反复沟通，听取意见。法律委员会于 10 月 9 日召开会议，根据常委会组成人员的审议意见和各方面意见，对草案进行了审议。最高人民法院、最高人民检察院、国务院法制办公室有关负责同志列席了会议。10 月 17 日，法律委员会召开会议，再次进行审议。法律委员会认为，草案经过两次审议，对现实中行政诉讼存在的"立案难、审理难、执行难"问题，作了有针对性的规定，充分反映了各方面意见，已经比较成熟。同时，提出以下主要修改意见：

　　一、修正案草案二次审议稿第二条规定，前款所称行政机关，包括依照法律、法规授权作出行政行为的组织。有些常委会组成人员、最高人民法院、专家学者和社会公众提出，按照党的十八大和十八届三中全会有关精神，以简政放权为重点的行政审批制度改革深入推进，有些社会组织已承接了一部分原由政府部门办理的事项，下一步

332

还可能承担更多的公共管理和公共服务职能，其行为侵犯公民、法人或者其他组织合法权益的，也应当纳入行政诉讼救济渠道。法律委员会经研究，建议可在行政诉讼法规定的行政诉讼主体范围基础上再作适当扩大，将这一条修改为："前款所称行政机关，包括依照法律、法规、规章授权作出行政行为的组织。"（修改决定草案第二条）

二、有些常委委员、代表和最高人民法院提出，实践中行政机关与公民、法人或者其他组织订立的政府特许经营协议、土地房屋征收补偿协议等协议产生的争议，不同于一般的民事争议，应将这类争议纳入行政诉讼解决。法律委员会经研究，建议在受案范围中增加一项："认为行政机关不依法履行、未按照约定履行或者违法变更、解除政府特许经营协议、土地房屋征收补偿协议等协议的"。同时，增加相应的判决形式，规定："被告不依法履行、未按照约定履行或者违法变更、解除本法第十二条第十一项规定的协议的，人民法院判决被告继续履行、采取补救措施或者赔偿损失。""被告变更、解除本法第十二条第十一项规定的协议合法，但未依法给予补偿的，人民法院判决给予补偿。"（修改决定草案第四条、第四十六条）

三、修正案草案二次审议稿第五条规定，高级人民法院可以确定若干基层人民法院跨行政区域管辖第一审行政案件。有些常委委员、代表、最高人民法院和社会公众提出，按照党的十八届三中全会关于"探索建立与行政区划适当分离的司法管辖制度"的精神，跨行政区域管辖行政案件不应仅限于基层人民法院，草案应当为管辖制度改革留有空间。法律委员会经研究认为，为管辖制度改革留出空间是必要的，同时，探索管辖制度改革要有利于保障人民群众的司法需求，体现以人为本、便民利民原则，依照法定程序进行。建议将这一规定修改为："经最高人民法院批准，高级人民法院可以根据审判工作的实际情况，确定若干人民法院跨行政区域管辖第一审行政案件。"同时对条文顺序作相应调整。（修改决定草案第九条）

四、修正案草案二次审议稿第六条第一项中规定，专利、商标确权的第一审案件由中级人民法院管辖。有的常委委员提出，全国人大常委会关于在北京、上海、广州设立知识产权法院的决定对此作了调整，规定知识产权法院管辖有关专利、植物新品种、集成电路布图设计、技术秘密等专业技术性较强的第一审知识产权民事和行政案件；北京知识产权法院管辖不服国务院行政部门裁定或者决定而提起的第一审知识产权授权确权行政案件。草案应当作出相应修改。法律委员会经研究，建议删去第一项中"专利、商标确权案件"，增加一项："其他法律规定由中级人民法院管辖的案件。"（修改决定草案第五条）

五、修正案草案二次审议稿第四十一条规定了诉讼参与人在诉讼活动中的违法行为和相应法律责任。有的人民法院、专家学者提出，应针对实践中有的行政机关向行政诉讼原告施加压力，迫使其撤诉的行为规定相应的法律责任。法律委员会经研究，建议采纳这一意见，在这一条中增加一项："以欺骗、胁迫等非法手段使原告撤诉的"。（修改决定草案第四十条）

六、修正案草案二次审议稿第四十二条对调解的范围作了规定。有的常委委员、代表和社会公众建议对调解应遵循的原则作出规定。法律委员会经研究，建议增加一款，规定："调解应当遵循自愿、合法原则，不得损害国家利益、社会公共利益和他人合法权益。"（修改决定草案第四十一条）

七、修正案草案二次审议稿第四十六条中规定，行政行为有重大且明显违法情形，原告申请确认无效的，人民法院判决确认行政行为无效。有的部门、专家学者提出，行政行为无效的法律后果是行政行为自始不发生法律效力，确认无效对行政管理影响较大，建议明确人民法院判决确认无效的具体情形。法律委员会经研究，建议将这一规定修改为："行政行为有实施主体不具有行政主体资格或者没有依据等重大且明显违法情形，原告申请确认行政行为无效的，人民法院判决确认无效。"（修改决定草案第四十六条）

八、修正案草案二次审议稿第十二条中规定，经复议的案件，复议机关决定维持原行政行为的，作出原行政行为的行政机关和复议机关是共同被告。最高人民法院、有的专家学者提出，原行政机关和复议机关为共同被告的情况下，应当同时对原行政行为和复议决定作出判决。法律委员会经研究，建议增加一条，规定："行政复议机关与作出原行政行为的行政机关为共同被告的案件，人民法院应当对复议决定和原行政行为一并作出裁判。"（修改决定草案第四十六条）

九、有些常委委员、部门提出，实践中有些行政机关不到庭应诉，或者中途随意退庭，影响了案件的正常审理，草案应当对这类行为作出有针对性的规定。法律委员会经研究，建议规定："人民法院对被告经传票传唤无正当理由拒不到庭，或者未经法庭许可中途退庭的，可以向其上一级行政机关或者监察机关提出依法给予其主要负责人或者直接责任人员处分的司法建议。"相应删去修正案草案二次审议稿第四十一条第一款第二项。（修改决定草案第四十七条）

十、修正案草案二次审议稿第六十条规定："人民法院审理行政案件，本法没有规定的，适用《中华人民共和国民事诉讼法》的相关规定。"有些常委委员提出，上述规定比较笼统，应当明确列举哪些条款可以适用。法律委员会经研究，建议将这一条修改为："人民法院审理行政案件，关于期间、送达、财产保全、开庭审理、调解、中止诉讼、终结诉讼、简易程序、执行等，以及人民检察院对行政案件受理、审理、裁判、执行的监督，本法没有规定的，适用《中华人民共和国民事诉讼法》的相关规定。"（修改决定草案第五十九条）

此外，还对修正案草案二次审议稿作了一些文字修改。

10月16日，法制工作委员会召开会议，邀请全国人大代表、公民、律师、法官、行政机关代表、专家学者等有关人员参加，就法律的出台时机、可行性、预期实施效果进行评估。总的评价是，草案体现了党中央关于全面推进依法治国、加强法治政府建设的精神，着力解决现阶段行政诉讼领域中存在的突出问题，回应了社会呼声和人民群众的司法需求。修改过程体现了民主、法治、科学、务实的精神。草案经过两次审议，修改完善的内容具有很强的针对性和可操作性，现在出台是必要、适时的。同时提出，行政诉讼法的实施是一项复杂的系统工程，要实施好这部法律，需要人民法院、行政机关和公民提高法治意识，适应新的制度要求，共同维护法律权威。与会人员还对草案提出了一些具体修改意见，法律委员会进行了认真研究，对有的意见予以采纳。

法律委员会已按上述意见提出了全国人民代表大会常务委员会关于修改《中华人民共和国行政诉讼法》的决定（草案）。法律委员会建议，修改决定草案经本次常委会会议审议通过。

修改决定草案和以上报告是否妥当，请审议。

全国人民代表大会法律委员会
2014 年 10 月 27 日

全国人民代表大会法律委员会关于《全国人民代表大会常务委员会关于修改〈中华人民共和国行政诉讼法〉的决定（草案）》修改意见的报告

全国人民代表大会常务委员会：

本次常委会会议于 10 月 28 日上午对全国人民代表大会常务委员会关于修改《中华人民共和国行政诉讼法》的决定（草案）进行了分组审议。大多数意见认为，草案已经比较成熟，建议进一步修改后，提请本次会议通过。同时，有些常委会组成人员还提出了一些修改意见。法律委员会于 10 月 29 日下午召开会议，逐条研究了常委会组成人员的审议意见，对草案进行了审议。最高人民法院、最高人民检察院、国务院法制办公室的负责同志列席了会议。法律委员会认为，草案是可行的，同时，提出以下修改意见：

一、修改决定草案第二条规定，前款所称行政机关，包括依照法

336

律、法规、规章授权作出行政行为的组织。有些常委会组成人员提出，现在有些社会组织承担了一些公共管理和服务职能，其行为应当纳入可诉范围，但现在的表述容易造成对行政机关概念的误解，建议从行政行为的角度加以规定。法律委员会经研究，建议将这一规定修改为：前款所称行政行为，包括法律、法规、规章授权的组织作出的行政行为。（修改决定草案建议表决稿第二条）

二、修改决定草案第三条中规定：被诉行政机关负责人应当出庭应诉。不能出庭的，也可以委托行政机关相应的工作人员出庭。有些常委会组成人员、代表提出，应当进一步强化行政机关负责人出庭应诉制度。法律委员会经研究，建议将这一规定中的"也可以"修改为"应当"。（修改决定草案建议表决稿第三条）

三、修改决定草案在第四条受案范围中规定了认为行政机关侵犯其经营自主权或者农村土地承包经营权的情形。有的常委委员提出，随着农村土地承包经营权流转改革的推进，侵犯农村土地经营权的行为也应当纳入可诉范围。法律委员会经研究，建议在这一规定中增加"农村土地经营权"。（修改决定草案建议表决稿第四条）

四、修改决定草案第九条中规定：经最高人民法院批准，高级人民法院可以根据审判工作的实际情况，确定若干人民法院跨行政区域管辖第一审行政案件。有些常委委员和最高人民法院提出，党的十八届四中全会提出探索设立跨行政区划的人民法院，按照四中全会精神，跨行政区域管辖将不限于第一审行政案件，草案应当为改革留有空间。法律委员会经研究，建议删去这一规定中的"第一审"。（修改决定草案建议表决稿第六条）

五、修改决定草案第十四条中规定：人民法院判决承担义务的第三人，有权依法提起上诉。有些常委委员提出，有权提起上诉的，不应限于判决承担义务的第三人，对判决减损权益的第三人，也应当允许其上诉。法律委员会经研究，建议修改为：人民法院判决第三人承担义务或者减损第三人权益的，第三人有权依法提起上诉。（修改决定草案建议表决稿第十四条）

六、修改决定草案第二十九条、第三十一条对立案程序作了规定。有的常委委员提出，草案应当按照党的十八届四中全会决定关于对人民法院依法应当受理的案件，做到有案必立、有诉必理的精神，对立案程序作相应修改，进一步解决立案难问题。法律委员会经研究，建议将相关规定修改为：人民法院在接到起诉状时对符合本法规定的起诉条件的，应当登记立案。对当场不能判定是否符合本法规定的起诉条件的，应当接收起诉状，出具注明收到日期的书面凭证，并在七日内决定是否立案。不符合起诉条件的，作出不予立案的裁定。裁定书应当载明不予立案的理由。原告对裁定不服的，可以提起上诉。（修改决定草案建议表决稿第三十一条）

七、修改决定草案第四十条中对伪造、隐藏、毁灭证据，妨碍人民法院审理案件的行为，规定了相应的法律责任。有的常委委员提出，对提供虚假证明材料的行为也应当追究法律责任。法律委员会经研究，建议在这一规定中增加提供虚假证明材料的行为。（修改决定草案建议表决稿第四十条）

八、修改决定草案第四十四条中规定：公众可以查阅发生法律效力的判决书、裁定书，但涉及国家秘密、商业秘密和个人隐私的除外。有的常委委员提出，人民法院应当主动公开判决书、裁定书，供公众查阅。法律委员会经研究，建议将这一规定修改为：人民法院应当公开发生法律效力的判决书、裁定书，供公众查阅，但涉及国家秘密、商业秘密和个人隐私的内容除外。（修改决定草案建议表决稿第四十四条）

九、修改决定草案第四十七条中规定：人民法院对被告经传票传唤无正当理由拒不到庭，或者未经法庭许可中途退庭的，可以向其上一级行政机关或者监察机关提出依法给予其主要负责人或者直接责任人员处分的司法建议。有些常委会组成人员提出，经传票传唤无正当理由拒不到庭，或者未经法庭许可中途退庭的行为，扰乱了法庭秩序，不利于案件审理，建议作出更为严格的规定。法律委员会经研究，建议增加"可以将被告拒不到庭或者中途退庭的情况予以公告"

338

的规定。(修改决定草案建议表决稿第四十七条)

十、修改决定草案第五十九条明确了人民检察院对行政案件的监督适用民事诉讼法的相关规定。有些常委会组成人员建议在此基础上恢复修正案草案二次审议稿中有关人民检察院提出抗诉和检察建议的规定。法律委员会经研究,建议增加规定:"最高人民检察院对各级人民法院已经发生法律效力的判决、裁定,上级人民检察院对下级人民法院已经发生法律效力的判决、裁定,发现有本法第九十一条规定情形之一,或者发现调解书损害国家利益、社会公共利益的,应当提出抗诉。""地方各级人民检察院对同级人民法院已经发生法律效力的判决、裁定,发现有本法第九十一条规定情形之一,或者发现调解书损害国家利益、社会公共利益的,可以向同级人民法院提出检察建议,并报上级人民检察院备案;也可以提请上级人民检察院向同级人民法院提出抗诉。""各级人民检察院对审判监督程序以外的其他审判程序中审判人员的违法行为,有权向同级人民法院提出检察建议。"(修改决定草案建议表决稿第五十七条)

此外,根据常委会组成人员的审议意见,还对修改决定草案作了个别文字修改。

修改决定草案建议表决稿已按上述意见作了修改,法律委员会建议本次常委会会议通过。

还有一个问题需要汇报。有些常委会组成人员、代表和最高人民检察院提出,针对行政机关失职、渎职致使社会公共利益受到损害的情况,应当建立行政公益诉讼制度,加强对行政机关的监督。最高人民检察院提出,在行政相对人不确定或者行政相对人不愿意提起诉讼的情况下,可以由人民检察院提起行政公益诉讼。法律委员会认真考虑了上述意见,并就最高人民检察院的具体建议征求国务院方面的意见。国务院法制办公室提出,在行政诉讼法中规定公益诉讼制度,有一些理论和制度问题尚需深入研究:一是行政公益诉讼与行政诉讼法第二条规定的原告应当是其合法权益受到行政行为侵害的相对人的要求不一致;二是如何确定行政公益诉讼的范围,除社会比较关注的环境资源和食品安全等领域外，政府管理的其他领域都涉及公共利益，情况很复杂，是否都可以提起行政公益诉讼；三是行政诉讼"民告官"的制度定位与行政公益诉讼"官告官"的关系如何处理；四是在行政管理实践中，人民政府是公共利益的代表，人民政府和人民法院、人民检察院都在人民代表大会及其常委会监督下工作，检察机关提起行政公益诉讼、起诉行政机关、由法院作出判决，这几个方面的关系尚须深入研究。法律委员会经研究认为，党的十八届四中全会提出探索建立检察机关提起公益诉讼制度，具有重大意义。可以通过在实践中积极探索，抓紧研究相关法理问题，逐步明确公益诉讼的范围、条件、诉求、判决执行方式等，为行政公益诉讼制度的建立积累经验。建议本法暂不作规定。

修改决定草案建议表决稿和以上报告是否妥当，请审议。

全国人民代表大会法律委员会
2014 年 10 月 31 日

《中华人民共和国行政诉讼法》
修正前后对照表

（条文中黑体字部分是对原条文所作的修改或者补充内容、波浪线表示原条文删掉的内容）

修　正　前	修　正　后
第一章　总　则	**第一章　总　则**
第一条　为保证人民法院正确、及时审理行政案件，保护公民、法人和其他组织的合法权益，维护和监督行政机关依法行使行政职权，根据宪法制定本法。	**第一条**　为保证人民法院**公正**、及时审理行政案件，**解决行政争议**，保护公民、法人和其他组织的合法权益，**监督**行政机关依法行使职权，根据宪法，制定本法。
第二条　公民、法人或者其他组织认为行政机关和行政机关工作人员的**具体**行政行为侵犯其合法权益，有权依照本法向人民法院提起诉讼。	**第二条**　公民、法人或者其他组织认为行政机关和行政机关工作人员的**行政行为**侵犯其合法权益，有权依照本法向人民法院提起诉讼。 **前款所称行政行为，包括法律、法规、规章授权的组织作出的行政行为。**
	第三条　人民法院应当保障公民、法人和其他组织的起诉权利，对应当受理的行政案件依法受理。 行政机关及其工作人员不得干预、阻碍人民法院受理行政案件。

修　正　前	修　正　后
	被诉行政机关负责人应当出庭应诉。不能出庭的，应当委托行政机关相应的工作人员出庭。
第三条　人民法院依法对行政案件独立行使审判权，不受行政机关、社会团体和个人的干涉。 　　人民法院设行政审判庭，审理行政案件。	**第四条**　人民法院依法对行政案件独立行使审判权，不受行政机关、社会团体和个人的干涉。 　　人民法院设行政审判庭，审理行政案件。
第四条　人民法院审理行政案件，以事实为根据，以法律为准绳。	**第五条**　人民法院审理行政案件，以事实为根据，以法律为准绳。
第五条　人民法院审理行政案件，对**具体行政**行为是否合法进行审查。	**第六条**　人民法院审理行政案件，对**行政行为**是否合法进行审查。
第六条　人民法院审理行政案件，依法实行合议、回避、公开审判和两审终审制度。	**第七条**　人民法院审理行政案件，依法实行合议、回避、公开审判和两审终审制度。
第七条　当事人在行政诉讼中的法律地位平等。	**第八条**　当事人在行政诉讼中的法律地位平等。
第八条　各民族公民都有用本民族语言、文字进行行政诉讼的权利。 　　在少数民族聚居或者多民族共同居住的地区，人民法院应当用当地民族通用的语言、文字进行审理和发布法律文书。 　　人民法院应当对不通晓当地民族通用的语言、文字的诉讼参与人提供翻译。	**第九条**　各民族公民都有用本民族语言、文字进行行政诉讼的权利。 　　在少数民族聚居或者多民族共同居住的地区，人民法院应当用当地民族通用的语言、文字进行审理和发布法律文书。 　　人民法院应当对不通晓当地民族通用的语言、文字的诉讼参与人提供翻译。

修 正 前	修 正 后
第九条 当事人在行政诉讼中有权进行辩论。	第十条 当事人在行政诉讼中有权进行辩论。
第十条 人民检察院有权对行政诉讼实行法律监督。	第十一条 人民检察院有权对行政诉讼实行法律监督。
第二章 受案范围	第二章 受案范围
第十一条 人民法院受理公民、法人和其他组织对<u>下列具体行政行为不服提起</u>的诉讼：	第十二条 人民法院受理公民、法人**或者**其他组织提起的**下列诉讼**：
（一）对拘留、罚款、吊销许可证和执照、责令停产停业、没收财物等行政处罚不服的；	（一）对**行政拘留、暂扣或者**吊销许可证和执照、责令停产停业、**没收违法所得**、没收**非法**财物、**罚款、警告**等行政处罚不服的；
（二）对限制人身自由或者对财产的查封、扣押、冻结等行政强制措施不服的；	（二）对限制人身自由或者对财产的查封、扣押、冻结等行政强制措施**和行政强制执行**不服的；
（三）认为行政机关侵犯法律规定的经营自主权的；	（三）**申请行政许可，行政机关拒绝或者在法定期限内不予答复，或者对行政机关作出的有关行政许可的其他决定**不服的；
（四）认为符合法定条件申请行政机关颁发许可证和执照，行政机关拒绝颁发或者不予答复的；	（四）**对行政机关作出的关于确认土地、矿藏、水流、森林、山岭、草原、荒地、滩涂、海域等自然资源的所有权或者使用权的决定**不服的；
（五）申请行政机关履行保护人身权、财产权的法定职责，行政机关拒绝履行或者不予答复的；	（五）**对征收、征用决定及其补偿决定**不服的；
（六）认为行政机关没有依法发给抚恤金的；	（六）**申请行政机关履行保护人身权、财产权等合法权益的**
（七）认为行政机关违法要求履行义务的；	
（八）认为行政机关侵犯其他人身权、财产权的。	

343

修 正 前	修 正 后
除前款规定外，人民法院受理法律、法规规定可以提起诉讼的其他行政案件。	法定职责，行政机关拒绝履行或者不予答复的； 　（七）认为行政机关侵犯**其经营自主权或者农村土地承包经营权、农村土地经营权的**； 　（八）认为行政机关**滥用行政权力排除或者限制竞争的**； 　（九）认为行政机关**违法集资、摊派费用或者**违法要求履行其他义务的； 　（十）认为行政机关没有依法支付抚恤金、**最低生活保障待遇或者社会保险待遇**的； 　（十一）认为行政机关**不依法履行、未按照约定履行或者违法变更、解除政府特许经营协议、土地房屋征收补偿协议等协议的**； 　（十二）认为行政机关侵犯其他人身权、财产权等**合法权益**的。 　除前款规定外，人民法院受理法律、法规规定可以提起诉讼的其他行政案件。
第十二条　人民法院不受理公民、法人或者其他组织对下列事项提起的诉讼： 　（一）国防、外交等国家行为； 　（二）行政法规、规章或者行政机关制定、发布的具有普遍约束力的决定、命令；	**第十三条**　人民法院不受理公民、法人或者其他组织对下列事项提起的诉讼： 　（一）国防、外交等国家行为； 　（二）行政法规、规章或者行政机关制定、发布的具有普遍约束力的决定、命令；

修　正　前	修　正　后
（三）行政机关对行政机关工作人员的奖惩、任免等决定； 　（四）法律规定由行政机关最终裁决的**具体**行政行为。	（三）行政机关对行政机关工作人员的奖惩、任免等决定； 　（四）法律规定由行政机关最终裁决的**行政行为**。
第三章　管　　辖	**第三章　管　　辖**
第十三条　基层人民法院管辖第一审行政案件。	**第十四条**　基层人民法院管辖第一审行政案件。
第十四条　中级人民法院管辖下列第一审行政案件： 　（一）确认发明专利权的案件、海关处理的案件； 　（二）对国务院**各**部门或者省、自治区、直辖市人民政府所作的**具体**行政行为提起诉讼的案件； 　（三）本辖区内重大、复杂的案件。	**第十五条**　中级人民法院管辖下列第一审行政案件： 　**（一）对国务院部门或者县级以上地方人民政府所作的行政行为提起诉讼的案件；** 　**（二）海关处理的案件；** 　（三）本辖区内重大、复杂的案件； 　**（四）其他法律规定由中级人民法院管辖的案件。**
第十五条　高级人民法院管辖本辖区内重大、复杂的第一审行政案件。	**第十六条**　高级人民法院管辖本辖区内重大、复杂的第一审行政案件。
第十六条　最高人民法院管辖全国范围内重大、复杂的第一审行政案件。	**第十七条**　最高人民法院管辖全国范围内重大、复杂的第一审行政案件。
第十七条　行政案件由最初作出**具体**行政行为的行政机关所在地人民法院管辖。经复议的案件，**复议机关改变原具体行政行为的，**也可以由复议机关所在地人民法院管辖。	**第十八条**　行政案件由最初作出**行政行为**的行政机关所在地人民法院管辖。经复议的案件，也可以由复议机关所在地人民法院管辖。 　**经最高人民法院批准，高级**

修　正　前	修　正　后
	人民法院可以根据审判工作的实际情况，确定若干人民法院跨行政区域管辖行政案件。
第十八条　　对限制人身自由的行政强制措施不服提起的诉讼，由被告所在地或者原告所在地人民法院管辖。	**第十九条**　　对限制人身自由的行政强制措施不服提起的诉讼，由被告所在地或者原告所在地人民法院管辖。
第十九条　　因不动产提起的行政诉讼，由不动产所在地人民法院管辖。	**第二十条**　　因不动产提起的行政诉讼，由不动产所在地人民法院管辖。
第二十条　　两个以上人民法院都有管辖权的案件，原告可以选择其中一个人民法院提起诉讼。原告向两个以上有管辖权的人民法院提起诉讼的，由最先收到起诉状的人民法院管辖。	**第二十一条**　　两个以上人民法院都有管辖权的案件，原告可以选择其中一个人民法院提起诉讼。原告向两个以上有管辖权的人民法院提起诉讼的，由**最先立案**的人民法院管辖。
第二十一条　　人民法院发现受理的案件不属于自己管辖时，应当移送有管辖权的人民法院。受移送的人民法院不得自行移送。	**第二十二条**　　人民法院发现受理的案件不属于**本院**管辖**的**，应当移送有管辖权的人民法院，**受移送的人民法院应当受理。受移送的人民法院认为受移送的案件按照规定不属于本院管辖的，应当报请上级人民法院指定管辖，不得再自行移送。**
第二十二条　　有管辖权的人民法院由于特殊原因不能行使管辖权的，由上级人民法院指定管辖。	**第二十三条**　　有管辖权的人民法院由于特殊原因不能行使管辖权的，由上级人民法院指定管辖。

修　正　前	修　正　后
人民法院对管辖权发生争议，由争议双方协商解决。协商不成的，报它们的共同上级人民法院指定管辖。	人民法院对管辖权发生争议，由争议双方协商解决。协商不成的，报它们的共同上级人民法院指定管辖。
第二十三条　上级人民法院有权审判下级人民法院管辖的第一审行政案件，<u>也可以把自己管辖的第一审行政案件移交下级人民法院审判</u>。 　　下级人民法院对其管辖的第一审行政案件，认为需要由上级人民法院审判的，可以报请上级人民法院决定。	**第二十四条**　上级人民法院有权**审理**下级人民法院管辖的第一审行政案件。 　　下级人民法院对其管辖的第一审行政案件，认为需要由上级人民法院**审理**或者指定管辖的，可以报请上级人民法院决定。
第四章　诉讼参加人	**第四章　诉讼参加人**
第二十四条　依照本法提起诉讼的公民、法人或者其他组织是原告。 　　有权提起诉讼的公民死亡，其近亲属可以提起诉讼。 　　有权提起诉讼的法人或者其他组织终止，承受其权利的法人或者其他组织可以提起诉讼。	**第二十五条**　**行政行为的相对人以及其他与行政行为有利害关系的公民、法人或者其他组织，有权提起诉讼。** 　　有权提起诉讼的公民死亡，其近亲属可以提起诉讼。 　　有权提起诉讼的法人或者其他组织终止，承受其权利的法人或者其他组织可以提起诉讼。
第二十五条　公民、法人或者其他组织直接向人民法院提起诉讼的，作出<u>具体</u>行政行为的行政机关是被告。 　　经复议的案件，复议机关决定维持原<u>具体</u>行政行为的，作出	**第二十六条**　公民、法人或者其他组织直接向人民法院提起诉讼的，作出**行政行为**的行政机关是被告。 　　经复议的案件，复议机关决定维持原**行政行为的**，作出原行

修　正　前	修　正　后
原具体行政行为的行政机关是被告；复议机关改变原具体行政行为的，复议机关是被告。 　　两个以上行政机关作出同一具体行政行为的，共同作出具体行政行为的行政机关是共同被告。 　　由法律、法规授权的组织所作的具体行政行为，该组织是被告。由行政机关委托的组织所作的具体行政行为，委托的行政机关是被告。 　　行政机关被撤销的，继续行使其职权的行政机关是被告。	政行为的行政机关和复议机关是共同被告；复议机关改变原行政行为的，复议机关是被告。 　　复议机关在法定期限内未作出复议决定，公民、法人或者其他组织起诉原行政行为的，作出原行政行为的行政机关是被告；起诉复议机关不作为的，复议机关是被告。 　　两个以上行政机关作出同一行政行为的，共同作出行政行为的行政机关是共同被告。 　　行政机关委托的组织所作的行政行为，委托的行政机关是被告。 　　行政机关被撤销或者职权变更的，继续行使其职权的行政机关是被告。
第二十六条　当事人一方或者双方为二人以上，因同一具体行政行为发生的行政案件，或者因同样的具体行政行为发生的行政案件、人民法院认为可以合并审理的，为共同诉讼。	第二十七条　当事人一方或者双方为二人以上，因同一行政行为发生的行政案件，或者因同类行政行为发生的行政案件、人民法院认为可以合并审理并经当事人同意的，为共同诉讼。
	第二十八条　当事人一方人数众多的共同诉讼，可以由当事人推选代表人进行诉讼。代表人的诉讼行为对其所代表的当事人发生效力，但代表人变更、放弃诉讼请求或者承认对方当事人的诉讼请求，应当经被代表的当事人同意。

修　正　前	修　正　后
第二十七条　同提起诉讼的具体行政行为有利害关系的其他公民、法人或者其他组织，可以作为第三人申请参加诉讼，或者由人民法院通知参加诉讼。	第二十九条　**公民、法人或者其他组织同被诉行政行为有利害关系但没有提起诉讼，或者同案件处理结果有利害关系的，**可以作为第三人申请参加诉讼，或者由人民法院通知参加诉讼。 　　**人民法院判决第三人承担义务或者减损第三人权益的，第三人有权依法提起上诉。**
第二十八条　没有诉讼行为能力的公民，由其法定代理人代为诉讼。法定代理人互相推诿代理责任的，由人民法院指定其中一人代为诉讼。	第三十条　没有诉讼行为能力的公民，由其法定代理人代为诉讼。法定代理人互相推诿代理责任的，由人民法院指定其中一人代为诉讼。
第二十九条　当事人、法定代理人，可以委托一至二人代为诉讼。 　　律师、社会团体、提起诉讼的公民的近亲属或者所在单位推荐的人，以及<u>经人民法院许可的其他公民</u>，可以受委托为诉讼代理人。	第三十一条　当事人、法定代理人，可以委托一至二人作为**诉讼代理人。** 　　**下列人员可以被委托为诉讼代理人：** 　　**（一）律师、基层法律服务工作者；** 　　**（二）当事人的近亲属或者工作人员；** 　　**（三）当事人所在社区、单位以及有关社会团体推荐的公民。**
第三十条　代理诉讼的律师，可以依照规定查阅本案有关材料，可以向有关组织和公民调查，收集证据。对涉及国家秘密	第三十二条　代理诉讼的律师，**有权**按照规定查阅、**复制**本案有关材料，**有权**向有关组织和公民调查，收集**与**本案有关的证

349

修 正 前	修 正 后
和个人隐私的材料，应当依照法律规定保密。 　　经人民法院许可，当事人和其他诉讼代理人可以查阅本案庭审材料，但涉及国家秘密和个人隐私的除外。	据。对涉及国家秘密、**商业秘密**和个人隐私的材料，应当依照法律规定保密。 　　当事人和其他诉讼代理人**有权按照规定**查阅、**复制**本案庭审材料，但涉及国家秘密、**商业秘密和个人隐私的内容**除外。
第五章 证 据	**第五章 证 据**
第三十一条　证据有以下几种： 　　（一）书证； 　　（二）物证； 　　（三）视听资料； 　　（四）证人证言； 　　（五）当事人的陈述； 　　（六）鉴定结论； 　　（七）勘验笔录、现场笔录。 　　以上证据经法庭审查属实，才能作为定案的根据。	**第三十三条**　证据**包括**： 　　（一）书证； 　　（二）物证； 　　（三）视听资料； 　　（四）**电子数据**； 　　（五）证人证言； 　　（六）当事人的陈述； 　　（七）鉴定**意见**； 　　（八）勘验笔录、现场笔录。 　　以上证据经法庭审查属实，才能作为**认定案件事实**的根据。
第三十二条　被告对作出的**具体行政行为**负有举证责任，应当提供作出该**具体行政行为**的证据和所依据的规范性文件。	**第三十四条**　被告对作出的**行政行为**负有举证责任，应当提供作出该**行政行为**的证据和所依据的规范性文件。 　　**被告不提供或者无正当理由逾期提供证据，视为没有相应证据。但是，被诉行政行为涉及第三人合法权益，第三人提供证据的除外。**

修　正　前	修　正　后
第三十三条　在诉讼过程中，被告不得自行向原告和证人收集证据。	**第三十五条**　在诉讼过程中，被告**及其诉讼代理人**不得自行向原告、**第三人**和证人收集证据。
	第三十六条　被告在作出行政行为时已经收集了证据，但因不可抗力等正当事由不能提供的，经人民法院准许，可以延期提供。 　　原告或者第三人提出了其在行政处理程序中没有提出的理由或者证据的，经人民法院准许，被告可以补充证据。
	第三十七条　原告可以提供证明行政行为违法的证据。原告提供的证据不成立的，不免除被告的举证责任。
	第三十八条　在起诉被告不履行法定职责的案件中，原告应当提供其向被告提出申请的证据。但有下列情形之一的除外： 　　（一）被告应当依职权主动履行法定职责的； 　　（二）原告因正当理由不能提供证据的。 　　在行政赔偿、补偿的案件中，原告应当对行政行为造成的损害提供证据。因被告的原因导致原告无法举证的，由被告承担举证责任。

修　正　前	修　正　后
第三十四条　人民法院有权要求当事人提供或者补充证据。 　　人民法院有权向有关行政机关以及其他组织、公民调取证据。	第三十九条　人民法院有权要求当事人提供或者补充证据。 　　第四十条　人民法院有权向有关行政机关以及其他组织、公民调取证据。**但是，不得为证明行政行为的合法性调取被告作出行政行为时未收集的证据。**
	第四十一条　与本案有关的下列证据，原告或者第三人不能自行收集的，可以申请人民法院调取： 　　（一）由国家机关保存而须由人民法院调取的证据； 　　（二）涉及国家秘密、商业秘密和个人隐私的证据； 　　（三）确因客观原因不能自行收集的其他证据。
第三十五条　在诉讼过程中，人民法院认为对专门性问题需要鉴定的，应当交由法定鉴定部门鉴定；没有法定鉴定部门的，由人民法院指定的鉴定部门鉴定。	
第三十六条　在证据可能灭失或者以后难以取得的情况下，诉讼参加人可以向人民法院申请保全证据，人民法院也可以主动采取保全措施。	第四十二条　在证据可能灭失或者以后难以取得的情况下，诉讼参加人可以向人民法院申请保全证据，人民法院也可以主动采取保全措施。

修　正　前	修　正　后
	第四十三条　证据应当在法庭上出示，并由当事人互相质证。对涉及国家秘密、商业秘密和个人隐私的证据，不得在公开开庭时出示。 人民法院应当按照法定程序，全面、客观地审查核实证据。对未采纳的证据应当在裁判文书中说明理由。 以非法手段取得的证据，不得作为认定案件事实的根据。
第六章　起诉和受理	**第六章　起诉和受理**
第三十七条　对属于人民法院受案范围的行政案件，公民、法人或者其他组织可以先向<u>上一级行政机关或者法律、法规规定的行政机关</u>申请复议，对复议不服的，再向人民法院提起诉讼；也可以直接向人民法院提起诉讼。 法律、法规规定应当先向行政机关申请复议，对复议不服再向人民法院提起诉讼的，依照法律、法规的规定。	**第四十四条**　对属于人民法院受案范围的行政案件，公民、法人或者其他组织可以先向**行政机关**申请复议，对复议**决定**不服的，再向人民法院提起诉讼；也可以直接向人民法院提起诉讼。 法律、法规规定应当先向行政机关申请复议，对复议**决定**不服再向人民法院提起诉讼的，依照法律、法规的规定。
第三十八条　<u>公民、法人或者其他组织向行政机关申请复议的，复议机关应当在收到申请书之日起两个月内作出决定。法律、法规另有规定的除外。</u>	**第四十五条**　公民、法人或者其他组织不服复议决定的，可以在收到复议决定书之日起十五日内向人民法院提起诉讼。复议机关逾期不作决定的，申请人可

修　正　前	修　正　后
申请人不服复议决定的，可以在收到复议决定书之日起十五日内向人民法院提起诉讼。复议机关逾期不作决定的，申请人可以在复议期满之日起十五日内向人民法院提起诉讼。法律另有规定的除外。	以在复议期满之日起十五日内向人民法院提起诉讼。法律另有规定的除外。
第三十九条　公民、法人或者其他组织直接向人民法院提起诉讼的，应当在知道作出<u>具体</u>行政行为之日起<u>三个月</u>内提出。法律另有规定的除外。	**第四十六条**　公民、法人或者其他组织直接向人民法院提起诉讼的，应当**自**知道**或者应当知道**作出行政行为之日起**六个月**内提出。法律另有规定的除外。 　　**因不动产提起诉讼的案件自行政行为作出之日起超过二十年，其他案件自行政行为作出之日起超过五年提起诉讼的，人民法院不予受理。**
	第四十七条　公民、法人或者其他组织申请行政机关履行保护其人身权、财产权等合法权益的法定职责，行政机关在接到申请之日起两个月内不履行的，公民、法人或者其他组织可以向人民法院提起诉讼。法律、法规对行政机关履行职责的期限另有规定的，从其规定。 　　公民、法人或者其他组织在紧急情况下请求行政机关履行保护其人身权、财产权等合法权益的法定职责，行政机关不履行的，提起诉讼不受前款规定期限的限制。

修　正　前	修　正　后
第四十条　公民、法人或者其他组织因不可抗力或者其他特殊情况耽误法定期限的，在障碍消除后的十日内，可以申请延长期限，由人民法院决定。	**第四十八条**　公民、法人或者其他组织因不可抗力或者其他**不属于其自身的原因耽误起诉期限的，被耽误的时间不计算在起诉期限内。** 公民、法人或者其他组织**因前款规定以外的**其他特殊情况耽误**起诉**期限的，在障碍消除后十日内，可以申请延长期限，**是否准许**由人民法院决定。
第四十一条　提起诉讼应当符合下列条件： （一）原告是认为具体行政行为侵犯其合法权益的公民、法人或者其他组织； （二）有明确的被告； （三）有具体的诉讼请求和事实根据； （四）属于人民法院受案范围和受诉人民法院管辖。	**第四十九条**　提起诉讼应当符合下列条件： （一）原告是**符合本法第二十五条规定**的公民、法人或者其他组织； （二）有明确的被告； （三）有具体的诉讼请求和事实根据； （四）属于人民法院受案范围和受诉人民法院管辖。
	第五十条　起诉应当向人民法院递交起诉状，并按照被告人数提出副本。 书写起诉状确有困难的，可以口头起诉，由人民法院记入笔录，出具注明日期的书面凭证，并告知对方当事人。

修　正　前	修　正　后
第四十二条　人民法院接到起诉状，经审查，应当在七日内立案或者作出裁定不予受理。原告对裁定不服的，可以提起上诉。	**第五十一条**　人民法院在接到起诉状时对符合本法规定的起诉条件的，应当登记立案。 　　对当场不能判定是否符合本法规定的起诉条件的，应当接收起诉状，出具注明收到日期的书面凭证，并在七日内决定是否立案。不符合起诉条件的，作出不予立案的裁定。裁定书应当载明不予立案的理由。原告对裁定不服的，可以提起上诉。 　　起诉状内容欠缺或者有其他错误的，应当给予指导和释明，并一次性告知当事人需要补正的内容。不得未经指导和释明即以起诉不符合条件为由不接收起诉状。 　　对于不接收起诉状、接收起诉状后不出具书面凭证，以及不一次性告知当事人需要补正的起诉状内容的，当事人可以向上级人民法院投诉，上级人民法院应当责令改正，并对直接负责的主管人员和其他直接责任人员依法给予处分。
	第五十二条　人民法院既不立案，又不作出不予立案裁定的，当事人可以向上一级人民法院起诉。上一级人民法院认为符合起诉条件的，应当立案、审理，也可以指定其他下级人民法院立案、审理。

修　正　前	修　正　后
	第五十三条　公民、法人或者其他组织认为行政行为所依据的国务院部门和地方人民政府及其部门制定的规范性文件不合法，在对行政行为提起诉讼时，可以一并请求对该规范性文件进行审查。 　　前款规定的规范性文件不含规章。
第七章　审理和判决	**第七章　审理和判决**
	第一节　一般规定
第四十五条　人民法院公开审理行政案件，但涉及国家秘密、个人隐私和法律另有规定的除外。	**第五十四条**　人民法院公开审理行政案件，但涉及国家秘密、个人隐私和法律另有规定的除外。 　　**涉及商业秘密的案件，当事人申请不公开审理的，可以不公开审理。**
第四十七条　当事人认为审判人员与本案有利害关系或者有其他关系可能影响公正审判，有权申请审判人员回避。 　　审判人员认为自己与本案有利害关系或者有其他关系，应当申请回避。 　　前两款规定，适用于书记员、翻译人员、鉴定人、勘验人。 　　院长担任审判长时的回避，由审判委员会决定；审判人员的回避，由院长决定；其他人员的	**第五十五条**　当事人认为审判人员与本案有利害关系或者有其他关系可能影响公正审判，有权申请审判人员回避。 　　审判人员认为自己与本案有利害关系或者有其他关系，应当申请回避。 　　前两款规定，适用于书记员、翻译人员、鉴定人、勘验人。 　　院长担任审判长时的回避，由审判委员会决定；审判人员的回避，由院长决定；其他人员的

修　正　前	修　正　后
回避，由审判长决定。当事人对决定不服的，可以申请复议。	回避，由审判长决定。当事人对决定不服的，可以申请复议**一次**。
第四十四条　诉讼期间，不停止**具体**行政行为的执行。但有下列情形之一的，停止**具体**行政行为的执行： 　　（一）被告认为需要停止执行的； 　　（二）原告申请停止执行，人民法院认为该**具体**行政行为的执行会造成难以弥补的损失，并且停止执行不损害社会公共利益，裁定停止执行的； 　　（三）法律、法规规定停止执行的。	**第五十六条**　诉讼期间，不停止**行政行为**的执行。但有下列情形之一的，**裁定停止执行**： 　　（一）被告认为需要停止执行的； 　　（二）原告**或者利害关系人**申请停止执行，人民法院认为该**行政行为**的执行会造成难以弥补的损失，并且停止执行不损害**国家利益**、社会公共利益的； 　　（三）**人民法院认为该行政行为的执行会给国家利益、社会公共利益造成重大损害的；** 　　（四）法律、法规规定停止执行的。 　　**当事人对停止执行或者不停止执行的裁定不服的，可以申请复议一次。**
	第五十七条　人民法院对起诉行政机关没有依法支付抚恤金、最低生活保障金和工伤、医疗社会保险金的案件，权利义务关系明确、不先予执行将严重影响原告生活的，可以根据原告的申请，裁定先予执行。 　　当事人对先予执行裁定不服的，可以申请复议一次。复议期间不停止裁定的执行。

修　正　前	修　正　后
第四十八条　经人民法院**两次合法**传唤，原告无正当理由拒不到庭的，视为申请撤诉；被告无正当理由拒不到庭的，可以缺席判决。	**第五十八条**　经人民法院**传票**传唤，原告无正当理由拒不到庭，**或者未经法庭许可中途退庭**的，**可以按照撤诉处理**；被告无正当理由拒不到庭，**或者未经法庭许可中途退庭的**，可以缺席判决。
第四十九条　诉讼参与人或者其他人有下列行为之一的，人民法院可以根据情节轻重，予以训诫、责令具结悔过或者处**一千**元以下的罚款、十五日以下的拘留；构成犯罪的，依法追究刑事责任： 　　（一）有义务协助执行的人，对人民法院的协助执行通知书，无故推拖、拒绝或者妨碍执行的； 　　（二）伪造、隐藏、毁灭证据的； 　　（三）指使、贿买、胁迫他人作伪证或者威胁、阻止证人作证的； 　　（四）隐藏、转移、变卖、毁损已被查封、扣押、冻结的财产的； 　　（五）以暴力、威胁或者其他方法阻碍人民法院工作人员执行职务或者扰乱人民法院工作秩序的； 　　（六）对人民法院工作人员、	**第五十九条**　诉讼参与人或者其他人有下列行为之一的，人民法院可以根据情节轻重，予以训诫、责令具结悔过或者处**一万**元以下的罚款、十五日以下的拘留；构成犯罪的，依法追究刑事责任： 　　（一）有义务协助**调查、**执行的人，对人民法院的**协助调查决定**、协助执行通知书，无故推拖、拒绝或者妨碍**调查、**执行的； 　　（二）伪造、隐藏、毁灭证据**或者提供虚假证明材料，妨碍人民法院审理案件**的； 　　（三）指使、贿买、胁迫他人作伪证或者威胁、阻止证人作证的； 　　（四）隐藏、转移、变卖、毁损已被查封、扣押、冻结的财产的； 　　**（五）以欺骗、胁迫等非法手段使原告撤诉的；**

修　正　前	修　正　后
诉讼参与人、协助执行人侮辱、诽谤、诬陷、殴打或者打击报复的。 　　罚款、拘留须经人民法院院长批准。当事人不服的，可以申请复议。	（六）以暴力、威胁或者其他方法阻碍人民法院工作人员执行职务，或者**以哄闹、冲击法庭等方法**扰乱人民法院工作秩序的； 　　（七）对人民法院**审判人员或者其他**工作人员、诉讼参与人、协助**调查和**执行的人员**恐吓**、侮辱、诽谤、诬陷、殴打、**围攻**或者打击报复的。 　　人民法院对有前款规定的行为之一的单位，可以对其主要负责人或者直接责任人员依照前款规定予以罚款、拘留；构成犯罪的，依法追究刑事责任。 　　罚款、拘留须经人民法院院长批准。当事人不服的，可以向**上一级人民法院**申请复议**一次**。**复议期间不停止执行。**
第五十条　人民法院审理行政案件，不适用调解。	**第六十条**　人民法院审理行政案件，不适用调解。**但是，行政赔偿、补偿以及行政机关行使法律、法规规定的自由裁量权的案件可以调解。** 　　**调解应当遵循自愿、合法原则，不得损害国家利益、社会公共利益和他人合法权益。**
	第六十一条　在涉及行政许可、登记、征收、征用和行政机关对民事争议所作的裁决的行政

修　正　前	修　正　后
	诉讼中，当事人申请一并解决相关民事争议的，人民法院可以一并审理。 　　在行政诉讼中，人民法院认为行政案件的审理需以民事诉讼的裁判为依据的，可以裁定中止行政诉讼。
第五十一条　人民法院对行政案件宣告判决或者裁定前，原告申请撤诉的，或者被告改变其所作的<u>具体</u>行政行为，原告同意并申请撤诉的，是否准许，由人民法院裁定。	**第六十二条**　人民法院对行政案件宣告判决或者裁定前，原告申请撤诉的，或者被告改变其所作的**行政**行为，原告同意并申请撤诉的，是否准许，由人民法院裁定。
第五十二条　人民法院审理行政案件，以法律和行政法规、地方性法规为依据。地方性法规适用于本行政区域内发生的行政案件。 　　人民法院审理民族自治地方的行政案件，并以该民族自治地方的自治条例和单行条例为依据。 　　**第五十三条**　人民法院审理行政案件，参照国务院部、委根据法律和国务院的行政法规、决定、命令制定、发布的规章以及省、自治区、直辖市和省、自治区的人民政府所在地的市和经国务院批准的较大的市的人民政府根据法律和国务院的行政法规制定、发布的规章。	**第六十三条**　人民法院审理行政案件，以法律和行政法规、地方性法规为依据。地方性法规适用于本行政区域内发生的行政案件。 　　人民法院审理民族自治地方的行政案件，并以该民族自治地方的自治条例和单行条例为依据。 　　人民法院审理行政案件，参照规章。

修　正　前	修　正　后
人民法院认为地方人民政府制定、发布的规章与国务院部、委制定、发布的规章不一致的，以及国务院部、委制定、发布的规章之间不一致的，由最高人民法院送请国务院作出解释或者裁决。	
	第六十四条　人民法院在审理行政案件中，经审查认为本法第五十三条规定的规范性文件不合法的，不作为认定行政行为合法的依据，并向制定机关提出处理建议。
	第六十五条　人民法院应当公开发生法律效力的判决书、裁定书，供公众查阅，但涉及国家秘密、商业秘密和个人隐私的内容除外。
第五十六条　人民法院在审理行政案件中，认为行政机关的主管人员、直接责任人员违反政纪的，应当将有关材料移送该行政机关或者其上一级行政机关或者监察、人事机关；认为有犯罪行为的，应当将有关材料移送公安、检察机关。	**第六十六条**　人民法院在审理行政案件中，认为行政机关的主管人员、直接责任人员**违法违纪**的，应当将有关材料移送**监察机关、该行政机关或者其上一级行政机关**；认为有犯罪行为的，应当将有关材料移送公安、检察机关。 　　**人民法院对被告经传票传唤无正当理由拒不到庭，或者未经法庭许可中途退庭的，可以将被告拒不到庭或者中途退庭的情况**

修　正　前	修　正　后
	予以公告，并可以向监察机关或者被告的上一级行政机关提出依法给予其主要负责人或者直接责任人员处分的司法建议。

修　正　前	修　正　后
第四十三条　人民法院应当在立案之日起五日内，将起诉状副本发送被告。被告应当在收到起诉状副本之日起十日内向人民法院提交作出具体行政行为的有关材料，并提出答辩状。人民法院应当在收到答辩状之日起五日内，将答辩状副本发送原告。 　　被告不提出答辩状的，不影响人民法院审理。	**第六十七条**　人民法院应当在立案之日起五日内，将起诉状副本发送被告。被告应当在收到起诉状副本之日起**十五**日内向人民法院提交作出**行政行为**的**证据和所依据的规范性文件**，并提出答辩状。人民法院应当在收到答辩状之日起五日内，将答辩状副本发送原告。 　　被告不提出答辩状的，不影响人民法院审理。
第四十六条　人民法院审理行政案件，由审判员组成合议庭，或者由审判员、陪审员组成合议庭。合议庭的成员，应当是三人以上的单数。	**第六十八条**　人民法院审理行政案件，由审判员组成合议庭，或者由审判员、陪审员组成合议庭。合议庭的成员，应当是三人以上的单数。
第五十四条　人民法院经过审理，根据不同情况，分别作出以下判决： 　　（一）具体行政行为证据确凿，适用法律、法规正确，符合法定程序的，判决维持。 　　（二）具体行政行为有下列情形之一的，判决撤销或者部分	**第六十九条**　行政行为证据确凿，适用法律、法规正确，符合法定程序的，**或者原告申请被告履行法定职责或者给付义务理由不成立的，人民法院判决驳回原告的诉讼请求。** 　　**第七十条**　行政行为有下列情形之一的，**人民法院判决撤销**

363

修　正　前	修　正　后
撤销，并可以判决被告重新作出**具体**行政行为： 　　1. 主要证据不足的； 　　2. 适用法律、法规错误的； 　　3. 违反法定程序的； 　　4. 超越职权的； 　　5. 滥用职权的。 　　（三）被告不履行或者拖延履行法定职责的，判决其在一定期限内履行。 　　（四）行政处罚显失公正的，可以判决变更。（本项对照修订后第七十七条）	或者部分撤销，并可以判决被告重新作出**行政行为**： 　　（一）主要证据不足的； 　　（二）适用法律、法规错误的； 　　（三）违反法定程序的； 　　（四）超越职权的； 　　（五）滥用职权的； 　　**（六）明显不当的。**
第五十五条　人民法院判决被告重新作出**具体**行政行为的，被告不得以同一的事实和理由作出与原**具体**行政行为基本相同的**具体**行政行为。	**第七十一条**　人民法院判决被告重新作出**行政行为**的，被告不得以同一的事实和理由作出与原**行政行为**基本相同的**行政行为**。
	第七十二条　人民法院经过审理，查明被告不履行法定职责的，判决被告在一定期限内履行。
	第七十三条　人民法院经过审理，查明被告依法负有给付义务的，判决被告履行给付义务。
	第七十四条　行政行为有下列情形之一的，人民法院判决确认违法，但不撤销行政行为： 　　（一）行政行为依法应当撤销，但撤销会给国家利益、社会公共利益造成重大损害的； 　　（二）行政行为程序轻微违

修　正　前	修　正　后
	法，但对原告权利不产生实际影响的。
	行政行为有下列情形之一，不需要撤销或者判决履行的，人民法院判决确认违法：
	（一）行政行为违法，但不具有可撤销内容的；
	（二）被告改变原违法行政行为，原告仍要求确认原行政行为违法的；
	（三）被告不履行或者拖延履行法定职责，判决履行没有意义的。
	第七十五条　行政行为有实施主体不具有行政主体资格或者没有依据等重大且明显违法情形，原告申请确认行政行为无效的，人民法院判决确认无效。
	第七十六条　人民法院判决确认违法或者无效的，可以同时判决责令被告采取补救措施；给原告造成损失的，依法判决被告承担赔偿责任。
	第七十七条　行政处罚明显不当，或者其他行政行为涉及对款额的确定、认定确有错误的，人民法院可以判决变更。
	人民法院判决变更，不得加重原告的义务或者减损原告的权益。但利害关系人同为原告，且诉讼请求相反的除外。

修　正　前	修　正　后
	第七十八条　被告不依法履行、未按照约定履行或者违法变更、解除本法第十二条第一款第十一项规定的协议的，人民法院判决被告承担继续履行、采取补救措施或者赔偿损失等责任。 　　被告变更、解除本法第十二条第一款第十一项规定的协议合法，但未依法给予补偿的，人民法院判决给予补偿。
	第七十九条　复议机关与作出原行政行为的行政机关为共同被告的案件，人民法院应当对复议决定和原行政行为一并作出裁判。
	第八十条　人民法院对公开审理和不公开审理的案件，一律公开宣告判决。 　　当庭宣判的，应当在十日内发送判决书；定期宣判的，宣判后立即发给判决书。 　　宣告判决时，必须告知当事人上诉权利、上诉期限和上诉的人民法院。
第五十七条　人民法院应当在立案之日起<u>三个月</u>内作出第一审判决。有特殊情况需要延长的，由高级人民法院批准，高级人民法院审理第一审案件需要延长的，由最高人民法院批准。	**第八十一条**　人民法院应当在立案之日起<u>六个月</u>内作出第一审判决。有特殊情况需要延长的，由高级人民法院批准，高级人民法院审理第一审案件需要延长的，由最高人民法院批准。

修　正　前	修　正　后
	第三节　简易程序
	第八十二条　人民法院审理下列第一审行政案件，认为事实清楚、权利义务关系明确、争议不大的，可以适用简易程序： （一）被诉行政行为是依法当场作出的； （二）案件涉及款额二千元以下的； （三）属于政府信息公开案件的。 除前款规定以外的第一审行政案件，当事人各方同意适用简易程序的，可以适用简易程序。 发回重审、按照审判监督程序再审的案件不适用简易程序。
	第八十三条　适用简易程序审理的行政案件，由审判员一人独任审理，并应当在立案之日起四十五日内审结。
	第八十四条　人民法院在审理过程中，发现案件不宜适用简易程序的，裁定转为普通程序。
	第四节　第二审程序
第五十八条　当事人不服人民法院第一审判决的，有权在判决书送达之日起十五日内向上一级人民法院提起上诉。当事人不服人民法院第一审裁定的，有权	**第八十五条**　当事人不服人民法院第一审判决的，有权在判决书送达之日起十五日内向上一级人民法院提起上诉。当事人不服人民法院第一审裁定的，有权

修　正　前	修　正　后
在裁定书送达之日起十日内向上一级人民法院提起上诉。逾期不提起上诉的，人民法院的第一审判决或者裁定发生法律效力。	在裁定书送达之日起十日内向上一级人民法院提起上诉。逾期不提起上诉的，人民法院的第一审判决或者裁定发生法律效力。
第五十九条　人民法院对上诉案件，认为事实清楚的，可以实行书面审理。	第八十六条　人民法院对上诉案件，**应当组成合议庭，开庭审理。经过阅卷、调查和询问当事人，对没有提出新的事实、证据或者理由，合议庭认为不需要开庭审理的，也可以不开庭审理。**
	第八十七条　人民法院审理上诉案件，应当对原审人民法院的判决、裁定和被诉行政行为进行全面审查。
第六十条　人民法院审理上诉案件，应当在收到上诉状之日起两个月内作出终审判决。有特殊情况需要延长的，由高级人民法院批准，高级人民法院审理上诉案件需要延长的，由最高人民法院批准。	第八十八条　人民法院审理上诉案件，应当在收到上诉状之日起**三**个月内作出终审判决。有特殊情况需要延长的，由高级人民法院批准，高级人民法院审理上诉案件需要延长的，由最高人民法院批准。
第六十一条　人民法院审理上诉案件，按照下列情形，分别处理： 　　（一）原判决认定事实清楚，适用法律、法规正确的，判决驳回上诉，维持原判； 　　（二）原判决认定事实清楚，	第八十九条　人民法院审理上诉案件，按照下列情形，分别处理： 　　（一）原判决、**裁定**认定事实清楚，适用法律、法规正确的，判决**或者裁定**驳回上诉，维持原判**决、裁定**；

修　正　前	修　正　后
但适用法律、法规错误的，依法改判； （三）原判决认定事实不清，证据不足，或者由于违反法定程序可能影响案件正确判决的，裁定撤销原判，发回原审人民法院重审，也可以查清事实后改判。当事人对重审案件的判决、裁定，可以上诉。	（二）原判决、裁定认定事实错误或者适用法律、法规错误的，依法改判、撤销或者变更； （三）原判决认定基本事实不清、证据不足的，发回原审人民法院重审，或者查清事实后改判； （四）原判决遗漏当事人或者违法缺席判决等严重违反法定程序的，裁定撤销原判决，发回原审人民法院重审。 原审人民法院对发回重审的案件作出判决后，当事人提起上诉的，第二审人民法院不得再次发回重审。 人民法院审理上诉案件，需要改变原审判决的，应当同时对被诉行政行为作出判决。
	第五节　审判监督程序
第六十二条　当事人对已经发生法律效力的判决、裁定，认为确有错误的，可以向原审人民法院或者上一级人民法院提出申诉，但判决、裁定不停止执行。	第九十条　当事人对已经发生法律效力的判决、裁定，认为确有错误的，可以向上一级人民法院申请再审，但判决、裁定不停止执行。
	第九十一条　当事人的申请符合下列情形之一的，人民法院应当再审： （一）不予立案或者驳回起诉确有错误的； （二）有新的证据，足以推翻原判决、裁定的；

修　正　前	修　正　后
	（三）原判决、裁定认定事实的主要证据不足、未经质证或者系伪造的； （四）原判决、裁定适用法律、法规确有错误的； （五）违反法律规定的诉讼程序，可能影响公正审判的； （六）原判决、裁定遗漏诉讼请求的； （七）据以作出原判决、裁定的法律文书被撤销或者变更的； （八）审判人员在审理该案件时有贪污受贿、徇私舞弊、枉法裁判行为的。
第六十三条　人民法院院长对本院已经发生法律效力的判决、裁定，发现违反法律、法规规定认为需要再审的，应当提交审判委员会决定是否再审。 　上级人民法院对下级人民法院已经发生法律效力的判决、裁定，发现违反法律、法规规定的，有权提审或者指令下级人民法院再审。	**第九十二条**　各级人民法院院长对本院已经发生法律效力的判决、裁定，发现**有本法第九十一条规定情形之一，或者发现调解违反自愿原则或者调解书内容违法**，认为需要再审的，应当提交审判委员会讨论决定。 **最高人民法院对地方各级人民法院已经发生法律效力的判决、裁定**，上级人民法院对下级人民法院已经发生法律效力的判决、裁定，发现**有本法第九十一条规定情形之一，或者发现调解违反自愿原则或者调解书内容违法的**，有权提审或者指令下级人民法院再审。

修　正　前	修　正　后
第六十四条　人民检察院对人民法院已经发生法律效力的判决、裁定，发现违反法律、法规规定的，有权按照审判监督程序提出抗诉。	第九十三条　最高人民检察院对各级人民法院已经发生法律效力的判决、裁定，上级人民检察院对下级人民法院已经发生法律效力的判决、裁定，发现有本法第九十一条规定情形之一，或者发现调解书损害国家利益、社会公共利益的，应当提出抗诉。 　　地方各级人民检察院对同级人民法院已经发生法律效力的判决、裁定，发现有本法第九十一条规定情形之一，或者发现调解书损害国家利益、社会公共利益的，可以向同级人民法院提出检察建议，并报上级人民检察院备案；也可以提请上级人民检察院向同级人民法院提出抗诉。 　　各级人民检察院对审判监督程序以外的其他审判程序中审判人员的违法行为，有权向同级人民法院提出检察建议。
第八章　执　　行	第八章　执　　行
第六十五条　当事人必须履行人民法院发生法律效力的判决、裁定。 　　公民、法人或者其他组织拒绝履行判决、裁定的，行政机关可以向第一审人民法院申请强制执行，或者依法强制执行。 　　行政机关拒绝履行判决、裁定的，第一审人民法院可以采取	第九十四条　当事人必须履行人民法院发生法律效力的判决、裁定、调解书。 　　第九十五条　公民、法人或者其他组织拒绝履行判决、裁定、调解书的，行政机关或者第三人可以向第一审人民法院申请强制执行，或者由行政机关依法强制执行。

371

修　正　前	修　正　后
以下措施： （一）对应当归还的罚款或者应当给付的赔偿金，通知银行从该行政机关的账户内划拨； （二）在规定期限内不履行的，从期满之日起，对该行政机关按日处五十元至一百元的罚款； （三）向该行政机关的上一级行政机关或者监察、人事机关提出司法建议。接受司法建议的机关，根据有关规定进行处理，并将处理情况告知人民法院； （四）拒不履行判决、裁定，情节严重构成犯罪的，依法追究主管人员和直接责任人员的刑事责任。	第九十六条　行政机关拒绝履行判决、裁定、**调解书**的，第一审人民法院可以采取下列措施： （一）对应当归还的罚款或者应当给付的**款额**，通知银行从该行政机关的账户内划拨； （二）在规定期限内不履行的，从期满之日起，对该行政机关**负责人**按日处五十元至一百元的罚款； **（三）将行政机关拒绝履行的情况予以公告；** （四）向**监察机关或者该行政机关的上一级行政机关**提出司法建议。接受司法建议的机关，根据有关规定进行处理，并将处理情况告知人民法院； （五）拒不履行判决、裁定、**调解书**，社会影响恶劣的，可以对该行政机关直接负责的主管人员和其他直接责任人员予以拘留；情节严重，构成犯罪的，依法追究刑事责任。
第六十六条　公民、法人或者其他组织对**具体**行政行为在法定期限内不提起诉讼又不履行的，行政机关可以申请人民法院强制执行，或者依法强制执行。	第九十七条　公民、法人或者其他组织对**行政行为**在法定期限内不提起诉讼又不履行的，行政机关可以申请人民法院强制执行，或者依法强制执行。

修　正　前	修　正　后
第九章　侵权赔偿责任	
第六十七条　公民、法人或者其他组织的合法权益受到行政机关或者行政机关工作人员作出的具体行政行为侵犯造成损害的，有权请求赔偿。 　　公民、法人或者其他组织单独就损害赔偿提出请求，应当先由行政机关解决。对行政机关的处理不服，可以向人民法院提起诉讼。 　　赔偿诉讼可以适用调解。	
第六十八条　行政机关或者行政机关工作人员作出的具体行政行为侵犯公民、法人或者其他组织的合法权益造成损害的，由该行政机关或者该行政机关工作人员所在的行政机关负责赔偿。 　　行政机关赔偿损失后，应当责令有故意或者重大过失的行政机关工作人员承担部分或者全部赔偿费用。	
第六十九条　赔偿费用，从各级财政列支。各级人民政府可以责令有责任的行政机关支付部分或者全部赔偿费用。具体办法由国务院规定。	

修　正　前	修　正　后
第十章　涉外行政诉讼	**第九章　涉外行政诉讼**
第七十条　外国人、无国籍人、外国组织在中华人民共和国进行行政诉讼，适用本法。法律另有规定的除外。	**第九十八条**　外国人、无国籍人、外国组织在中华人民共和国进行行政诉讼，适用本法。法律另有规定的除外。
第七十一条　外国人、无国籍人、外国组织在中华人民共和国进行行政诉讼，同中华人民共和国公民、组织有同等的诉讼权利和义务。 　　外国法院对中华人民共和国公民、组织的行政诉讼权利加以限制的，人民法院对该国公民、组织的行政诉讼权利，实行对等原则。	**第九十九条**　外国人、无国籍人、外国组织在中华人民共和国进行行政诉讼，同中华人民共和国公民、组织有同等的诉讼权利和义务。 　　外国法院对中华人民共和国公民、组织的行政诉讼权利加以限制的，人民法院对该国公民、组织的行政诉讼权利，实行对等原则。
第七十二条　中华人民共和国缔结或者参加的国际条约同本法有不同规定的，适用该国际条约的规定。中华人民共和国声明保留的条款除外。	
第七十三条　外国人、无国籍人、外国组织在中华人民共和国进行行政诉讼，委托律师代理诉讼的，应当委托中华人民共和国律师机构的律师。	**第一百条**　外国人、无国籍人、外国组织在中华人民共和国进行行政诉讼，委托律师代理诉讼的，应当委托中华人民共和国律师机构的律师。
第十一章　附　　则	**第十章　附　　则**
	第一百零一条　人民法院审理行政案件，关于期间、送达、

修　正　前	修　正　后
	财产保全、开庭审理、调解、中止诉讼、终结诉讼、简易程序、执行等，以及人民检察院对行政案件受理、审理、裁判、执行的监督，本法没有规定的，适用《中华人民共和国民事诉讼法》的相关规定。
第七十四条　人民法院审理行政案件，应当收取诉讼费用。诉讼费用由败诉方承担，双方都有责任的由双方分担。收取诉讼费用的具体办法另行规定。	**第一百零二条**　人民法院审理行政案件，应当收取诉讼费用。诉讼费用由败诉方承担，双方都有责任的由双方分担。收取诉讼费用的具体办法另行规定。
第七十五条　本法自 1990 年 10 月 1 日起施行。	**第一百零三条**　本法自 1990 年 10 月 1 日起施行。

后　记

　　《全国人民代表大会常务委员会关于修改〈中华人民共和国行政诉讼法〉的决定》已由中华人民共和国第十二届全国人民代表大会常务委员会第十一次会议于 2014 年 11 月 1 日修改通过，自 2015 年 5 月 1 日起施行。行政诉讼法是一部保护公民、法人和其他组织合法权益，监督行政机关依法行使职权，保证人民法院公正、及时审理行政案件，解决行政争议的重要法律。为了更好地宣传行政诉讼法，使社会各界对行政诉讼法特别是这次修改内容有全面、准确的了解，保证行政诉讼法全面、顺利实施，全国人大常委会法制工作委员会行政法室的同志编写了这本《中华人民共和国行政诉讼法解读》，对修改后的行政诉讼法逐条进行了解释和说明，力求准确、通俗地阐释立法原意。

　　本书由全国人大常委会法制工作委员会行政法室主任袁杰为主编，副主任童卫东为副主编。参加写作本书的同志还有：黄薇、刘海涛、李文阁、黄海华、齐冰、张晓莹、杨威、张涛、田林、李辉、李慎秋。

图书在版编目（CIP）数据

中华人民共和国行政诉讼法解读／全国人大常委会
法制工作委员会行政法室编著 . —北京：中国法制出
版社，2014.11
ISBN 978-7-5093-5779-8

Ⅰ.①中… Ⅱ.①全… Ⅲ.①行政诉讼法-基本知识
-中国 Ⅳ.①D925.3

中国版本图书馆 CIP 数据核字（2014）第 246744 号

策划编辑：谢 雯　　　　责任编辑：谢 雯　　　　封面设计：蒋 怡

中华人民共和国行政诉讼法解读
ZHONGHUARENMINGONGHEGUO XINGZHENG SUSONGFA JIEDU

编著/全国人大常委会法制工作委员会行政法室
经销/新华书店
印刷/涿州市新华印刷有限公司
开本/880×1230 毫米 32　　　　　　　　印张／12　字数／268 千
版次/2014 年 12 月第 1 版　　　　　　　　2015 年 6 月第 3 次印刷

中国法制出版社出版
书号 ISBN 978-7-5093-5779-8　　　　　　　　　　　　定价：39.00 元

北京西单横二条 2 号　　　　　　　　　　　值班电话：66026508
邮政编码 100031　　　　　　　　　　　　　　传真：66031119
网址：http：//www.zgfzs.com　　　　　　编辑部电话：**66010493**
市场营销部电话：66033393　　　　　　　　邮购部电话：**66033288**

（如有印装质量问题，请与本社编务印务管理部联系调换。电话：010-66032926）